JAVA의 기초

안 동 찬

오성 미디어

머 리 말

자바 언어는 컴퓨터 프로그래밍 언어로서 가장 각광받는 언어라고 생각한다. 그렇게 생각하는 가장 큰 이유는 컴퓨터의 운영체제나 하드웨어에 관계없이 독립적으로 동작하는 프로그래밍 언어이기 때문이다. 끊임없이 변화하는 인터넷, 네트워크 등의 환경에서 요구되는 사항을 적절하게 적용시킬 수 있는 유일한 언어이기도 하다.

본 교재는 자바를 처음 공부하는 초보자로서 다른 언어의 경험이 없이도 쉽게 공부할 수 있도록 아주 기초적인 부분부터 배울 수 있도록 저술되었다. 최근에 거의 모든 대학에서 객체지향언어의 하나인 자바를 교과목으로 정하고 강의가 진행되고 있다. 저자도 대학에서 자바의 강의 경험을 바탕으로 이 책을 저술하게 되었다.

본 교재의 구성은 제1장 자바 언어의 소개, 제2장 자바의 설치와 실행, 제3장 자바의 기본 구조, 제4장 객체지향 프로그램 구조, 제5장 상속, 제6장 인터페이스와 패키지, 제7장 스레드, 제8장 예외처리, 제9장 애플릿, 제10장 입출력, 제11장 AWT(Abstract Window Toolkit), 제12장 네트워크, 제13장 이벤트처리, 제14장 기본 패키지, 그리고 마지막 부분에 부록 : 개발툴 설치 및 환경 설정하기로 구성되어있다.

이 책을 통해 많은 학생들이 자바 프로그래밍 언어를 이해하고 자신감을 갖는데 큰 도움이 되었으면 하는 바램을 가져본다.

저자 씀

차 례

제 1 장 자바 언어의 소개

1.1 자바의 유래 ········ 1

1.2 자바 응용프로그램 ········ 1

1.3 자바의 장점 ········ 4

1.4 자바의 방향 ········ 8

제 2 장 자바의 설치와 실행

2.1 자바의 설치 ········ 9

2.2 자바의 실행 환경 설정 ········ 13

2.3 자바의 실행 ········ 15

제 3 장 자바의 기본구조

3.1 식별지와 예약어 ········ 19

3.2 자료형 ········ 20

3.3 형 변환 ········ 24

3.4 배열 ········ 25

3.5 연산자 ········ 28

3.6 제어문 ········ 35

3.7 표준 입출력 ······ 48
3.8 명령행 인자(Command Line Argument) ······ 49
3.9 예외 처리(Exception Handling) ······ 50

제 4 장 객체지향 프로그램 구조

4.1 개체지향 개념 ······ 53
4.2 클래스 ······ 57

제 5 장 상속

5.1 상속의 개념 ······ 71
5.2 상위클래스와 하위클래스 ······ 73
5.3 상속과 생성자 ······ 77
5.4 메소드의 재정의(Overriding) ······ 83
5.5 변수와 메소드의 접근제어 ······ 89
5.6 추상클래스와 추상메소드 ······ 93
5.7 중첩클래스(Nested class)와 내부클래스(Inner class) ······ 97

제 6 장 인터페이스와 패키지

6.1 인터페이스 ······ 105
6.2 패키지 ······ 113

제 7 장 스레드(Thread)

7.1 프로세스와 스레드 ······ 117
7.2 스레드의 생성 ······ 118
7.3 스레드의 상태 ······ 126
7.4 스레드의 우선순위 ······ 127

7.5 스레드의 동기화(Synchronization) ··· 130

제 8 장 예외처리

8.1 예외와 예외처리 방법 ··· 133
8.2 예외의 분류 ··· 140
8.3 예외 발생 및 처리 ··· 145

제 9 장 애플릿(Applet)

9.1 자바 애플릿 ··· 155
9.2 자바 애플릿의 실행 ··· 160
9.3 애플릿의 보안 ··· 164
9.4 애플릿에서 이미지와 사운드 출력 ··· 165
9.5 애니메이션 애플릿의 작성 ··· 170
9.6 애플릿과 브라우저 사이의 통신 ··· 175
9.7 애플릿에서 스레드의 사용 ··· 179

제 10 장 입출력

10.1 자바 입출력 ··· 183
10.2 파일과 디렉토리 ··· 183
10.3 자바 입출력 스트림 모델 ··· 193
10.4 기본 입출력 스트림 ··· 199
10.5 메모리 입출력 스트림 ··· 210

제 11 장 AWT(Abstract Window Toolkit)

11.1 AWT ··· 221
11.2 레이블(Label) 클래스 ··· 221

11.3 버튼(Button) 클래스 ······ 223
11.4 체크박스(Checkbox) 클래스 ······ 224
11.5 선택(Choice) 클래스 ······ 226
11.6 리스트(List) 클래스 ······ 227
11.7 스크롤바(Scrollbar) 클래스 ······ 229
11.8 캔버스(Canvas) 클래스 ······ 231
11.9 윈도우(Window) 클래스 ······ 233
11.10 프레임(Frame) 클래스 ······ 235
11.11 대화상자(Dialog) 클래스 ······ 236
11.12 파일 대화상자(FileDialog) 클래스 ······ 239
11.13 메뉴의 사용 ······ 241

제 12 장 네트워크(Network)

12.1 네트워크 개요 ······ 245
12.2 InetAddress 클래스 ······ 245
12.3 URL(Uniform Resource Location) ······ 249
12.4 TCP 소켓(Transmission Control Protocol Socket) ······ 252
12.5 UDP(User Datagram Protocol) ······ 257

제 13 장 이벤트 처리

13.1 이벤트 ······ 261
13.2 자바 이벤트 모델 ······ 262
13.3 이벤트의 종류 ······ 263
13.4 액션 이벤트(Action Event) ······ 264
13.5 조정 이벤트(Adjustment Event) ······ 266
13.6 컴포넌트 이벤트(Component Event) ······ 269
13.7 입력 이벤트(Input Event) ······ 272

13.8 키 이벤트(Key Event) 273
13.9 마우스 이벤트(Mouse Event) 277
13.10 아이템 이벤트(Item Event) 279
13.11 텍스트 이벤트(Component Event) 280
13.12 윈도우 이벤트(Window Event) 280

제 14 장 기본 패키지

14.1 java.lang 패키지 283
14.2 Object 클래스 283
14.3 Wrapper 클래스 285
14.4 String 클래스 287
14.5 StringBuffer 클래스 289
14.6 Math 클래스 291
14.7 java.util 패키지 295
14.8 Hashtable 클래스 295
14.9 Vector 클래스 298
14.10 StringTokenizer 클래스 302
14.11 Random 클래스 303
14.12 Date 클래스 304
14.13 Calendar 클래스 306
14.14 Stack 클래스 307

부록 개발툴 설치 및 환경 설정하기

1. Editplus 설치하기 311

제 1 장 자바 언어의 소개

1.1 자바의 유래

자바는 인도네시아 섬의 명칭으로 커피를 뜻하기도 하지만 프로그램 언어로서는 썬 마이크로시스템즈(Sun Microsystems)사에서 개발한 프로그래밍 언어를 말한다. 자바라는 명칭이 붙은 것은 개발하면서 피곤을 풀기 위해 따뜻한 커피 한잔 하면서 서로 대화를 나누곤 했는데 마침 적당한 이름을 생각하던 중 누군가가 자바를 제안하면서 지금 우리가 알고 있는 자바가 되었다.

자바는 일반적인 가전제품 또는 휴대용기기 간의 의사소통을 목적으로 James Gosling이 만들었는데 최초 명칭은 Oak로서 Patrick Naughton, Mike Sheridan and James Gosling이 Green Project(자바를 이용한 최초의 Project)를 통해 개발되었다. 그러나 빛을 보지 못하다 웹의 출현과 함께 조건이 가장 잘 맞는 언어가 되면서 널리 사용되게 되었다.

1.2 자바 응용프로그램

(1) JSP

JSP(Java Server Page)는 Servelet(서블릿은 서버에서 실행되는 작은 프로그램)의 사용을 통해 웹 페이지의 내용이나 모양을 제어하는 기술이다. 서블릿은 자바의 개발자인 썬 마이크로시스템즈사에서는 JSP 기술이 서블릿 API라고 말하고 있다. JSP는 마이크로소프트의 ASP와 유사하다. JSP가 웹서버에 의해 실행될 자바프로그램을 호출하는데 반하여, ASP는 페이지가 사용자에게 보내지기 전에 스크립트 인터프리터(VBScript 또는 JScript와 같은)에 의해 해석될 스크립트를 포함시킨다.

(2) Java Beans

자바빈즈는 "Visual Objects at Development Time"이다. 즉 개발툴(비주얼툴 - 이를테면 오라클의 JDeveloper, IBM의 Visual Age for Java , Visual Cafe 등)에서 사용자인터페이스를 만드는 것처럼 미리 완성된 기능을 제공한다. 자바빈즈는 단순한 인터페이스 구성 요소 차원을 넘어 여러 업무/작업에 필요한 것들을 완전한 형태로 만들어 놓은 것이다. 따라서 다른 프로그램이나 프로젝트에서 재사용되기 쉽다.

(3) EJB

Enterprise Java Beans(EJB)는 자바빈즈에 분산 컴퓨팅 기능을 첨가시켜 놓은 것으로서 엔터프라이즈 어플리케이션의 개발을 위한 서버측 컴포넌트 아키텍처이다. 따라서 대규모 처리를 하기 위한 프로그램 제작을 위해서 필요한 방법이다.

(4) 자바스크립트(JavaScript)와 JScript

자바스크립트는 자바와 무관하다. 사실 원래 이름은 LiveScript였다. 네스케이프사는 중간에 LiveScript를 JavaScript로 바꾸었다. 이로 인하여 일반 사용자들은 자바와 자바스크립트를 혼동한다. 자바의 인기가 높아지자 JavaScript에도 이와 같은 인기와 관심을 갖도록 하기 위해서였는지 모른다. 하지만 분명한 차이가 있다. 일반적으로 스크립트는 다른 프로그램에 의해 번역되거나 수행되는 프로그램이나 명령어들의 나열을 말한다. 즉 다른 프로그램에 의존하여 함께 사용 되는 것이다. 아직도 많이 사용되고 있다. 어떤 기능들은 간편하게 수행되므로 자바스크립트가 사용된다. JScript는 웹페이지에서 사용되도록 설계한 마이크로소프트사의 스크립트 언어이다. 자바스크립트와는 약간은 다른 기능들이 있기는 하지만 대부분 유사한 기능과 명령어를 가졌다. 차이가 있다면 일부는 네스케이프에서는 가능한데 익스플로어에서는 불가능하거나 익스플로어에서는 가능한데 네스케이프에서는 안되는 정도이다.

(5) 애플릿과 애플리케이션

자바프로그램은 두 가지로 작동된다. 애플릿은 웹브라우저 내에서 돌아가는 프로그램이고, 애플리케이션은 웹브라저 없이 독립적으로 실행된다.

① 애플릿(Applet)

애플릿은 연속적인 상호작용의 프로그램으로서 적당하다. 애플릿은 보안성을 갖추고 있고, 크기가 작지만 빈번하게 사용되어 반응이 즉시 나타나는 경우에 많이 사용된다. HTML 문서에 포함되어 작동하며 제한된 작업만 가능하다. 애플릿은 이미 인터넷을 통해 접해 보았다. 애니메이션이라든지 채팅을 통한 대화 입력 같은 작업을 가능케 해주는 기능을 가진 것이다.

② 애플리케이션(Application)

애플리케이션은 자바 소스코드가 자바 컴파일러를 통해 자바 바이트 코드인 파일명.class로 변환되어 JVM(Java Virtual Machine)과 함께 실행되는 프로그램이다. 일반적으로 기타 언어인 C, C++와 같은 언어로 작성된 프로그램과 같다고 생각하면 된다. Stand-Alone 프로그램이다. 따라서 웹브라우저를 실행할 필요가 없다. 단 JVM (Java Virtual Machine)이 필요하다.

(6) 자바로 개발된 클라이언트/서버 애플리케이션

종래의 클라이언트/서버 방식은 클라이언트와 서버 양쪽에 코드가 있어야 한다. 서버에 큰 부하가 걸리면 어쩔 수 없었지만 자바로 개발되면 클라이언트 쪽으로 부하를 나눌 수 있도록 옮길 수가 있다. 따라서 한쪽에 집중되는 현상을 균등하게 나누어 안정을 기할 수 있다. 또 앞에서도 밝힌바와 같이 완전한 플랫폼 독립적인 애플리케이션을 개발할 수 있다. 리컴파일링 하지 않고 다른 운영체제에서 운영가능하다는 것인데 이와 같은 것을 포팅(응용프로그램이 개발되었던 한 운영체계 환경으로부터 다른 운영체계에서 실행될 수 있도록 새로운 환경으로 옮기는 것)이라고 한다.

1.3 자바의 장점

탄생 배경에서부터 다양한 기기들에 적용이 되어야 하면서 각 기기들 간의 통신이 목적이었고 네크워크 환경인 다양한 장치에 필요한 높은 신뢰성, 완벽한 호환 등은 자바가 지금의 네트워크시대, 정보교환의 시대에 훌륭한 언어가 되었다. 이와 관련된 특징을 좀더 나열하면 다음과 같다.

(1) 객체지향 언어이다.

객체(Object)란 일상생활에서 흔히 대하고 사고하는 대상 목적물을 뜻하며 형태가 있는 것만이 아닌 형태가 없는 것까지 포함한다. 객체지향은 사고대상을 중심으로 문제를 해결하는 성향을 말한다. 객체지향이 되면 정보의 은닉성과 다양성 그리고 상속을 쉽게 할 수 있다.

(2) 단순하며 다른 언어와 유사하다.

자바는 기존의 C++와 유사한 언어이면서도 문제를 일으키기 쉬운 포인터, GOTO문, 연산자 중복, 다중상속 등을 삭제하였다. 따라서 혼란을 줄이고 단순한 구조를 갖게 되었다.

(3) 자동메모리관리 기능을 갖는다.

가비지 컬렉션(Garbage Collection) 즉, 자동적인 쓰레기 수집 기능은 메모리 사용이 끝난 후 더 이상 사용하지 않을 것이 확실한 것을 수거하여 메모리 공간을 확보하는 기능을 제공한다. 컴퓨터의 메모리는 무한하지 않다. 따라서 이 한정된 공간을 어떻게 잘 활용하느냐에 따라서 프로그램의 수행 속도가 빨라지는데, 공간자원을 활용하는데 있어서 좀더 넓은 공간에서 작업할 수 있도록 사용자나 개발자가 처리하지 않아도 자동으로 점유하던 공간을 비우는 처리 즉 메모리를 자유롭게 하여 메모리 활용도를 높인다. C++의 경우 메모리 관리를 위해 사용자가 메모리 해제를 해야 하는 즉 공간 확보를 위해 직접 대상을 지정해야 하고 관리해야 하는 불편함을 가지고 있는데 이를 개발자가 고생하지 않도록 하였으며 이는 개발을 쉽게 한다. 특히 한창 자원을 사용 중일 때 수거하는 것이 아니라 한가할 때 자동수집 기능을 수행하여 빠른 수행을 한다.

(4) 멀티스레드를 수행한다.

스레느는 하나의 프로세스 안에서 실행되는 단위작업을 의미한다. 따라서 멀티스레드란 여러 작업이 동시에 수행되는데 필요할 때 프로그램을 쉽게 구성하도록 도와준다. 주문을 받는 경우를 예로 들어 식당에서 주문할 때 여러 사람이 주문하게 되면 주문을 하다가 결정이 보류되는 경우가 있다. 그럴 때 종업원은 다른 테이블의 주문을 받기도 하는데 이처럼 하나의 주문서와 달리 다른 테이블의 주문을 받는 경우 스레드는 다른 테이블과 처음 테이블의 주문서라고 생각하면 된다. 따라서 멀티스레드는 둘 이상의 입력을 가능하도록 하는 것과 같이 능률적으로 단위작업들을 수행할 수 있다. 여러 개의 스레드가 존재하여 동시에 여러 가지 일을 수행하는 것이다.

(5) 풍부한 클래스 라이브러리와 동적연결이 가능하다.

사용자 인터페이스, 그래픽, 네트워크 등을 지원하는 풍부한 클래스 라이브러리를 지원한다. 기존 언어들보다 시작이 늦은 편이라 비주얼 개발툴은 상대적으로 적지만 많은 라이브러리를 제공한다. 또한 풍부한 라이브러리를 가졌기 때문에 실행시간에 라이브러리와 연결되어 실행되는 것이 효율적이고 실제 실행 또한 실시간에 수행된다. 따라서 변화되기 쉬운 환경이어서나 중간에 필요한 경우라면 라이브러리에 새로운 메소드나 속성을 추가시켜 이러한 변화를 빠르게 적용 시킬 수 있다는 점이 장점이다.

(6) 분산 환경과 네트워크에 강하다.

네트워크를 지원하는 클래스가 풍부하기 때문이기도 하지만 특정 운영체제나 하드웨어에 의존하지 않는 자바 프로그램의 실행환경을 생각한다면 네트워크에 강하다는 것이다. 또한 TCP/IP 프로토콜과 URL처리 같은 HTTP, FTP 프로토콜을 처리할 수 있다. 자바의 네트워크 패키지에는 여기에 해당하는 클래스들이 포함되어 있다. RMI(Remote Method Invocation)는 서로 다른 컴퓨터상에 있는 객체들을 원격으로 호출하여 실행시키는데 이런 기능은 객체들이 분산 네트워크 내에서 상호 작용하는 객체지향형 프로그램을 작성할 수 있다.

(7) 자바는 인터프리터 언어이다.

C/C++기존의 언어와 비교할 때, 자바 컴파일러는 소스코드를 기종에 무관한 바이트 코드(Byte Code)로 만들고, 실시간에 라이브러리와 연결되어 자바가상머신(Java Virtual Machine)상에서 작동된다. 따라서 플랫폼에 독립적으로 존재하고 실행된다.

(8) 견고하다.

C/C++에서 사용하는 포인터 처리가 필요 없기 때문에 런타임(실행시간) 에러 발생이 줄었고, 메모리 포인터의 사용으로 인한 주소 기억이 필요 없다. 따라서 메모리를 자동으로 할당하고 실행시간에 발생하는 에러를 처리하는 방법을 제공한다. 반면 데이터 형 검사는 실행 시간에 검사되는 것이 아니라 컴파일 시에 엄격하게 이루어져 에러를 먼저 발견한다.

(9) 플랫폼에 무관하게 작동한다.

운영체제와 하드웨어기종에 따라서 프로그램이 달라야 한다면 네트워크에서 작동하기는 힘들 것이다. 네트워크 상에서 운영체제와 하드웨어기종에 관계없이 작동하려면 기본적으로 기반에 독립적이어야 한다. 자바는 이러한 문제에 대해 하드웨어 아키텍처, 운영체제, 인터페이스에 독립적인 바이트 코드를 사용하므로 효과적이다.

또한 자바에서는 정수형 int는 부호를 사용하며 2의 보수인 32비트 정수가 되고, 실수형 float는 항상 IEEE 754표준에 정의된 32비트 부동 소수형 숫자가 된다. 따라서 어느 플랫폼에서나 결과가 동일하다. 자바 프로그램은 윈도우, Solaris, Mac OS, Linux 등과 같이 자바가 지원되는 모든 플랫폼 상에서 자바 컴파일러에 의해 바이트 코드 형태로 컴파일 되고, 인터프리터가 동작하는 자바 가상 기계에 의해 어떤 기종의 시스템에서도 쉽게 해석된다.

(10) 고성능 언어이다.

자바는 인터프리터 언어이므로 CPU 처리를 많이 요하는 프로그램의 경우 20~30배, 네트워크 프로그램의 경우 5배 정도 기존 프로그램보다 처리속도가 느리다. 중간에 JVM(Java Virtual Machine)이 관여하기 때문인데 이러한 단점을 'just-in-time' 컴파일러를 도입해 속도 면에서 좀더 빠르도록 하였다. 하지만 이런 단점에 대해서는 현재 컴퓨터 발전 속도에 의해서 해결 될 것이다. JIT(just-in-time) 컴파일러는 JVM의 기능을 수행하면서 한 번 기계어로 번역된 코드를 기억하고 다시 실행할 경우 번역과정을 거치지 않고 바로 기계어를 실행해 준다. JIT 컴파일러는 자바 바이트코드(반드시 해석되어야만 하는 명령어를 포함한 프로그램)를 프로세서에게 직접 전달될 수 있는 명령어로 바꾸어주는 프로그램이다. 따라서 초기화 과정에 시간이 소요되기도 하지만 반복 수행 되는 경우의 계산 프로그램에는 효과적이다.

(11) 안전하다.

자바는 네트워크 환경에서 운영되는 언어이므로 다른 언어보다 안전성에 대한 중요성이 요구된다. 다시 말해, 애플릿과 같은 프로그램의 다운로드 시에 적절한 제재를 가하지 않으면 보안상 많은 문제를 야기할 수 있다. 또는 서로 다른 결과를 이행하는 경우도 발생한다. 바이트코드 확인자 (Bytecode Verifier)를 통해서 코드를 주고받을 때 미리 확인하는 과정을 거친다. 따라서 자바 코드는 바이러스, 파일의 삭제나 수정, 데이터 파괴 작업이나 컴퓨터 오류 연산 등을 방지할 수 있는 환경에서 실행 되도록 설계되었다. 자바는 해석적이고, 컴파일 적이라는 사실을 비롯한 몇 가지 다른 기능들은 보안을 돕는다는 것이다. 예를 들어, 웹브라우저에서 동작될 경우 소켓(네트워크 상에서 서버와 클라이언트 사이의 통신 방법)을 열지 못하고 자바 프로그램이 메모리에 접속할 수 없다는 사실은 안전하게 실행될 수 있다는 것을 의미한다. 대부분 자바는 안전하게 설계되었기 때문에 안전하다.

1.4 자바의 방향

자바의 장점 때문에 현재 프로그램들을 자바로 개발하는 경우가 점점 늘고 있다. 단지 이전 프로그램을 자바로 만들 경우 자바로의 전환에 시간과 비용이 요구된다는 점이다. 자바로 변화하는 것이 쉽지는 않다. 기존의 프로그램이 문제없이 잘 돌아간다면 특히 그렇다. 공을 들여 바꾸려고 하지는 않을 것이다. 또 자바로 일단 만들었다면 어느 정도 기간 동안은 검증의 필요성도 있기 때문에 별도의 노력이 필요할 수도 있다. 하지만 단지 프로그램은 개발이 전부가 아니다. 유지 보수가 오히려 더 중요하다. 좀더 기능을 추가시키기도 해야 하고 변화된 환경에 맞게 고쳐야 하는 것이다. 자바로의 순간적 변환이 힘들긴 하지만 전체적인 관점에서 유리하다. 문제가 된다면 자바로의 전환에 소요될 시간이다. 기존의 언어들은 사용자가 많다. 만들어진 코드도 많고 개발툴도 많다. 기반이 좋다. 자바로 가려면 이런 점이 문제가 된다. 하지만 이미 자바 개발환경을 지원하는 툴들이 많이 나왔다. 자바의 발전 속도가 빠르고, 판매용 자바 라이브러리도 많아졌다. 자바로의 전환에 고생이 필요하긴 하지만 강한 언어는 경쟁에서 살아남아 진화하기 마련이다. 현재보다 훨씬 월등한 언어가 되리라 믿는다.

제 2 장 자바의 설치와 실행

2.1 자바의 설치

자바를 설치하려면 먼저 썬 마이크로시스템즈사에서 제공하는 개발 도구인 JDK (Java Development Kit)를 먼저 구해야 한다. JDK는 썬 마이크로시스템즈사의 홈페이지(http://java.sun.com)에서 구할 수 있다.

그림 2.1 JDK Download Site

(1) 썬 마이크로시스템즈사의 홈페이지에서 다운로드 받은 JDK를 실행한다. JDK 설치 내용에 대한 요약화면이 나타난다. "Next" 단추를 선택한다.

그림 2.2 JDK 설치 마법사 - 시작

(2) JDK 사용에 대한 라이센스 동의 절차를 묻는 단계이다.

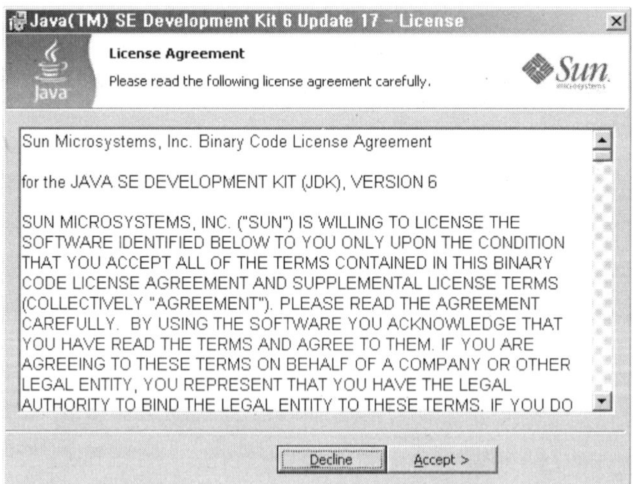

그림 2.3 JDK 설치 마법사 - 라이센스 동의

(3) JDK가 설치될 내용과 디렉토리를 설정하는 단계이다. 설치를 원하는 기능과 디렉토리 변경이 가능하다.

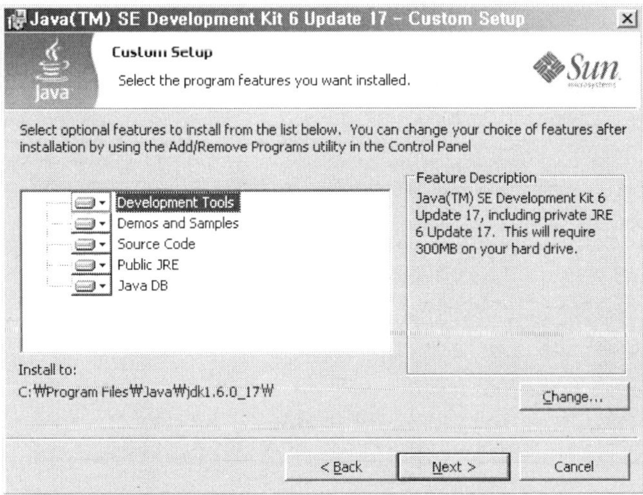

그림 2.4 JDK 설치 내용과 장소 지정

(4) 설정한 내용으로 JDK를 설치한다.

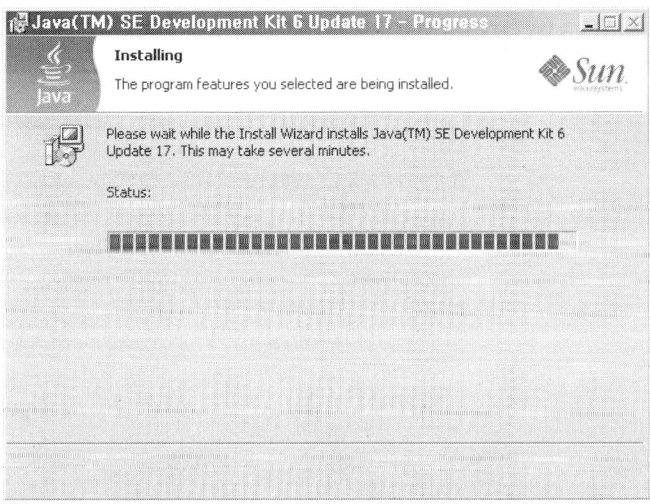

그림 2.5 JDK 설치

(5) JRE(Java Runtime Environment)를 설치할 장소를 지정한다.

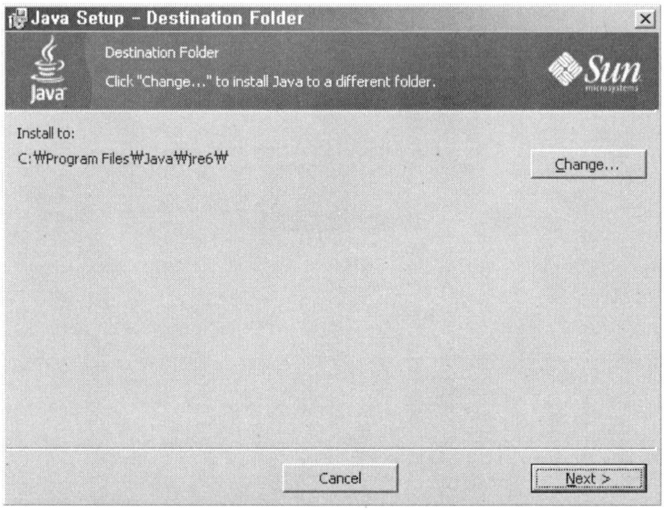

그림 2.6 JRE 설치 장소 지정

(6) JRE를 설치한다.

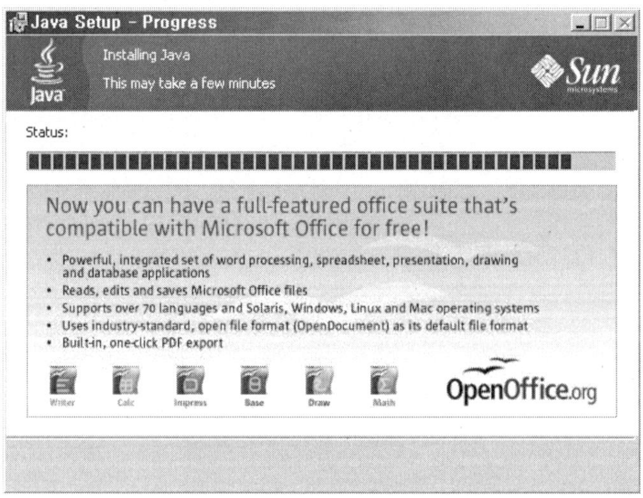

그림 2.7 JRE 설치

(7) JDK 설치 과정이 완료되었다.

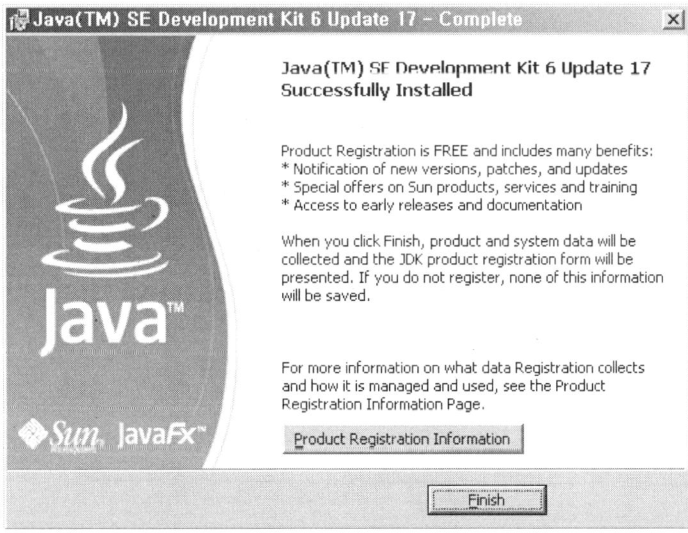

그림 2.8 JDK 설치 완료

2.2 자바의 실행 환경 설정

JDK에서 자바 언어를 컴파일하고 실행하기 위해서는 JDK의 개발도구를 시스템 환경에 맞게 설정하는 것이 필요하다. 자바는 아쉽게도 다른 프로그램언어처럼 편리한 인터페이스를 제공하지 못해 도스 모드에서 컴파일과 실행을 하여야 한다. 이것을 위한 설정은 다음과 같이한다.

윈도우 환경에서는 아래 그림과 같이 PATH를 추가해 준다.
(시작 → 설정 → 제어판 → 시스템 → 고급 → 환경변수)

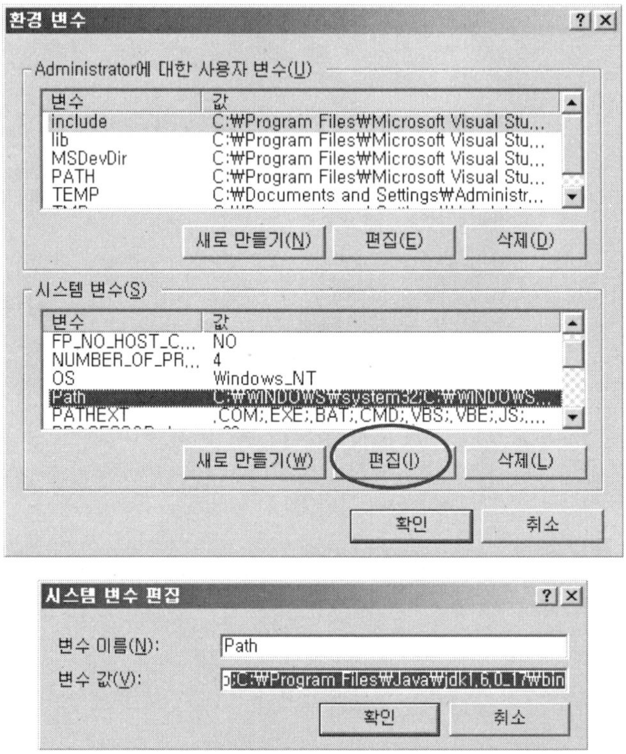

그림 2.9 환경변수 창

환경 설정후 아래와 같은 명령의 실행으로 정상 설치 여부를 확인한다.

C:\>java -version

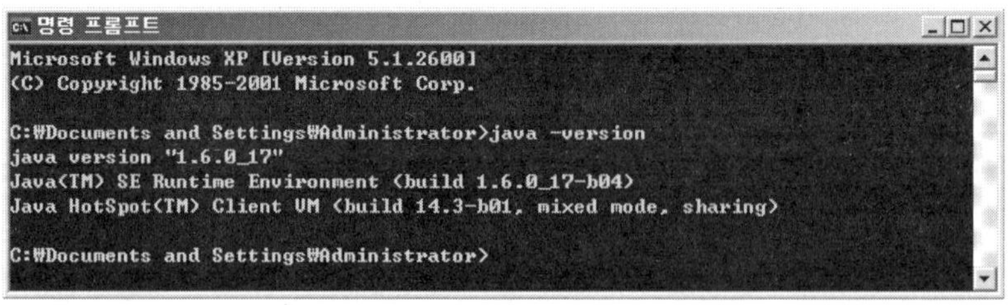

그림 2.10 설치완료 확인

2.3 자바의 실행

2.3.1 자바 프로그램 개발 도구

bin 디렉토리에는 실행 파일과 DLL 파일이 들어 있으며 실행 파일은 다음과 같다.

(1) 자바 컴파일러(javac)

바이트 코드를 만들기 위해 필요한데 javac 해당파일(확장자를 포함) 명령으로 수행된다.

(2) 자바 인터프리터(java)

자바컴파일러에서 작성된 바이트코드는 java 해당파일(확장자를 제외, 확장자가 class인 파일)로서 실행된다.

(3) 자바 애플릿뷰어(appletviewer)

애플릿은 웹브라우저에서 실행되는데 애플릿을 웹브라우저에서 실행시키면서 확인하기는 번거롭다. 이런 경우 자바애플릿 뷰어를 사용하면 간편하게 애플릿을 확인할 수 있다.

(4) 자바디버거(jdb)

자바 프로그램의 버그를 디버깅할 수 있는 디버거이다.

(5) C헤더파일과 스딥 파일 생싱기(javah)

자바 클래스로부터 C 헤더 파일과 C stub 파일을 만들어 주는 도구이다. 이를 통해 자바 코드와 C 코드를 연결할 수 있다.

(6) 자바 문서 생성기(javadoc)

자바 소스 코드로부터 HTML 형태의 API 문서를 만들어 준다.

2.3.2 간단한 자바 프로그램의 작성과 실행

윈도우즈에서 보조 프로그램인 메모장을 열고 아래와 같이 입력한다.

```
/* HelloWorld 클래스 정의 시작 */
class HelloWorld{
    // main 메소드 : 프로그램에서 가장 먼저 실행되는 메소드
   public static void main(String args[]) {
        /** Hello World!라는 문장을 화면에 출력하는 부분 */
       System.out.println("Hello World!");
   }
}
```

"HelloWorld.java"라는 이름으로 소스를 저장한다.

(1) 자바 프로그램 분석

① 주석문

자바 언어에서 주석문(Comment)은 '/*' 와 '*/'사이, '//'뒤에 기술하며, 컴파일 대상에서 제외된다. 주석문은 프로그램의 이해를 증진시키는 것을 목적으로 한다.

② class 키워드

class는 객체지향 프로그래밍에서 가장 기본이 되는 클래스를 정의하는 키워드이다. 모든 자바 프로그램은 이 클래스를 하나 이상 가지게 되며, 보통의 경우 주 클래스 이름이 프로그램의 이름이 된다. 컴파일하게 되면 클래스 이름뒤에 .class라는 확장자가 붙는다.

③ main 메소드

자바에서는 함수라는 이름 대신에 메소드라는 말을 사용한다. 메소드의 입력은

String 타입의 args라는 매개변수로 한다. main 메소드의 출력(리턴값)은 void– 아무 것도 출력하지 않는다.

public 키워드–누구든지 이 메소드를 호출할 수 있도록 공개하겠다는 의미.

static 키워드–이 클래스에는 오직 하나의 main 메소드를 공유하도록 하는 의미.

④ ( ) : 소 괄호 - 메소드, 수식의 우선 순위.

{ } : 중 괄호 - Block의 시작과 끝.

[ ] : 대 괄호 - 배열 선언 및 요소 지정.

⑤ 변수와 키워드

변수는 영문사, '_', '$'로 시작해야 한다. (대, 소문자 구분)

키워드를 변수로 사용해서는 안된다.

⑥ 출력부분

System.out.println - "Hello World!"라는 문장을 화면에 출력한다.

(2) 컴파일

확장자를 반드시 적어야 한다.

C:\〉 javac HelloWorld.java

(3) 실행

인터프리터 방식으로 작동한다.

.class라는 확장자를 붙이지 말아야 한다.

C:\〉 java HelloWorld

제 3 장 자바의 기본구조

3.1 식별자와 예약어

자바에서 식별자(Identifier)는 변수, 상수, 메소드, 배열, 문자열, 사용자가 정의하는 클래스나 메소드 등을 구분할수 있는 이름을 말한다. 식별자는 첫 문자가 영문자나 특수문자('_', '$')로 시작되어야 하며 길이에는 제한을 두지 않는다. 예약어는 식별자로 사용할 수 없다.

자바에서는 대, 소문자를 구분하여 사용한다. 식별자의 사용은 강제적이지는 않지만 일반적인 관례를 가지고 있다. 식별자 중 클래스 이름은 대문자로 시작하고 메소드, 변수, 배열, 문자열 등의 이름은 소문자로 시작하는 것이 일반적이다.

표 3.1 자바 예약어

abstract	do	implements	private	throw
boolean	double	import	protected	throws
break	else	instanceof	public	transient
byte	extends	int	return	true
case	false	interface	short	try
catch	final	long	static	void
char	finally	native	super	volatile
class	float	new	switch	while
continue	for	null	synchronized	
default	if	package	this	

3.2 자료형

자바에서 지원하는 기본적인 자료형에는 정수, 부동소수점, 문자, Boolean 등이 있다.

(1) 정수형

정수 자료형	비트크기	처리범위
byte	8(1byte)	$-2^{7} \sim 2^{7}-1$
short	16(2bytes)	$-2^{15} \sim 2^{15}-1$
int	32(4bytes)	$-2^{31} \sim 2^{31}-1$
long	64(8bytes)	$-2^{63} \sim 2^{63}-1$

예)
```
byte    bytenum;     // 8비트 정수 선언
short   shortnum;    // 16비트 정수 선언
int     intnum;      // 32비트 정수 선언
long    longnum;     // 64비트 정수 선언
```

Tip *접두사 '0'과 '0x'의 의미*

> '0' : 수치데이타 앞에 붙여 상수값을 8진수로 변환시킨다.
> '0x' : 수치데이타 앞에 붙여 상수값을 16진수로 변환시킨다.

예)
```
int num;
    num = 120;       // 10진수 120
    num = 0120;      //  8진수 120
    num = 0x120;     // 16진수 120
```

(2) 실수형

실수 자료형	비트크기	처리범위
float	32비트(4bytes)	-3.40E+38 ~ +3.40E+38
double	64비트(8bytes)	-1.79E+308 ~ +1.79E+308

실수형의 표기는 소수점을 허용한다. (3.41, .123, 78.0)

예)
```
float     floatnum;          // float형 부동소수점
double    doublenum;         // double형 부동소수점
floatnum = 12.23f;           // float형 값을 할당
doublenum = 12.23;           // double형 값을 할당
```

(3) 문자형

자바에서 문자형은 유니코드 문자를 처리하기 위한 것으로 16비트 부호없는 정수로 표현된다.

예)
```
char characterval;      // 문자형 변수 선언
characterval = 'a';     // 문자형 값 할당
```

(4) 문자열형

예)
```
String stringval;                      // 문자열 변수 선언
stringval = "test statement";          // 문자열 변수에 문자열 할당
```

(5) 논리형(Boolean)

크기가 1비트인 자료형으로, true와 false 두 값을 가진다. 메소드의 리턴값이나 관계 연산자의 결과값으로 사용한다.

예)
```
boolean bool;    // Boolean 형 변수 선언
bool = true;     // Boolean 형 값 할당
```

표 3.2 각 자료형의 디폴트 값

여기에서 나온 각 자료형으로 변수를 선언한 후에 값을 할당하지 않은 경우에는 다음과 같은 디폴트(default)값이 들어가게 된다.

byte	: 0	short	: 0
int	: 0	long	: 0
float	: 0.0f	double	: 0.0d
char	: '\u0000'(NULL)	boolean	: false

예제

DataTypePractice1.java

```
class DataTypePractice1 {
        public static void main (String args[]) {
              int intnum;
              float floatnum;
              double doublenum;
              char characterval;
              boolean bool;

              intnum = 120;
              floatnum = 12.23f;
              doublenum = 12.23;
              characterval = 'a';
              bool = true;

              System.out.println("Data Practice Program");
              System.out.println("Integer Data Type");
              System.out.println(intnum);
              System.out.println("Float Data Type");
              System.out.println(floatnum);
              System.out.println("Double Data Type");
              System.out.println(doublenum);
              System.out.println("Character Data Type");
              System.out.println(characterval);
```

```
            System.out.println("Boolean Data Type");
            System.out.println(bool);
        }
    }
```

실행결과

```
Data Practice Program
Integer Data Type
120
Float Data Type
12.23
Double Data Typc
12.23
Character Data Type
a
Boolean Data Type
true
```

예제

DataTypePractice2.java

```
class DataTypePractice2 {
    public static void main(String args[]){
            int intValuc = 10;
            int octValue = 010;
            int hoxValuc - 0x10;
            System.out.println("10진수 표현: " + intValue);
            System.out.println(" 8진수 표현: " + octValue);
            System.out.println("16진수 표현: " + hexValue);
    }
}
```

실행결과

```
10진수 표현 : 10
 8진수 표현 : 8
16진수 표현 : 16
```

3.3 형 변환

형 변환(Casting)은 치역(traget type)에 정의역(source type)의 값을 배정할 때 발생한다. 자바에서는 이처럼 자료의 형변환을 허용한다.

(1) 확대(widening) 형 변환

치역(traget type)이 정의역(source type)보다 더 넓어 값의 손실이 발생되지 않고 저장되는 경우를 말한다. 예를 들면, 8비트의 바이트 값을 32비트의 정수형으로 변환하는 경우이다.

(2) 축소(narrowing) 형 변환

확대 형 변환의 반대의 개념이며, 확대 형 변환과는 달리 명시적인 형 변환 구문을 사용해야 한다. 치역(traget type)이 정의역(source type)보다 좁아 값을 저장할 수 없는 경우를 말한다. 예를 들면, 32비트의 정수형 값을 8비트의 바이트 형으로 변환하는 경우이며, 이경우에는 정보의 손실이 발생한다.

예제

ConversionPractice.java

```
class ConversionPractice {
  public static void main(String args[]) {
    byte b;
```

```
        int i = 259;
        double d = 525.428;

        System.out.println("축소 형변환 결과");
        b = (byte) i;
        System.out.println("int 259를 byte로 : " + b);

        i = (int) d;
        System.out.println("double 525.428을 int로 : " + i);

        b = (byte) d;
        System.out.println("double 525.428을 byte로 : " + b);
    }
}
```

실행결과

```
축소 형변환 결과
int 259를 byte로 : 3
double 525.428을 int로 : 525
double 525.428을 byte로 : 13
```

3.4 배열

같은 자료형의 데이터들을 여러개 저장하기 위한 메모리 상의 공간을 말한다. 자바에서는 배열을 동적으로 생성되는 하나의 객체로 취급하기 때문에 배열을 배열 객체라고 표현하고, 객체형 변수에 저장이 가능할 뿐만 아니라 객체 클래스의 메소드를 모두 사용할 수 있다. 배열의 사용순서는 다른 변수들과 마찬가지로 배열의 선언, 배열의 생성, 배열에 값 저장 순서로 사용된다.

(1) 배열의 선언

- 대괄호"[]"내에 정수(첨자)를 지정해서 배열을 선언한다.

- new 연산자를 통해 메모리를 할당받는다.
- 배열의 첨자는 배열요소의 개수를 의미하며 배열요소 사용시 첨자는 '0'부터 시작한다.
- 배열의 길이를 알아보려면 배열명 뒤에 '.length'라는 단어를 붙인다.

예) int intnum[] = new int[10];

- 10 — 요소개수
- intnum — 배열명
- int — 자료형

예제

ArrayPractice1.java

```
class ArrayPractice1 {
    public static void main (String args[]) {
        int intnum[] = new int[5];
        int length_of_array;

        intnum[0] = 1;
        intnum[1] = 2;
        intnum[2] = intnum[0] + intnum[1];
        intnum[3] = intnum[1] + intnum[2];
        intnum[4] = intnum[2] + intnum[3];

        length_of_array = intnum.length;

        System.out.println("Array Practice Program");
        System.out.println("Fifth Integer Number");
        System.out.println(intnum[4]);
        System.out.println("Array Size");
        System.out.println(length_of_array);
    }
}
```

실행결과

```
Array Practice Program
Fifth Integer Number
8
Array Size
5
```

예제

ArrayPractice2.java

```
class ArrayPractice2 {
  public static void main(String args[]) {
    int two_array[][]= new int[4][5];
    int i, j, k = 0;

    for(i=0; i<4; i++)
      for(j=0; j<5; j++) {
        two_array[i][j] = k;
        k++;
      }

    for(i=0; i<4; i++) {
      for(j=0; j<5; j++)
        System.out.print(two_array[i][j] + " ");
      System.out.println();
    }
  }
}
```

실행결과

```
0 1 2 3 4
5 6 7 8 9
10 11 12 13 14
15 16 17 18 19
```

Quiz 아래의 실행결과를 배열을 이용하여 나타내는 프로그램을 작성하라.

0

1 2

3 4 5

6 7 8 9

3.5 연산자

(1) 산술 연산자

가장 기본적인 연산인 가감승제 연산과 나머지를 구하는 연산을 산술 연산이라 하고, 덧셈(+), 뺄셈(-), 곱셈(*), 나눗셈(/), 나머지(%), 증감 연산자(++,--), 단항 연산자 등이 있다.

```
double num;
num = 12.0 + 13.0;
num = 14.2 - 1.3;
num = 12.3 * 12.4;
num = 122.0 / 2.43;
num = 12.0 % 5.0;
num = 12.3 + 3.2 * 4.2;
```

① 나머지 연산자 (modulus 연산자:%) - 정수연산은가능하지만 실수 연산은 불가능하다.

예) 13 % 4 ⇨ 1 (나머지)

13 / 4 ⇨ 3 (몫)

② 증감 연산자

++ : 1증가 연산자 (Increment) - 변수의 값을 1증가 시킴

-- : 1감소 연산자 (Decrement) - 변수의 값을 1감소 시킴

예)
```
int num, assign;
num = 10;
num++; // num = num + 1;
++num;
assign = num++;
assign = ++num;
```

③ 단항 연산자 (-)

num이라는 변수에 "-"부호를 붙여 -num이라고 쓰면, (-1)*num이 된다.

(2) 관계 연산자

두 개의 값을 비교하여 그 결과를 리턴하는 연산자. 주로 수가 큰지 작은지, 같은지 다른지를 판단한다.

관계 연산자	의 미
A < B	A는 B보다 작다
A > B	A는 B보다 크다
A <= B	A는 B보다 작거나 같다
A >= B	A는 B보다 크거나 같다
A == B	A는 B와 같다
A != B	A는 B와 같지 않다

(3) 논리, 조건 연산자

주어진 조건이 참인지 거짓인지를 판단하여 결과를 리턴하는 연산자

① AND 연산자 : 주어진 두 가지 조건이 동시에 만족해야 참

② OR 연산자 : 두 가지 조건 중 하나만 만족해도 참

③ ? 연산자 : 주어진 조건이 참인지 거짓인지에 따라 적절한 값을 취한다.

형식 : (조건식)? 식1 : 식2 - 조건식이 참이면 식1, 거짓이면 식2를 수행.

예)
```
int num, assign;
num = 10;
assign = (num > 5) ? 15 : 20;
```

A	B	A && B	A || B
T	T	T	T
T	F	F	T
F	T	F	T
F	F	F	F

(4) 대입 연산자 (=, +=, −=, *=, /=, %=)

오른쪽에 있는 값을 왼쪽에 있는 변수에 대입하는 연산자

예)
```
double num;
num = 10.0;
num += 20.0;   // num = num + 20.0;
```

(5) 비트 연산자

① & : Bitwise AND(비트곱) - 두 대의 비트가 1인 경우만 진리값이 1이된다.

② ^ : Bitwise eXclusive OR(비트차) - 두 비트중 하나만 1이면 진리값이 1이된다.

③ | : Bitwise OR(비트합) - 두 비트중 어느 하나라도 1이면 진리값이 1이 된다.
(T : 1, F : 0)

A	B	A & B	A ^ B	A | B
1	1	1	0	1
1	0	0	1	1
0	1	0	1	1
0	0	0	0	0

예)

		A & B	A | B	A ^ B
A	1010	1010	1110	0100
B	1110			

(6) Shift 연산자 (<<, >>)

<< : 한 비트씩 좌로 이동

>> : 한 비트씩 우로 이동

넘어간 비트는 무시, 빈 부분은 0으로 채움

(7) 연산자의 우선 순위

우선 순위라는 것은 어떤 연산을 먼저 처리하고, 어떤 연산을 나중에 처리할 것인가에 대한 기준을 의미한다.

우선 순위	명칭	연산자	비고
1	1차 연산자	. [] ()	
2	증감 연산자	++ -- ! ~	←
3	승법 연산자	* / %	→
4	가법 연산자	+ -	→
5	Shift 연산자	<< >>	→
6	관계 연산자	< > <= >=	→
7	등가 연산자	== !=	→
8	bit곱 연산자	&	→
9	bit차 연산자	^	→
10	bit합 연산자	|	→
11	논리곱 연산자	&&	→

우선 순위	명칭	연산자	비고
12	논리합 연산자	||	→
13	조건 연산자	? :	←
14	대입연산자	= += -= *= /= %= &= ^= |= >>= <<=	←

예제

OperatorPractice1.java

```
class OperatorPractice1 {
    public static void main (String args[]) {
        double dnum;
        int num, assign;
        System.out.println("Operator Practice");
        /* 연산자의 우선순위가 지켜지는지 확인 */
        dnum = 12.3 + 34.5 * 12.3;
        /* print 와 println의 차이는 커서가 다음 줄로 이동하는가의 차이 */
        System.out.print("12.3 + 34.5 * 12.3 = ");
        System.out.println(dnum);
        /* 증감 연산자의 전후 배치에 따른 차이 확인 */
        num = 10;
        System.out.println("num = 10");
        assign = num++;
        System.out.print("After assign = num++ : assign = ");
        System.out.println(assign);
        assign = ++num;
        System.out.print("After assign = ++num : assign = ");
        System.out.println(assign);
        /* 관계 연산자 확인 */
        System.out.print("10 > 5 : ");
        System.out.println(10 > 5);
        /* 조건연산자 확인 */
        assign = (num > 5) ? 10 : 20;
        System.out.print("(num > 5) ? 10 : 20 = ");
        System.out.println(assign);
    }
}
```

실행결과

```
Operator Practice
12.3 + 34.5 * 12.3 = 436.65
num = 10
After assign = num++ : assign = 10
After assign = ++num : assign = 12
10 > 5 : true
(num > 5) ? 10 : 20 = 10
```

예제

OperatorPractice2.java

```java
class OperatorPractice2 {
  public static void main(String args[]) {
    int a = 2;
    int b = 5;
    int c = a | b;
    int d = a & b;
    int e = a ^ b;
    int i; int j;
    i = a << 2;
    j = b >> 2;

    System.out.println("        a = " + a);
    System.out.println("        b = " + b);
    System.out.println("      a|b = " + c);
    System.out.println("      a&b = " + d);
    System.out.println("      a^b = " + e);
    System.out.println("     a<<2 = " + i);
    System.out.println("     b>>2 = " + j);
  }
}
```

실행결과

```
   a = 2
   b = 5
  a|b = 7
 a&b = 0
  a^b = 7
a<<2 = 8
b>>2 = 1
```

예제

OperatorPractice3.java

```
class OperatorPractice3 {
  public static void main(String args[]) {
    int a = 10;
    int b1 = 5, b2 = 5, b3 = 5;

    System.out.println("a = " + a);
    a += 4;
    System.out.println("a += 4 의 결과 " + a);
    a -= 4;
    System.out.println("a -= 4 의 결과 " + a);
    a *= 4;
    System.out.println("a *= 4 의 결과 " + a);
    a /= 4;
    System.out.println("a /= 4 의 결과 " + a);
    a %= 4;
    System.out.println("a %= 4 의 결과 " + a);
    a |= 4;
    System.out.println("a |= 4 의 결과 " + a);

    System.out.println("b1 = " + b1);
    System.out.println("b2 = " + b2);
    System.out.println("b3 = " + b3);
```

```
      b1 >>= 1;
      b2 <<= 1;
      b3 >>>= 1;
      System.out.println("b1 >>= 1 의 결과 " + b1);
      System.out.println("b2 <<= 1 의 결과 " + b2);
      System.out.println("b3 >>>= 1 의 결과 " + b3);
    }
  }
```

Quiz 위 예제를 실행하고 결과를 확인해 보자.

3.6 제어문

프로그램 안에 원하는 기능을 구현하기 위해 만들어놓은 형식으로, 특정 조건에 맞는 기능을 수행시킨다든가, 같은 기능을 반복해서 수행시킨다든가, 특정위치로 이동시킨다든가 하는 식으로 프로그램을 구조화 시키게 된다.

자바의 제어문은 조건 제어문, 반복 제어문, 이동 제어문으로 나뉘어 진다.

종류	제어문
조건 제어문	if, switch ~ case
반복 제어문	while, do-while, for
이동 제어문	break, continue, return

(1) if문

형식 1

```
if(condition) {
    statement; // condition이 참(true)인 경우에만 statement를 실행
}
```

형식 2

```
if(condition) {
      statement1; // condition이 참일 때 수행
}
else {
      statement2; // condition이 거짓일 때 수행
}
```

형식 3

```
if(condition 1) {
      statement1; // condition 1이 참일 때 수행
}
else if(condition 2) {
      statement2; // condition 1이 거짓이고, condition 2가 참일 때 수행
}
else {
      statement3; // condition 1, 2가 모두 거짓일 때 수행
}
```

예제

IfPractice1.java

```
class IfPractice1 {
   public static void main (String args[]) {
      int num;
      num = 13 / 2;
      if(num == 6) {
           System.out.println("13 / 2 is 6");
      }
      else {
           System.out.println("13 / 2 = " + num);
      }    // + 기호는 "13 / 2 = "과 함께 num변수값을 출력하라는 의미
   }
}
```

실행결과

```
13 / 2 is 6
```

예제

IfPractice2.java

```
class IfPractice2 {
  public static void main(String args[]) {

    int month = Integer.parseInt(args[0]);
    // 실행 명령에서 사용자로부터 데이터를 입력받아
    // 정수로 변환한 다음 momth에 저장
    String MtoS;

    if(month == 12 || month == 1 || month == 2)
      MtoS = "겨울";
    else if(month == 3 || month == 4 || month == 5)
      MtoS = "봄";
    else if(month == 6 || month == 7 || month == 8)
      MtoS = "여름";
    else if(month == 9 || month == 10 || month == 11)
      MtoS = "가을";
    else
      MtoS = "해당되는 계절이 없습니다.";

    System.out.println( month + " 월은 " + MtoS + " 입니다.");
  }
}
```

Quiz 위 예제를 실행하고 결과를 확인해 보자.

(2) switch ~ case문

각 경우에따라 별개의 문장을 수행한다.

형식

```
switch(조건식) {
      case 상수1 : 문장1; break;
      case 상수2 : 문장2; break;
      ...
      case 상수n : 문장n; break;
      default : 문장;
}
```

break는 생략가능하다.

예제

SwitchPractice1.java

```
class SwitchPractice1 {
    public static void main (String args[]) {
        int num;
        num = 13 / 2;
        switch(num) {
              case 6 : System.out.println("13 / 2 is 6"); break;
              default : System.out.println("13 / 2 = " + num); break;
        }
    }
}
```

실행결과

```
13 / 2 is 6
```

예제

SwitchPractice2.java

```
class SwitchPractice2 {
  public static void main(String args[]) {
    for(int i=1; i<5; i++)
      switch(i) {
        case 1:
          System.out.println(i +" : 가위 ");
          break;
        case 2:
          System.out.println(i + " : 바위");
          break;
        case 3:
        System.out.println(i + " : 보");
        break;
        default:
          System.out.println(i + "는 1에서 3사이의 값이 아닙니다.");
      }
  }
}
```

Quiz 위 예제를 실행하고 결과를 확인해 보자.

(3) while문

조건이 참인 동안 while 블록을 반복시기는 제어문

형식

```
while(조건식) {
    반복할 문상;
    // 조건식이 참인 동안 실행, 거짓이 되는 순간 while문을 벗어남
}
```

예제

WhilePractice1.java

```
class WhilePractice1 {
    public static void main (String args[]) {
        int i;
        i = 10;
        System.out.println("Countdown start!");
        /* 변수가 10에서 1이 될 때까지 계속해서 i 값 출력 */
        while(i > 0) {
            System.out.println(i);
            i--;
        }
    }
}
```

실행결과

```
Countdown Start!
10
9
8
7
6
5
4
3
2
1
```

(4) do ~ while문

조건식이 참일 동안 반복하는 후조건 비교 제어문

일단 한 번은 실행된 후에 조건식을 수행

형식

```
do {
      반복할 문장;
}while(조건식);
```

예제

DoWhilePractice1.java

```
class DoWhilePractice1 {
    public static void main (String args[]) {
        int i;
        i = 10;
        System.out.println("Countdown start!");
        do {
            System.out.println(i);
            i--;
        } while(i > 0);
    }
}
```

실행결과

```
Countdown Start!
10
9
8
7
6
5
4
3
2
1
```

예제

DoWhilePractice2.java

```
class DoWhilePractice2 {
  public static void main(String args[]) {
    int N = 1;
    System.out.println("* 구구단 5단 *");
    do {
      System.out.println("   " + 5 + "*" + N + " = " + (5*N));
      N++;
    } while(N < 10);
  }
}
```

실행결과

```
* 구구단 5단 *
5*1 = 5
5*2 = 10
5*3 = 15
5*4 = 20
5*5 = 25
5*6 = 30
5*7 = 35
5*8 = 40
5*9 = 45
```

Quiz 위의 예제에서 do-while문 블록의 증감연산자를 이용해서 같은 결과를 출력하는 다른 프로그램을 작성하라.

(5) for문

각 식의 역할은 다음과 같다.

- 초기식 : Loop 제어변수를 초기화 한다. (단 1회만 수행)
- 조건식 : Loop 제어변수의 범위를 검사하여 반복여부를 결정. (조건식이 참일 동안 반복)
- 증감식 : Loop 제어변수를 증가 또는 감소 시킨다.

형식

```
for(초기식; 조건식; 증감식) {
      반복할 문장;
}
```

예제

ForPractice1.java

```
class ForPractice1 {
    public static void main (String args[]) {
        int i;
        System.out.println("Countdown start");
        for(i = 10; i > 0; i--) {
            System.out.println(i);
        }
    }
}
```

실행결과

```
Countdown Start!
10
9
8
7
6
5
```

```
4
3
2
1
```

예제

ForPractice2.java

```
class ForPractice2 {
    public static void main(String args[]){
            int i;
            char c;
                    for(i=0; i<26; i++){
                            System.out.print((char)('A' + i));
                            System.out.print("(" + ('A' + i) + "), ");
                            System.out.print((char)('a' + i));
                            System.out.print("(" + ('a' + i) + ") \t");
                      if(i % 5 == 4)
                            System.out.println();
                    }
    }
}
```

Quiz 위 예제를 실행하고 결과를 확인해 보자.

(6) break문

for문, while문, do~while문에서 반복 Loop나 switch~case문을 종료시키는데 사용 가능하다. 레이블이 있는 break문은 자바에서 지원되지 않는 goto문을 대신하여 사용할 수 있다.

예제

BreakPractice.java

```
class BreakPractice {
    public static void main (String args[]) {
        int i;
        i = 10;
        System.out.println("Countdown start!");
        while(true) {
            if(i == 0) break;
            System.out.println(i);
            i--;
        }
    }
}
```

실행결과

```
Countdown Start!
10
9
8
7
6
5
4
3
2
1
```

(7) continuc문

for문, while문, do~while문의 조건부로 제어를 옮기는데 사용 가능하다. 반복문의 조건 검사 부분으로 프로그램의 실행을 옮겨 조건 검사를 한 후 프로그램 실행을 계속하거나 중지시킨다.

예제

ContinuePractice.java

```
class ContinuePractice {
    public static void main (String args[]) {
        int i;
        i = 20;
        System.out.println("Countdown start!");
        while(true) {
            i--;
            if(i > 10) continue;
            // i변수가 10이상이면 처음 while문으로 되돌려 보낸다
            if(i == 0) break; // i변수가 0이 되면 while문을 끝낸다
            System.out.println(i);
        }
    }
}
```

실행결과

```
Countdown Start!
10
9
8
7
6
5
4
3
2
1
```

(8) return문

메소드를 종료하면서 메소드의 리턴값을 보내고 싶을 때 사용한다. 리턴값이 int

형인 메소드라면, 반드시 return뒤에 int형 변수값을 적어야 하고, 리턴값이 void인 메소드라면 return만 쓰면 된다.

예제

ReturnPractice.java

```
class ReturnPractice {
    public static void main (String args[]) {
        int i;
        i = 10;
        System.out.println("Countdown start!");
        while(true) {
            if(i == 0) return;
            System.out.println(i);
            i--;
        }
    }
}
```

실행결과

```
Countdown Start!
10
9
8
7
6
5
4
3
2
1
```

3.7 표준 입출력

자바에서의 표준 입 · 출력은 다음과 같다.

- 표준 입력 : System.in
- 표준 출력 : System.out

System.in.read() - 키보드로부터 하나의 문자를 받아서 리턴하게 된다.
만약 더 이상 문자가 들어오지 않는다면 -1을 리턴하게 된다.

예제

InOutPractice.java

```
class InOutPractice{
        public static void main(String args[]) throws java.io.IOException{  // 예외처리
                char ans;

                System.out.println("Do you want quit? (y/n)");
                while(true){
                        ans = (char)System.in.read();
        //메소드가 리턴하는 정수형값을 문자형으로 바꾸어준다.
                        if(ans=='y'){
                                System.out.println("You answered yes.");
                                break;
                        }
                        else if(ans=='n'){
                                System.out.println("You answered no.");
                                break;
                        }
                        else {
                                System.out.println("You must use y or n.");
                        }
                }
        }
```

```
}
```

실행결과

```
Do you want quit? (y/n)
y
You answered yes.

Do you want quit? (y/n)
n
You answered no.
```

3.8 명령행 인자(Command line argument)

- args[] : 사용자가 프로그램을 실행시킬 때 입력한 매개변수를 저장하기 위한 문자열 배열 변수를 말한다.

예제

CommandLine.java

```
class CommandLine{
        public static void main(String args[]){
                System.out.println("Hi! " + args[0]);
        }
}
```

실행결과

```
> java CommandLine James
Hi! James
```

Quiz 매개변수의 수와 관계 없이 처리할 수 있는 프로그램을 완성하라.

```
class CommandLine{
        public static void main(String args[]){
                int i;
                  for(i=0; (                ); i++){
                          System.out.println("Hi! " + (        ));
                  }
        }
}
```

실행결과

```
> java CommandLine Hello World Java
Hi! Hello World Java
```

3.9 예외 처리(Exception Handling)

프로그램에서 발생할 수 있는 여러 가지 에러들에 대해 적절한 대비를 취하는 것을 말한다.

① CommandLine 프로그램은 아무런 매개변수를 주지 않으면 'ArrayIndexOutOfBoundsException' 같은 에러가 발생한다. 매개변수가 들어오지도 않았는데 args[0]의 값을 읽으려 했기 때문에 에러가 발생한 것이다.

② 예외처리는 try, catch 문을 통해 구현한다.

③ 에러가 발생할 수 있는 부분을 try문으로 감싸놓고, 에러가 발생할 때 처리할 내용은 catch문으로 감싸 놓는다.

④ catch의 매개변수로는 Exception 클래스 변수를 넣는데, 여기에 발생한 에러의 정보가 들어간다.

예제

ExceptionCommandLine.java

```
class ExceptionCommandLine{
        public static void main(String args[]){
                try{
                        System.out.println("Hi! " + args[0]);
                }
                catch(Exception e){
                        System.out.println("Error : " + e);
                }
        }
}
```

실행결과

```
> java ExceptionCommandLine James
Hi! James

> java ExceptionCommandLine
Error : java.lang.ArrayIndexOutOfBoundsException: 0
```

제 4 장 객체지향 프로그램 구조

4.1 개체지향 개념

객체지향 개념을 이해하기 위해 먼저 객체(object)에 대해 알아보자. 우리가 살고 있는 실세계에는 존재하는 여러 객체들이 있다. 컴퓨터, 자동차, 책상 등과 같은 것이다. 이러한 실세계에 존재하는 객체는 다음과 같은 두 가지 구성요소를 갖는다.

상태(state): 객체가 가지고 있는 속성 또는 특성
행동(behavior): 객체가 가지고 있는 기능 또는 할 수 있는 행동

예를 들어, 실생활에 존재하는 자동차 객체는 색, 네 개의 바퀴, 핸들, 배기량, 현재 속도, 현재 기어 위치 등등의 상태를 갖는다. 이러한 상태를 갖는 자동차는 달린다, 멈춘다, 기어를 바꾼다, 속도를 높인다. 속도를 낮춘다, 경적을 울린다 등과 같은 행동을 할 수 있다.

이러한 실세계의 객체를 소프트웨어적으로 표현하기 위한 방법 중의 하나가 객체지향 방법이다. 따라서, 소프트웨어 객체는 실세계의 객체가 갖는 구성요소를 모두 표현할 수 있어야 한다. 이를 위해 객체지향 방법을 이용하여 실세계의 객체가 갖는 상태(state)와 행동(behavior)을 소프트웨어 객체의 변수(variable)와 메소드(method 또는 function)로 모델링하게 된다. 자세히 말하자면, 소프트웨어 객체는 실세계의 객체가 갖는 특성이나 상태를 나타내기 위해 변수를 이용하고, 이러한 특성이나 상태를 변경시키는 행동을 표현하기 위해 변수의 값을 변경하거나 다른 객체로부터 온 요청에 대한 서비스를 수행하는 메소드 즉 함수를 구현하는 것이다.

그리고, 이 상태를 나타내는 변수들과 상태를 변경해 주는 행동을 구현한 메소드(또는 함수)를 하나로 묶어줌으로써 실세계의 객체를 소프트웨어 객체로 모델링하고 구현할 수 있다. 이러한 객체지향 방법에서 나타나는 몇 가지 특징들을 살펴보면 다음과 같다.

(1) 객체(Object)

객체지향 개념에 대하여 처음 접하게 될 때 가장 혼동되는 것 중 하나가 클래스, 객체, 인스턴스 등의 차이를 구분하는 것이다. 먼저, 클래스와 객체를 구분하는 것은 실세계를 살펴볼 때 좀 더 명확해 질 수 있습니다. 예를 들어, 자동차 클래스가 있으면 티코, 아토스, 마티즈, 또는 카렌스 등을 실세계에 존재하는 객체라고 할 수 있다. 그리고 이를 소프트웨어적으로 추상화시켜 놓은 것을 클래스라 하고, 클래스를 실제 사용할 수 있도록 실제화시켜 놓은 것을 또는 클래스가 실제 값들을 가질 수 있도록 메모리 공간을 할당해 놓은 것을 인스턴스라 한다. 이를 소프트웨어적으로 정리하자면, 클래스는 객체의 상태(또는 변수)와 행동(또는 메소드)을 정의하고 있는 설계도(blueprint) 또는 프로토타입(prototype)이고, 클래스를 실제 사용할 수 있도록 변수 선언한 것을 인스턴스이며, 이 인스턴스를 객체라 할 수 있다. 객체는 높은 모듈성(modularity)과 정보은닉(information hiding)의 장점을 제공해 주고, 클래스는 재사용성(reusability)의 장점을 제공해 준다. 자동차 공장에서 하나의 자동차 설계도(클래스)를 이용하여 여러 대의 자동차(객체 또는 인스턴스)를 생산해 내듯이 하나의 클래스를 선언해 놓으면 그 클래스를 여러 번 재사용할 수 있다. 소프트웨어 개발자 역시 하나나 둘 이상의 또는 수 없이 많은 인스턴스 또는 객체를 생성하기 위해 하나의 클래스를 수 없이 재사용한다. 이러한 것이 가능한 것은 클래스가 제공해 주는 재사용성의 장점때문이다.

(2) 메시지(Message)

객체는 메시지를 다른 객체에게 보냄으로써 다른 객체와 통신을 한다. 다시 말해서 객체 A는 객체 B에게 메시지를 보냄으로써 객체 B의 메소드를 수행할 수 있다는 것이다. 이러한 메시지는 메시지를 받을 객체, 수행을 요청한 메소드의 이름, 그리고 메소드에 의해 필요한 매개변수 등 세 가지 구성요소를 갖는다.

(3) 클래스(Class)

어떤 특정 종류의 모든 객체들에 대해 일반적으로 적용할 수 있는 변수와 메소드를 정의하고 있는 소프트웨어적인 설계도(blueprint) 또는 프로토타입(prototype)이라 할 수 있다. 예를 들어, 실세계에 존재하는 자동차들인 티코, 아토스, 마티즈, 또는 카렌스 등의 자동차들이 가질 수 있는 상태 정보와 행동에 대하여 일반화시켜 정의해 놓은 것이 자동차 클래스가 될 수 있다. 다시 말해서, 실세계에 존재하는 객체들이 가질 수 있는 상태와 행동들에 대해 소프트웨어적으로 추상화(abstraction) 해 놓은 것이 클래스라는 것이다. 이러한 클래스를 청사진이라 표현하기도 하고, 벽돌을 찍기 위한 하나의 틀로써 비유되기도 한다.

(4) 인스턴스(Instance)

자동차라는 클래스를 만들었다고 해서, 우리가 실제로 사용할 수 있는 것은 아니다. 자동차 클래스라는 것은 단지 자동차 객체가 가질 수 있는 상태 정보와 행동들에 대한 정의이기 때문입니다. 실제로, 자동차 클래스는 아버지가 가지고 있는 카렌스, 내가 가지고 있는 마티즈 등의 식으로 나타나야 한다. 즉, 실제화되어야 한다. 이렇게 클래스를 실제로 사용할 수 있도록 선언하는 것, 다시 말해서 클래스에 대한 변수를 선언하는 것을 "인스턴스를 생성한다 (instantiate)"라 하고, 이렇게 생성된 변수를 인스턴스라 하며, 이 인스턴스는 메모리 공간을 차지하게 된다. 그리고 인스턴스의 메소드를 이용하여 변수들의 값을 설정 및 변경할 수 있다. 인스턴스를 생성한다는 것은 벽돌 틀을 이용해서 벽돌을 찍는 것과 같다고 볼 수 있다.

(5) 캡슐화(Encapsulation)

상태 정보를 저장하고 있는 변수와 상태를 변경하거나 서비스를 수행하는 메소드를 하나의 소프트웨어 묶음으로 캡슐화한다. 캡슐화는 소프트웨어의 개발자에게 높은 모듈성(modularity)과 정보은닉(information hiding) 등 두 가지 이득을 제공해 준다. 모듈성은 하나의 객체를 위한 소스 코드가 다른 객체를 위한 소스 코드와 무관하게 유지될 수 있다는 것을 말한다. 객체가 자신이 갖는 정보에 대해 public 접근 권한을 줌으로써 다른 객체들이 접근할 수 있도록 하거나, 또는 다른 객체가 접근할 수 없도록 private 접근 권한을 줄 수 있다. 이러한 접근 권한을 이용하여 중요한 정보 또는 불필요한 접근이 필요하지 않은 정보에 대해서는 다른 객체에게 공개하지 않아도 된다는 것이다. 또한, 객체 자신이 가지고 있는 정보에 대해 접근 권한을 달리함으로써, 또는 자신이 제공한 메소드를 이용하여 접근하도록 함으로써 정보에 대한 보호를 할 수 있다.

(6) 상속(Inheritance)

객체지향 개념은 클래스를 이용하여 다른 클래스를 생성 또는 정의할 수 있도록 하고 있다. 예를 들어, 자동차가 갖는 일반적인 상태와 행동들을 자동차 클래스로 정의해 놓고, 이 자동차 클래스를 확장하여 버스만이 갖는 상태와 행동을 추가하여 버스 클래스를 정의하고, 트럭이 갖는 상태와 행동을 추가하여 트럭 클래스를 정의하고, 그리고 자가용이 갖는 상태와 행동들을 추가하여 자가용 클래스를 정의 할 수 있다. 이 때, 자동차 클래스를 상위클래스(superclass)라 하고 버스 클래스, 트럭 클래스, 자가용 클래스 등을 하위클래스(subclass)라 하며, 이들 간의 관계에 대해 얘기할 때 "하위클래스는 상위클래스를 상속한다(inherit)"라고 한다. 다시 말해서, 하위클래스는 상위클래스가 갖고 있는 모든 특성들을 상속하여 사용할 수 있다는 것이다. 이러한 상속 관계를 트리로 나타낼 수 있고, 이 상속관계 트리를 클래스 계층도(class hierarchy)라 한다. 상속의 장점을 살펴보면, 상위클래스는 하위클래스들이 가질 수 있는 일반적인 상태와 행동을 정의하고 있고, 하위클래스는 하위클래스만이 갖는 특별한 상태와 행동을 정의하도록 함으로써 상위클래스를 여러 하위클래스들이 재사용할 수 있고 소프트웨어 개발에 드는 비용을 감소할 수 있다. 프로그램 개발자는 상위클래스를 일반적인 행동(generic behavior)을 정의하도록 할 수 있고, 이러한 클래스를 추상 클래스(abstract class)라 한다. 이러한 추상 클래스는 부분적으로 구현되거나 구현이나 정의가 이루어지지 않을 수 있는데, 이는 하위클래스를 정의하면서 완성할 수 있도록 가이드라인을 제공해 주는 역할을 한다.

(7) 다형성(Polymorphism)

기본 개념은 여러 개의 클래스가 같은 메시지에 대해서 각자의 방법으로 작용할 수 있는 능력이라고 볼 수 있다. 다형성은 같은 이름을 갖는 여러 가지 형태가 존재한다는 것이다. 다형성을 제공해 주기 위해 C++에서는 연산자 다중 정의(overloading), 함수 다중 정의, 그리고 함수 재정의(overriding) 등을 제공해 주고 있지만, 자바에서는 메소드(함수) 다중 정의와 메소드 재정의를 제공해 주고 있다.

(8) 추상화(abstraction)

객체를 프로그램에 적용할 수 있는 형태로 변형시키는 과정을 말한다. 일반적으로 객체의 주된 특징을 부각시켜 표현하고 나머지 부분은 과감하게 생략해 버린다. 즉 한 물체를 대표하는 상태와 행동을 추출해 내는 것이다. 이때 어떠한 목적과 형태로 추상화 하느냐에 따라서 추상화된 객체의 모습이 다를 수도 있다.

4.2 클래스

(1) 클래스의 정의

클래스는 프로그래밍의 기본 단위이다. 클래스는 객체들이 가질수 있는 상태와 행동들에 대해 소프트웨어적으로 추상화 해 놓은 것으로 어떤 특정 종류의 모든 객체들에 대해 일반적으로 적용할 수 있는 변수와 메소드를 정의하고 있는 소프트웨어적인 형판이나 설계도 또는 프로토타입이라 할 수 있다. 클래스는 세산사성을 보현하는 메소드를 관리하고, 객체의 구조를 결정하며, 객체를 생성하기 위한 기능을 제공한다.

클래스는 클래스를 선어하는 헤더부분과 몸체에 해당되는 클래스 멤버 부분으로 구분될 수 있으며, 클래스 멤버는 클래스가 가지는 속성을 정의하는 멤버 변수 부분, 객체의 초기화를 담당하는 생성자 부분, 클래스가 가지는 데이터를 조작하고 변환하는 메소드 정의 부분으로 나눌 수 있다.

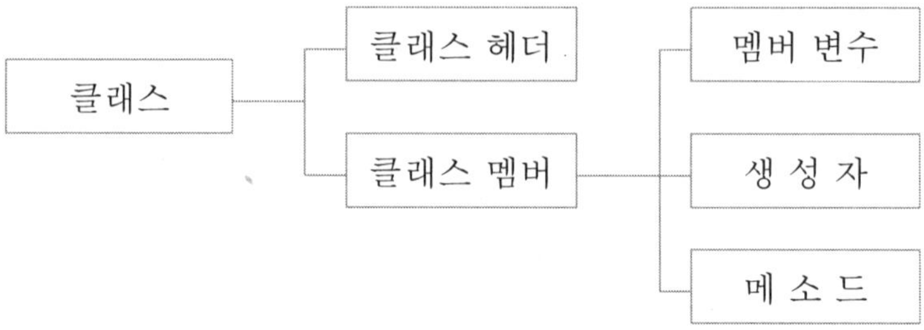

그림 4.1 클래스의 구성

다음은 클래스의 일반적인 구조를 나타내고 있다.

```
class Classname  {   //클래스 헤더 부분

  type1 varName1 = value1;     ........
  typeN varNameN = valueN;

  Class-name(args1) {
     //생성되는 객체의 초기화 과정을 기술
   ..........· }
  Class-name(argsN) {
   · · . }

     mtype mName1(margs1)  { · · .
    //메소드 기술
  }
  mtype mNameN(margsN)  {· · .
  }
}
class SampleClass {   // 클래스 헤더부분
  int a;
  int b;       // 멤버 변수 부분
  int c;
  public SampleClass(int x,y,z)   {
   // 생성자 부분. 이름이 클래스 명과 같다
  a = x;
  b = y;
```

```
  c = z;
  }
  public int sum() {    // 메소드 부분
  int d;
  d = a + b + c;
  return d;
  }
}
```

그림 4.2 구성클래스의 일반적인 구조

형식

```
<Modifiers> class Classname <extends Superclassname >
        <implements Interface (, Interface)> {
        클래스 정의 부분 (변수와 메소드 정의)
}
```

<> 안에 있는 것은 옵션이기 때문에 필요한 경우에만 사용하면 된다.

① Modifiers

정의하려는 클래스의 성질을 지정해 주는 부분으로 public, final, abstract 중 하나의 값을 사용하게 된다.

- public : public은 다른 어떤 클래스에서도 이 클래스를 사용(클래스의 객체를 생성하는것)할 수 있음을 의미한다. 한정자를 지정하지 않으면 같은 패키지내의 클래스들만 접근 가능하다. class 앞에 아무것도 아무 것도 쓰지 않으면 디폴트로 public을 의미한다
- final : final은 서브 클래스를 가질 수 없는 클래스이다. 즉, 상속받는 클래스는 정의할 수 없다
- abstract : abstract로 선언된 클래스는 abstract로 선언된 메소드를 가질 수 있다. abstract 메소드는 선언만 있고 실제 내용이 없는 추상적인 메소드이다.

② extends Superclassname

수퍼 클래스에서 상속을 받고자 할 때 사용하며, 이때 수퍼 클래스는 final이 아닌 public이나 abstract으로 선언되어 있어야 한다. extends 구문이 생략되면 'Object'라는 이름의 클래스를 상속받게 된다.

③ implements Interface(,Interface)

클래스를 정의할 때 클래스 내에서 사용할 인터페이스들을 선언하는 부분이다.
implements 뒤에 사용하고 싶은 인터페이스들을 ','로 구분하여 나열한다.

④ 인터페이스

실제 정의가 없이 선언만 되어 있는 메소드들의 집합이다.
자바에서 다중 상속이 되지 않기 때문에 인터페이스가 필요하다.
자바는 오직 하나의 수퍼 클래스만을 가질 수 있다.
만약 여러 개의 클래스로부터 상속받고자 할 경우에는 문제가 생긴다.

⑤ 클래스 정의 부분

클래스의 내부에는 변수와 메소드만 정의할 수 있다.

⑥ 클래스 변수의 정의

- public : 언제 어디서나 접근할 수 있는 속성을 갖게 된다.
- private : 클래스 내부에서만 접근할 수 있고 외부에서는 접근할 수 없다.
- protected : private처럼 클래스 내부에서 접근할 수 있고, 이 클래스에서 상속된 서브 클래스에서 상속할 수 있다. (단, protected는 외부에서 접근하는 것이 금지되어 있다.)

```
class SuperJavaTest {
    private int privatevalue;
    protected int protectedvalue;
    void test() {
```

```
        privatevalue = 1;
        protectedvalue = 2;

  class SubJavaTest extends SuperJavaTest {
    void test(){
        privatevalue = 1;       // Error
        protectedvalue = 2;     // Okay
        }
     }
  }
}
```

⑦ 메소드의 정의

클래스에서 사용하던 접근 권한 키워드를 그대로 사용한다.

메소드는 함수이기 때문에 함수가 가지고 있는 특성을 그대로 갖는다.

```
class JavaTest {
    public void testprint(int x, int y) {
      System.out.println(x);
      System.out.println(y);
    }
}
```

⑧ 클래스 변수와 메소드의 성질 선언

- static : 변수가 클래스에 오직 하나만 존재할 수 있도록 만들어준다.
  static으로 지정된 변수는 객체가 아무리 많이 선언되더라도 오직 하나만 존재한다.
- final : final로 선언된 변수는 선언시 반드시 초기값을 지정해 주어야 한다.

⑨ 클래스 메소드의 중복 정의(Overloading)

C++와 같은 객체지향 언어에서 다형성을 제공해 주기 위한 방법 중의 하나가 중

복 정의이다. 중복 정의란 같은 이름으로 여러 가지 일을 하는 것을 말한다. C++에서는 함수 중복 정의와 연산자 중복 정의 등 두 가지 중복 정의를 제공해 준다. 함수 중복 정의는 같은 이름의 함수가 여러 개 존재하는 것이고, 연산자 중복 정의란 같은 이름의 연산자가 클래스에 따라 다른 연산을 수행할 수 있도록 하는 것이다. 이러한 중복 정의에 대해 자바에서는 연산자 중복 정의는 제공해주지 않고, 단지 함수 중복 정의 즉 메소드 중복 정의만을 제공해 주고 있다. 그렇다면 메소드의 이름이 같다면 어떤 것을 이용하여 같은 이름의 여러 개의 메소드를 구별할 수 있을까? C++에서와 마찬가지로 자바에서도 같은 이름의 여러 개의 메소드를 구별하기 위하여 메소드가 갖는 매개변수의 개수와 자료형을 이용하여 구분하게 된다.

```
class JavaTest {
   int value1;
   double value2;

   void GetValue(int a) {
        value1 = a;
   }

   void GetValue(double b) {
        value2 = b;
   }

   void GetValue(int a, double b) {
        value1 = a;
        value2 = b;
   }
}
```

(2) 클래스의 객체 선언

① 객체선언

```
class JavaTest1 {
   public int value;
   private int testvalue;
```

```
   public void test(int x) {
      testvalue = x;
      System.out.println("JavaTest1 Class");
   }
}

class JavaTest2 {
   public void test() {
      JavaTest1 a;             // JavaTest1 클래스 객체 a 선언
      a = new JavaTest1();     // 메모리 할당, 디폴트 생성자를 호출

      a.value = 1;             // Okay
      a.testvalue = 2;         // Error
      a.test(10);              // Okay
   }
}
```

② new 연산자를 이용한 객체의 메모리 할당

객체에 대한 메모리를 할당한 후 해제는 하지 않아도 된다.

쓰레기 수집(Grabage Collection) 기능이 메모리를 더 이상 쓰지 않는 경우에는 자동으로 해제시켜 준다.

객체의 메모리 할당은 new 연산자를 사용한다.

new 연산자는 메모리를 할당할 때 생성자(Constructor)를 호출한다.

만약 생성자를 만들어 놓지 않았다면, 디폴트 생성자가 호출된다.

(3) 클래스의 생성자

생성자는 리턴값을 지정하지 않아도 되고, 클래스와 이름이 동일해야 한다.

생성자는 개체를 선언하고 메모리를 할당할 때 자동으로 호출된다.

```
class JavaTest {
    int value1;
    double value2;

    JavaTest() {
    // 매개변수 없는 생성자
        value1 = 0;
        value2 = 0.0;
    }

    JavaTest(int x) {
    // int형 변수를 매개변수로 받는 생성자
        value1 = x;
        value2 = 0.0;
    }

    JavaTest(double y) {
    // double형 변수를 매개변수로 받는 생성자
        value1 = 0;
        value2 = y;
    }

    JavaTest(int x, double y) {
    // int형 변수와 double형 변수를 매개변수로 받는 생성자
        value1 = x;
        value2 = y;
    }

    static void test() {
        JavaTest a = new JavaTest();        // 생성자 호출
        JavaTest b = new JavaTest(4);
        JavaTest c = new JavaTest(4.0);
        JavaTest d = new JavaTest(4, 4.0);
    }
}
```

예제

ObjectGenPractice1.java

```
class Box {
    int width;
    int height;
    int depth;
}

class ObjectGenPractice1 {
    public static void main(String args[]) {
        Box mybox1 = new Box();
        Box mybox2 = new Box();
        int vol1, vol2;

        // 첫번째 박스객체 생성부
        mybox1.width = 20;
        mybox1.height = 40;
        mybox1.depth = 15;

        // 두번째 박스객체 생성부
        mybox2.width = 10;
        mybox2.height = 20 ;
        mybox2.depth = 30;

        vol1 = mybox1.width * mybox1.height * mybox1.depth;
        System.out.println(" 첫번째 박스의 부피는 " + vol1 + "입니다.");

        vol2 = mybox2.width * mybox2.height * mybox2.depth;
        System.out.println(" 두번째 박스의 부피는  " + vol2 + "입니다.");
    }
}
```

실행결과

```
첫번째 박스의 부피는 12000입니다.
두번째 박스의 부피는  6000입니다.
```

예제

ObjectGenPractice2.java

```
class Box {
  int width;
  int height;
  int depth;
  long idNum;
  static long boxID = 0;
  public Box() {
  idNum = boxID++;
 }
}

class ObjectGenPractice2 {
  public static void main(String args[]) {
    Box mybox1 = new Box();
    Box mybox2 = new Box();
    Box mybox3 = new Box();
    Box mybox4 = new Box();
    System.out.println("mybox1의 id 번호 : " + mybox1.idNum);
    System.out.println("mybox2의 id 번호 : " + mybox2.idNum);
    System.out.println("mybox3의 id 번호 : " + mybox3.idNum);
    System.out.println("mybox4의 id 번호 : " + mybox4.idNum);
    System.out.println("전체 박스의 개수는 "+ Box.boxID + "입니다.");
  }
}
```

Quiz 위 예제를 실행하고 결과를 확인해 보자.

(4) 클래스의 상속

① this와 super변수

- this : static으로 선언되지 않은 메소드에서 현재 자신의 객체를 가리킨다.
- super : static으로 선언되지 않은 메소드에서 사용한다.
  현재 클래스가 상속받은 수퍼 클래스의 객체를 가리키는 것이 된다.

메소드가 static으로 선언되면 이 메소드는 오직 하나만 존재하기 때문에 객체를 가리키는 것이 아니라 클래스를 가리키는 것이 된다.

```
class Classname{
   void test(OtherClassname a) {
      ....
      a.othcrtcst(this);
     // 매개변수로 들어온 객체의 메소드에 자기를 매개변수로 넘겨준다.
      ....
   }
}
```

```
class JavaTest {
   int value1;
   double value2;

   JavaTest() {
   }

   JavaTest(int x) {
       value1 = x;
   }

   JavaTest(double y) {
       value2 = y;
   }
```

```
    JavaTest(int x, double y) {
        this(x);     // JavaTest(int x) 호출
        this(y);     // JavaTest(double y) 호출
    }
}
```

this가 객체 자신을 가리키기 때문에 this를 메소드로 사용하게 되면 생성자가 된다.

```
class JavaTest {
    int value1;

    JavaTest(int value1) {
        this.value1 = value1;  // 앞에 this를 붙임으로써 클래스 변수라는 것을 구분
한다.
    }
}
```

```
class SuperJavaTest {
    int value;

    SuperJavaTest(int x) {
        value = x;
    }
}

class SubJavaTest extends SuperJavaTest{
    SubJavaTest(int x) {
        super(x);   // 수퍼 클래스의 생성자인 SuperJavaTest(int x)를 호출한다.
    }
}
```

② 클래스 메소드의 재정의(Overriding)

매개변수의 개수와 타입, 접근 제한 키워드가 같아야 한다.

```
class Shape {
   String name;

   public void print(String n) {
      name = n;
      System.out.println(name + " Shape Print");
   }
}

class Rectangle extends Shape {
   public void print(String n){  // 수퍼 클래스의 print 메소드를 재정의
 // Rectangle 클래스의 객체에서 print 메소드를 호출하면 아래의 메소드가 호출된다.
      name = n;
      System.out.println(name + " Rectangle Print");
      // 만약 여기에서 수퍼 클래스의 print를 호출하고 싶다면
      // super 변수를 이용하여 super.print(n) 루틴을 사용하면 된다.
   }
}
```

Tip *상속시 주의할 점*

클래스를 상속하면서 새로운 변수를 만든 경우, 수퍼 클래스에 있는 변수와 이름이 같다면 수퍼 클래스의 변수가 무시되고 서브 클래스의 변수가 사용된다.

(5) 클래스의 형변환

```
class Super {
   String name = "Super Class";
}

class Sub extends Super {
   String name = "Sub Class";
}
```

```
class TypeCastDemo {
   public static void main(String args[]) {
      Sub a = new Sub();
      System.out.println(a.name);

      Super b;
      b = (Super)a;   // Sub형 변수를 Super형 변수로 형변환
      System.out.println(b.name);
   }
}
```

제 5 장 상속

5.1 상속의 개념

객체지향 개념은 클래스를 이용하여 새로운 클래스를 생성 또는 정의할 수 있도록 하고 있다. 예를 들어, 자동차가 갖는 일반적인 상태와 행동들을 자동차 클래스로 정의해 놓고, 이 자동차 클래스를 확장하여 버스만이 갖는 상태와 행동을 추가하여 버스 클래스를 정의하고, 트럭이 갖는 상태와 행동을 추가하여 트럭 클래스를 정의하고, 그리고 자가용이 갖는 상태와 행동들을 추가하여 자가용 클래스를 정의 할 수 있다. 여기서 자동차 클래스를 상위클래스(superclass)라 하고 버스 클래스, 트럭 클래스, 자가용 클래스 등을 하위클래스(subclass)라 하며, 이들 간의 관계에 대해 이야기할 때 "하위클래스는 상위클래스를 상속한다(inherit)" 라고 한다. 다시 말해서, 하위클래스는 상위클래스가 갖고 있는 모든 특성들을 상속하여 사용할 수 있다는 것이다

자바에서의 모든 클래스들은 반드시 어떤 클래스로부터 파생되어야 하는데, 클래스 계층 구조의 최상위 클래스는 바로 java.lang이라는 패키지에 있는 Object라는 클래스다. 따라서, 자바에서 정의된 모든 클래스는 기본적으로 Object 클래스로부터 파생된 클래스가 되며, 자바 개발자가 만든 클래스가 그 어떤 클래스도 상속하지 않도록 정의하였다면, 자바는 내부적으로 이 사용자 클래스가 Object 클래스를 상속하도록 코드를 추가하여 준다. 그러므로, 자바에서 생성된 모든 클래스는 Object 클래스가 가지고 있는 변수와 메소드를 상속하여 그대로 사용할 수 있다.

```
class A {
  ...
}
class B extends A {
  ...
}
```

클래스 B는 클래스 A를 상속하면서 확장하게 되고, 이 때 클래스 A에 있는 변수와 메소드에 대해 접근 권한에 따라 상속하여 사용할 수 있다. 다음은 클래스 B가 클래스 A를 상속하도록 하고 있는 자바 프로그램이다.

예제

InheritanceTest.java

```
class A {
 int x, y;
 A() {
    x = 0; y = 0;
 }
 public void setXY(int x, int y) {
    this.x = x;
    this.y = y;
 }
 public int getX() { return(this.x); }
 public int getY() { return(this.y); }
}
class B extends A {
   int z;
```

```
    public void setXYZ(int x, int y, int z) {
        setXY(x, y);
        this.z = z;
    }
    public int getZ() { return(this.z); }
}
class InheritanceTest {
    public static void main(String args[]) {
        A a = new A();
        B b = new B();
        a.setXY(1, 2);
        b.setXYZ(3, 4, 5);
        System.out.println("YZ(" + a.getX() + ","
                                + a.getY() + ") ");
        System.out.println("XYZ(" + b.getX() + ","
                                + b.getY() + ","
                                + b.getZ() + ")");
    }
}
```

실행결과

```
YZ(1,2)
XYZ(3,4,5)
```

5.2 상위클래스와 하위클래스

자바에서 "B 클래스가 A 클래스를 상속한다" 라고 할 때, 상속관계에 있는 두 클래스의 관계를 정의해 보면, A 클래스를 상위클래스(superclass)라 하고, B 클래스를 하위클래스(subclass)라 한다. 이 때, 하위클래스는 다른 클래스로부터 파생된 클래스를 나타내며, 상위클래스의 모든 상태(변수)와 행동(메소드)을 상속하게 된다. 상위클래스란 클래스 계층구조에서 바로 한 단계 위 클래스를 나타낸다. 하위클래스는 상위클래스의 외부 인터페이스 및 그 구현에 대해 재사용하므로, 상위클래스의 모든 변수와 메소드에 대해 하위클래스에서 접근 가능한 변수와 메소드는 하위클래스의 것으로 생각할 수 있는데, 하위클래스가 상속할 수 있거나 그렇지 못한 상위클래스의 멤버는 다음과 같다.

① public 또는 protected 접근 지정자로 선언된 변수와 메소드는 상속할 수 있다.
② 같은 패키지 내의 상위클래스에 있는 접근 지정자가 생략되어 있는 변수와 메소드는 상속할 수 있다.
③ 상위클래스와 하위클래스에 같은 이름의 변수나 메소드가 있는 경우, 하위클래스에서 상속할 수 없다. 메소드의 이름이 같은 경우 재정의(overriding)한다고 말한다.
④ private 접근 지정자로 선언된 변수와 메소드는 상속할 수 없다.

또한, 자바에서는 C++에서와는 달리 클래스는 단 하나의 클래스만을 상속하도록 하고 있다. 상위클래스와 하위클래스 간의 관계는 항상 1:1이다. 클래스는 클래스 계층 구조를 최상위 클래스까지 거슬러 올라가면서 만날 수 있는 상위클래스, 상위클래스의 상위클래스 등등 모든 상위클래스의 변수 및 메소드를 상속하는 것이다. 마지막으로 상위클래스는 상위자료형이라고 말할 수 있고, 하위클래스는 하위자료형이라 말할 수 있다. 이 때, 하위자료형은 수식 내에서 상위자료형이 나타날 수 있는 어떤 위치에도 나타날 수 있다. 다시 말해서, 하위자료형은 상위자료형을 확장한 자료형이므로, 상위자료형 변수는 하위자료형 값을 가리킬 수 있지만, 하위자료형 변수는 상위자료형 값을 가리킬 수 없다.

```
  // 상위클래스 정의
class A {
  …
}
// 하위클래스 정의 ? A 클래스를 확장
class B extends A {
```

```
  ...

}
```

다음은 상위클래스와 하위클래스의 관계에 따른 상위자료형과 하위자료형의 관계를 명확하게 보여주기 위한 자바 예제 프로그램이다.

예제

SuperSubClassTest1.java

```
class A {
   int x, y;
   A() {
      x = 0; y = 0;
 }
   public void set(int x, int y) {
      this.x = x; this.y = y;
 }
 public int getX() { return(this.x); }
 public int getY() { return(this.y); }
}
class B extends A {
   int z;
   B() {
      x = 0; y = 0, z = 0;
   }
   public void set(int x, int y, int z) {
      set(x, y);
      this.z = z;
   }
   public int getZ() { return(this.z); }
}
class SuperSubClassTest1 {
   public static void main(String args[]) {
```

```
        A a1, a = new A();
        B b1, b = new B();
        a.set(10, 10);
        b.set(5, 5, 5);
        a1 = b;
        b1 = a;                     // 에러 발생
        System.out.print("YZ(" + a.getX() + "," + a.getY() + ") ");
        System.out.print("XYZ(" + b.getX() + "," + b.getY() + "," + b.getZ() + ")");
    }
}
```

Quiz 위 예제를 실행하고 결과를 확인해 보자.

다음은 상위클래스와 하위클래스의 관계를 좀 더 명확하게 보여주기 위한 자바 예제 프로그램이다.

예제

SuperSubClassTest2.java

```
class A {
    int x, y;
    public void setXY(int x, int y) {
        this.x = x; this.y = y;
    }
    public int getX() { return(this.x); }
    public int getY() { return(this.y); }
}
class B extends A {
    int z;
    public void setXYZ(int x, int y, int z) {
        setXY(x, y);
        this.z = z;
    }
    public int getZ() { return(this.z); }
```

```
}
class SuperSubClassTest2 {
   public static void main(String args[]) {
      A a;
      B b = new B();
      a = b;
      b.setXYZ(1, 2, 3);
      System.out.println("XYZ(" + b.getX() + "," + b.getY() + "," + b.getZ() + ") ");
      a.setXY(4, 5);
      System.out.println("XYZ(" + b.getX() + "," + b.getY() + "," + b.getZ() + ") ");
      b.setXY(6, 7);
      System.out.println("XYZ(" + b.getX() + "," + b.getY() + "," + b.getZ() + ")");
   }
}
```

실행결과

```
XYZ(1,2,3)
XYZ(4,5,3)
XYZ(6,7,3)
```

5.3 상속과 생성자

자바에서는 상위클래스에 있는 변수와 메소드에 대하여 하위클래스에서 접근 가능한 모든 변수와 클래스를 하위클래스가 상위클래스로부터 상속하여 자신의 것으로 사용한다. 그러나 상위클래스가 가지고 있는 객체 생성자는 하위클래스가 상속할 수 없고, 대신 하위클래스의 객체 생성자에서 상위클래스의 객체 생성자를 호출할 수 있다. 클래스의 객체 생성자에서 자신의 다른 객체 생성자를 호출하기 위해 키워드 this를 사용하여 객체 생성자의 첫 줄에 나타내 주었다. 그렇다면 하위클래스의 객체 생성자에서 상위클래스의 객체 생성자를 호출하기 위해서는 어떻게 해야 할까? 하위클래스의 객체 생성자에서 상위클래스의 객체 생성자를 명시적으로 호출하기 위해서는 super라는 키워드를 사용한다. 그리고 하위클래스의 객체 생성자에서 상위클래스의 객체 생성자를 호출하는 문장을 명시적으로 나타내 주지 않으면, 자바 컴파일러는 자동으로 "super();" 문장을 삽입해 준다. 여기서 객체 생성자에서 다른 객체 생성자를 호출하기 위해 다음과 같은 키워드를 사용할 수 있고, 이러한 문장은 반드시 객체 생성자의 첫번째 문장으로 나타나야 한다.

- this(…) : 클래스 내의 객체 생성자에서 다른 객체 생성자를 호출한다.
- super(…) : 하위클래스의 객체 생성자에서 상위클래스의 객체 생성자를 호출한다.

이렇게 자바 프로그램이 상속과 다른 객체 생성자를 호출하게 되는 복잡한 구조를 갖게 될 때 객체의 생성 순서를 살펴보면 다음과 같다.

① new 생성자를 이용하여 객체를 위한 메모리 공간을 할당한다.
② 모든 인스턴스 변수를 0, '\u0000', false, 그리고 null 등과 같은 디폴트 초기치로 초기화한다.
③ 상위클래스의 생성자를 호출한다.
④ 하위클래스에 선언된 인스턴스 변수 초기자 수식 및 인스턴스 초기화 블록을 실행한다.
⑤ 하위클래스의 생성자 몸체를 실행한다.

```
class A {

   A() {

      this(…);

      …

   }

   …

}
```

```
class B extends A {
   B() {
      super(…);
      …
   }
   …
}
```

다음은 상속에 따른 생성자들의 관계를 보여주기 위한 자바 예제 프로그램이다.

예제

SuperThisTest.java

```
class A {
 static int check(String msg) {
    System.out.println(msg);
    return(0);
 }
 int a = check("int a");
 public A() { check("public A()"); }
}
class SuperThisTest extends A {
   public int b = check("public int b");
   public SuperThisTest() {
      check("public SuperThisTest()");
   }
   public static void main(String args[]) {
      SuperThisTest b = new SuperThisTest();
```

```
    }
}
```

실행결과

```
int a
public A()
public int b
public SuperThisTest()
```

다음은 상속에 따른 생성자들의 관계를 보여주기 위한 자바 예제 프로그램이다.

예제

SuperThisTest2.java

```
class A {
  static int check(String msg) {
     System.out.println(msg);
     return(0);
  }
  int a = check("int a");
  public A() {
     check("public A()");
  }
  public A(int i) {
     this();
     check("public A(" + i + ") after this()");
    }
}
class SuperThisTest2 extends A {
   public int b = check("public int b");
   public SuperThisTest2() {
      super(1);
      check("public SuperThisTest2()");
```

```
    }
    public static void main(String args[]) {
      SuperThisTest2 b = new SuperThisTest2();
    }
}
```

실행결과

```
int a
public A()
public A(1) after this()
public int b
public SuperThisTest2()
```

예제

ConstructorPractice1.java

```
class A1 {
  double d1;
  A1() {
  System.out.println("클래스 A1의 생성자 수행");
  d1 = 10*10;
  }
}

class A2 extends A1 {
  double d2;
  A2() {
    System.out.println("클래스 A2의 생성자 수행");
    d2 = 10*10*10;
  }
}

class A3 extends A2 {
    double d3;
```

```
    A3() {
    System.out.println("클래스 A3의 생성자 수행");
    d3 = 10*10*10*10;
  }
}

class ConstructorPractice1 {
  public static void main(String args[]) {
    A3 super1 = new A3();
    System.out.println("10의 2제곱 : " + super1.d1);
    System.out.println("10의 3제곱 : " + super1.d2);
    System.out.println("10의 4제곱 : " + super1.d3);
  }
}
```

실행결과

```
클래스 A1의 생성자 수행
클래스 A2의 생성자 수행
클래스 A3의 생성자 수행
10의 2제곱 : 100.0
10의 3제곱 : 1000.0
10의 4제곱 : 10000.0
```

예제

ConstructorPractice2.java

```
class A1 {
  int d1;
  int s;
  A1(int s1) {
  System.out.println("클래스 A1의 생성자 수행");
  s = s1;
  d1 = s * s ;
  }
```

```
}

class A2 extends A1 {
  int d2;
  int t;
  A2(int s1, int t1) {
    super(s1);  // 상위 클래스의 생성자를 명시적으로 호출
    System.out.println("클래스 A2의 생성자 수행");
    t = t1;
    d2 = t * t ;
  }
}

class ConstructorPractice2 {
  public static void main(String args[]) {
    A2 super2 = new A2(10,20);
    System.out.println("10의 제곱은 : " + super2.d1);
    System.out.println("20의 제곱은 : " + super2.d2);
  }
}
```

Quiz 위 예제를 실행하고 결과를 확인해 보자.

5.4 메소드의 재정의(Overriding)

자바에서는 객체지향 개념에서 정의하고 있는 특성 중 하나인 다형성(Polymorphism)을 제공해 주기 위해 메소드의 재정의(method overriding) 및 메소드의 중복정의(method overloading)를 할 수 있도록 하고 있다. 상속관계에서 나타날 수 있는 다형성의 특징이 메소드 재정의이다. 이러한 다형성은 보다 더 강력한 소스 코드 및 외부 인터페이스 재사용할 수 있도록 해 주고 상위클래스의 일부 메소드가 하위클래스에 적합하지 않을 경우에도 적합하지 않은 메소드만 재정의(overriding) 함으로써 상속이 가능하며 나머지 부분은 재사용 될 수 있다. 또한, 프

로그램의 다른 부분이 수정 없이 재사용되고 응용 프로그램의 개발을 돕기 위한 뼈대 구조를 제공하는 강력한 클래스 라이브러리(패키지)를 제공할 수 있다.

하위클래스는 상위클래스로부터 상속되는 상태와 행동들을 가질 수 있다. 또한 하위클래스는 자신에게 필요한 변수들과 메소드를 추가적으로 정의할 수 있다. 그리고, 하위클래스는 상위클래스에서 정의된 메소드와 같은 이름 같은 인자들을 갖는 새로운 메소드를 정의하여 상위클래스에서 상속되는 메소드를 재정의(overriding) 할 수 있다. 이렇게 하위클래스가 상위클래스의 인스턴스 메소드를 새로 구현함으로써 상위클래스에서 제공해주고 있는 메소드를 하위클래스에 맞게 새롭게 구현할 수 있는 것이다. 하위클래스에서 상위클래스의 메소드를 재정의하기 위해서는 다음과 같은 규약을 지켜야 한다.

① 인스턴스 메소드이어야 한다.
② 메소드의 이름이 같아야 한다.
③ 매개변수의 개수가 같아야 한다.
④ 매개변수 각각의 자료형이 일치해야 한다.
⑤ 메소드의 리턴형이 일치해야 한다.
⑥ 매개변수의 개수나 자료형이 일치하지 않을 경우 이는 메소드 중복정의(method overloading)가 된다.

```
class A {
    …
    int m1(int i) { … }
    int m2(float f) { … }
    …
}
class B extends A {
```

```
    ...
    int m1(int i) { … }                        // 메소드 재정의
    int m2(float f1, float f2) { … }<           // 메소드 중복정의
    int m3() { … }                             // 메소드 추가
    ...
}
```

상위자료형을 갖는 변수를 통하여 재정의된 메소드를 호출하면 참조되고 있는 객체의 실제 클래스에서 마지막으로 재정의된 메소드가 호출된다. 그리고 인스턴스 변수, 클래스 변수, 클래스 메소드는 은닉될 수는 있어도 재정의 될 수는 없다. 마지막으로 하위클래스에서 재정의되었지만 상위클래스에 있는 메소드를 호출하기 위해서는 super라는 키워드를 사용한다. 기존의 상위클래스의 메소드 및 그 상위클래스에 접근하는 기존 클래스의 재사용 인스턴스 메소드 내에서의 super 변수는 this 변수와 마찬가지로 현재 객체의 참조값을 갖지만 그 자료형은 직계 상위클래스의 자료형이 된다. 따라서 super 키워드를 통하여 재정의된 메소드를 호출할 경우에는 현재의 클래스에 재정의된 메소드를 호출하지 않고 상위클래스의 메소드를 호출하는 특별한 의미를 갖는다.

다음은 메소드 중복정의(overloading)를 보여주는 프로그램이다.

예제

OverloadingPractice.java

```
class Overload1 {
    void test() {
        System.out.println("매개변수 없음");
```

```
  }

  void test(int a) {
    System.out.println("매개변수 int " + a);
  }

  void test(int a, int b) {
    System.out.println("매개변수 int " + a + "와 int " + b);
  }

  double test(double a) {
    System.out.println("매개변수 double " + a);
    return a * 2;
  }
}

class OverloadingPractice {
  public static void main(String args[]) {
    Overload1 ob = new Overload1();
    double result;

    ob.test();
    ob.test(100);
    ob.test(5, 10);
    result = ob.test(4.2);
    System.out.println("ob.test(4.2)의 결과 : " + result);
  }
}
```

실행결과

```
매개변수 없음
매개변수 int 100
매개변수 int 5와 int 10
매개변수 double 4.2
ob.test(4.2)의 결과 : 8.4
```

다음은 메소드 재정의(overriding)를 보여주는 프로그램이다.

예제

OverridingPractice.java

```
  class A {
    void show() {
    System.out.println("상위클래스의 메소드 show(String str) 수행 ");
    }
}

class B extends A {

  void show() {
    System.out.println("하위클래스의 메소드 show() 수행");
    }
}

class OverridingPractice {
  public static void main(String args[]) {
    B over = new B();
    over.show();
  }
}
```

실행결과

하위클래스의 메소드 show() 수행

다음은 메소드 재정의 및 메소드 중복정의를 보여주기 위한 자바 프로그램이다.

예제

OverridingTest.java

```
class SuperClass {
   void m1(int i) {
      System.out.println("SuperClass:m1:" + i + " ");
   }
   void m2(float f) {
      System.out.println("SuperClass:m2:" + f + " ");
   }
}
class SubClass extends SuperClass {
   void m1(int i) {  // method overriding
      super.m1(i);
      System.out.println("  SubClass:m1:" + i + " ");
   }
   void m2(float f1, float f2) {  // method overloading
      System.out.println("  SubClass:m2:" + f1 + "," + f2 + " ");
   }
   void m3() {
      System.out.println("  SubClass:m3");
   }
}
class OverridingTest {
   public static void main(String args[]) {
      SubClass sub = new SubClass();
      sub.m1(10);
      sub.m2(3.141592f);
      sub.m2(30, 40);
     sub.m3();
   }
}
```

실행결과

```
SuperClass:m1:10
    SubClass:m1:10
SuperClass:m2:3.141592
    SubClass:m2:30.0,40.0
    SubClass:m3
```

5.5 변수와 메소드의 접근제어

인스턴스 변수, 클래스 변수, 그리고 클래스 메소드는 은닉될 수는 있어도 재정의될 수는 없다. 또한 상위클래스에 있는 변수를 참조하거나 또는 메소드를 호출하기 위해서는 super라는 키워드를 사용한다. 기존의 상위클래스의 변수, 메소드 및 그 상위클래스에 접근하는 기존 클래스의 재사용 인스턴스 메소드 내에서의 super 변수는 this 변수와 마찬가지로 현재 객체의 참조값을 갖지만 그 자료형은 직계 상위클래스의 자료형이 된다. super 키워드를 통하여 재정의된 메소드를 호출할 경우에는 현재의 클래스에 재정의된 메소드를 호출하지 않고 상위클래스의 메소드를 호출하는 특별한 의미를 갖는다.

하위클래스는 상위클래스의 외부 인터페이스 및 그 구현에 대해 재사용되므로 상위클래스의 모든 변수와 메소드에 대해 하위클래스에서 접근 가능한 변수와 메소드는 하위클래스의 것으로 생각할 수 있는데 하위클래스가 상속할 수 있거나 그렇지 못한 상위클래스의 멤버는 다음과 같다.

① private 접근 지정자로 선언된 변수는 상속할 수 없고 메소드는 상속 및 재정의 할 수 없다.

② public 또는 protected 접근 지정자로 선언된 변수와 메소드는 상속할 수 있고 메소드에 대해 재정의 할 수 있다.

③ 같은 패키지 내에 있는 상위클래스에 있는 접근 지정자가 생략되어 있는 변수와 메소드는 상속할 수 있고 메소드에 대해 재정의 할 수 있다.

```
class A {
 int x, y, z;
 ...
 ...
}
class B extends A {
 int x;                          // x는 새롭게 정의
 float y;                        // y는 새롭게 정의
                                // z는 상속
 ...
 int m3() {
     this.x = super.x;
     this.y = super.m1(this.x);
 ...
}
```

다음에 나오는 자바 프로그램에서 B 클래스가 A 클래스를 상속하도록 하였는데, 상속 가능한 변수 또는 메소드에 대하여 생각해보고 결과를 확인해 보자.

예제

AccessRightTest.java

```
class A {
 public int x;
 protected int y;
 private int z;
 int getX() { return(this.x); }
 private int getY() { return(this.y); }
 protected int getZ() { return(this.z); }
}
class B extends A {
 public int x;
 public void setXYZ(int x, int y, int z) {
    this.x = x;
    this.y = y;
    this.z = z;                    // 에러 발생
 }
}
class AccessRightTest {
 public static void main(String args[]) {
    B b = new B();
    b.getX();
    b.getY();                      // 에러 발생
    b.getZ();
 }
}
```

Quiz 위 예제를 실행하고 결과를 확인해 보자.

다음은 접근 권한에 따른 상속을 보여주기 위한 자바 프로그램이다. B 클래스가 A 클래스를 상속하도록 하였는데 상속과 관련하여 에러가 발생하는 부분에 대해서 다시 한 번 살펴보자.

예제

AccessRightTest2.java

```
class A {
 int i;
 public int j;
 protected int k;
 private int l;
}
class B extends A {
 public void print() {
    System.out.println("i:" + i);
    System.out.println("j:" + j);
    System.out.println("k:" + k);
    System.out.println("l:" + l);                  // 에러 발생
 }
}
class AccessRightTest2 {
 public static void main(String args[]) {
    A a = new A();
    new B().print();
    System.out.println("ii:" + a.i);
    System.out.println("jj:" + a.j);
    System.out.println("kk:" + a.k);
    System.out.println("ll:" + a.l);               // 에러 발생
 }
}
```

Quiz 위 예제를 실행하고 결과를 확인해 보자.

5.6 추상클래스와 추상메소드

추상클래스(abstract class)는 추상적인 클래스로서 그 구현이 덜 되었거나 또는 아직은 미완성 클래스이므로 실제 인스턴스(또는 객체)를 생성할 수 없도록 한 클래스이다. 추상클래스는 객체가 가지는 특성들을 추상화시켜 놓았을 뿐 아직 구체화 시키지 못한 클래스이므로 이 추상클래스를 상속하는 하위클래스에서 좀 더 구체화 시키도록 하는 것이다. 따라서, 추상클래스를 상위클래스로 하여 상속하는 하위클래스는 추상클래스인 상위클래스에서 완전히 구현하지 못한 부분들을 완전하게 구현해 주어야만 하위클래스에 대한 객체 생성이 가능하고 그렇지 못할 경우 하위클래스는 상위클래스인 추상클래스와 같이 미완성이므로 자체적으로 객체를 생성할 수 없고 이 하위클래스는 다시 추상클래스가 된다.

추상메소드는 추상클래스와 마찬가지로 아직 구현이 이루어지지 않고 단지 그 프로토타입만을 가지고 있는 메소드를 말한다. 추상메소드의 특징은 다음과 같다.

① 추상메소드는 미완성 메소드이어야 하므로 메소드의 몸체(body)를 가질 수 없다.
② 추상메소드는 클래스가 가져야 할 인터페이스에 대한 프로토타입(메소드의 형태)을 정의하고 있다.
③ 추상메소드는 하위클래스가 가져야 할 인터페이스를 정의한다.
④ 추상메소드를 포함하는 클래스는 반드시 추상클래스로 선언되어야 한다.

추상클래스는 추상메소드를 포함할 수 있고 추상메소드를 포함하는 클래스는 반드시 추상클래스로 선언되어야 한다. 추상메소드를 포함하고 있는 추상클래스를 상속하는 하위클래스는 추상클래스가 갖고 있는 모든 추상메소드를 구현하여야 한다. 그럴 경우, 하위클래스는 하나의 클래스처럼 사용할 수 있고 인스턴스의 생성도 가능하지만 추상메소드를 모두 구현해 주지 못한 경우에는 하위클래스도 구현이 완전히 이루어지지 않은 추상메소드를 포함하게 되므로 추상클래스가 되며 이 때 반드시 추상클래스로 선언되어야 한다. 이러한 추상 클래스(abstract class)와 추상 메소드는 해당 클래스와 메소드의 앞에 abstract 키워드를 사용하여 다음과 같이 선언할 수 있다.

```
abstract class 클래스이름 {

   abstract 메소드선언;          // 메소드의 몸체는 없음

}
```

```
abstract class AbstractClass {

   abstract void abstractMethod();

}
```

아래 예제는 abstract를 잘못 사용하고 있는 예를 보여주는 자바 프로그램이다.

예제

AbstractTest.java

```
class A {
   abstract void m1();
   abstract void m2();
   abstract void m3() {
      /* ... */
   }
}
class AbstractTest extends A {
   void m1() {
   }
}
```

Quiz 위 예제를 실행하고 결과를 확인해 보자.

아래의 자바 프로그램을 컴파일 해 보면 에러가 발생하는데, 이는 추상클래스 참조형 변수를 선언할 수는 있지만, 인스턴스(또는 객체)를 생성할 수는 없기 때문이다.

예제

AbstractTest2.java

```
abstract class A {
   abstract void m1();
   abstract void m2();
   void m3() { /* ... */ }
}
abstract class B extends A {
   void m1() { /* ... */ }
}
class C extends B {
   void m2() { /* ... */ }
}
class AbstractTest2 {
   public static void main(String args[]) {
      A a;
      B b;
      C c;
      a = new A();                    // 에러 발생
      c = new C();
   }
}
```

실행결과

```
AbstractTest2.java:21: class A is an abstract class. It can't be instantiated.
        a = new A();                    // 에러 발생
            ^
1 error
```

예제

AbstractClass.java

```
abstract class Shape {   // 추상클래스 선언
  abstract void draw();  // 구현부분이 없는 추상 메소드 정의
}
class Circle extends Shape {
  void draw() {
    System.out.println("원을 그리는 기능");
  }
}
class Rectangle extends Shape {
  void draw() {
    System.out.println("사각형을 그리는 기능");
  }
}
class Triangle extends Shape {
  void draw() {
    System.out.println("삼각형을 그리는 기능");
  }
}
class AbstractClass {
  public static void main(String args[]) {
    Circle c = new Circle();
    c.draw();
    Rectangle r = new Rectangle();
    r.draw();
    Triangle t = new Triangle();
    t.draw();
    System.out.println("====객체 형변환과 오버라이딩을 이용====");
    Shape s = new Circle(); // 상위 클래스의 객체에 하위 클래스의 객체를 형변환
    s.draw();                    // draw() 메소드 호출
    s = new Rectangle();
    s.draw();                    // draw() 메소드 호출
    s = new Triangle();
    s.draw();                    // draw() 메소드 호출
  }
```

```
}
```

Quiz 위 예제를 실행하고 결과를 확인해 보자.

5.7 중첩클래스(nested class)와 내부클래스(inner class)

(1) 중첩클래스(nested class)

클래스 내부에 선언되는 클래스는 변수 또는 메소드와 마찬가지로 두 가지 종류가 있다. 클래스를 따로 선언하고 정의하기에는 간단하고 특정 클래스와 밀접한 관계를 갖는 경우 또는 클래스로 정의해야 되지만 다른 클래스에서는 사용하지 않고 특정 클래스 하나에서만 사용하는 경우, 특정 클래스 내부에 중첩된 클래스로 만든다. 이렇게 함으로써 클래스의 이름 짓는 것을 간단하게 하고 프로그램을 보다 알아보기 쉽게 할 수 있다. 또한 이러한 중첩클래스를 사용하여 프로그램의 구조를 보다 더 간단하고 알아보기 쉽게 할 수 있다. 이러한 두 개의 클래스 중 클래스 내부에 static으로 선언된 클래스가 있는데, 이 클래스를 중첩클래스라 한다. 중첩 클래스의 객체는 중첩클래스를 포함하고 있는 클래스의 이름을 패키지 이름처럼 사용할 수 있는 것일 뿐 서로 동등하다. 그리고, 중첩 클래스가 포함하고 있는 메소드에서는 클래스 메소드에서처럼 인스턴스 변수 또는 인스턴스 메소드에 접근할 수 없지만, 클래스 변수 또는 클래스 메소드에는 접근할 수 있다. 마지막으로, 중첩클래스와 이 중첩클래스를 포함하고 있는 클래스는 컴파일 했을 때 다음과 같이 각각에 대한 클래스 파일이 생성된다.

```
class A {

    static class B {

        …
```

```
    }
    ...
}
```

<컴파일 했을 때 생성되는 파일>

A.class　　중첩클래스를 포함하는 클래스

A$B.class　중첩클래스

다음은 중첩클래스를 사용할 때 주의해야 할 것에 대해 간단히 보여주는 자바 프로그램이다.

예제

NestedClassTest.java

```
class NestingClass {
   int i=11;
   static int si=12;
   static class NestedClass {
      int j=21;
      static int sj=22;
      void print() {
         System.out.println(" i = " + i);          // 에러 발생
         System.out.println("si = " + si);
         System.out.println(" j = " + j);
      }
   }
   NestingClass() {
      NestedClass nested = new NestedClass();
      System.out.println(nested.j);
   }
}
```

```
class NestedClassTest {
   public static void main(String args[]) {
    NestingClass nesting = new NestingClass();
    System.out.println(nesting.i);
    NestingClass.NestedClass nested
       = new NestingClass.NestedClass();
    System.out.println(nested.j);
   }
}
```

실행결과

```
NestedClassTest.java:10: Can't make a static reference to nonstatic variable
int i in void print().
          System.out.println(" i = " + i);              // 에러 발생
                                       ^
1 error
```

다음은 정상적으로 중첩클래스를 정의하여 컴파일했을 경우이다.

예제

NestedClassTest2.java

```
class NestingClass2 {
 int i=11;
 static int si=12;
 static class NestedClass2 {
    int j=21;
    static int sj=22;
    void print() {
       System.out.println("si = " + si);
       System.out.println(" j = " + j);
    }
 }
```

```
    NestingClass2() {
        NestedClass2 nested = new NestedClass2();
        System.out.println(nested.j);
    }
}
class NestedClassTest2 {
    public static void main(String args[]) {
        NestingClass2 nesting = new NestingClass2();
        System.out.println(nesting.i);
        NestingClass2.NestedClass2 nested = new NestingClass2.NestedClass2();
        System.out.println(nested.j);
    }
}
```

실행결과

```
21
11
21
```

위와 같이 정상적으로 컴파일 했을 경우 다음과 같은 세 개의 '.class' 파일이 생성된다.

NestingClass2.class

NestingClass2$NestedClass2.class

NestedClassTest2.class

(2) 내부클래스(inner class)

중첩클래스와 같이 클래스 내부에 선언되는 클래스로서 중첩클래스와는 달리 static 없이 선언된 클래스를 말한다. 중첩클래스를 사용하는 것과 같이 내부클래스를 사용하는 것 역시 프로그램의 구조를 더 좋게 할 수 있고 특정 클래스와 관련 깊은 클래스를 그 클래스 외부에 따로 정의하지 않고 클래스의 내부에 정의함으로써 프로그램을 보다 읽기 쉽고 알아보기 쉽게 해준다.

이러한 내부클래스는 이벤트 처리, 데이터 구조 클래스 등을 위해 자주 사용되며, 내부클래스 객체는 생성 당시에 외부 클래스 객체에 대한 보이지 않는 참조값을 갖도록 초기화된다. 이를 통하여 외부클래스 객체의 메소드와 필드가 내부클래스 객체의 메소드와 필드인 것처럼 접근할 수 있게 해준다.

내부클래스의 메소드에서 외부클래스 객체의 참조값을 얻기 위해서는 "외부클래스이름.this" 를 사용한다. 이렇게 함으로써 내부클래스에서 외부클래스의 변수 및 메소드를 자신의 변수 및 메소드인 것처럼 접근 가능하다. 따라서 중첩클래스에서는 자신을 포함하고 있는 클래스의 인스턴스 변수 및 인스턴스 메소드에는 접근할 수 없고, 단지 클래스 변수 및 클래스 메소드에만 접근가능 했지만, 내부클래스에서는 자신을 포함하고 있는 클래스의 클래스 변수 및 클래스 메소드에 접근할 수 있을 뿐만아니라 인스턴스 변수 및 인스턴스 메소드에도 접근 가능하다. 그러나 내부클래스는 클래스 변수나 클래스 메소드를 가질 수 없고, 내부클래스를 선언하고 이를 컴파일 했을 때 생성되는 바이트 코드의 클래스 파일 이름은 다음과 같다. 마지막으로 내부클래스는 클래스 변수 또는 클래스 메소드를 가질 수 없다. 다시 말해서 static으로 선언된 변수 또는 메소드를 가질 수 없다.

```
class A {

   class B {

      …

   }

   …

}
```

<컴파일 했을 때 생성되는 파일>

A.class　　외부클래스

A$B.class　내부클래스

다음에 나오는 예제는 외부클래스와 내부클래스의 관계를 보여주기 위한 자바 프로그램이다.

예제

OuterClassTest.java

```
class OuterClass {
   int i=11;
   static int si=12;
   class InnerClass {
      int j=21;
      static int sj=22;
      static void staticMethod() {
      }
      void print() {
         System.out.println(" i = " + i);
         System.out.println(" i = " + OuterClass.this.i);
         System.out.println("si = " + si);
         System.out.println(" j = " + j);
      }
   }
   OuterClass() {
      InnerClass nested = new InnerClass();
      System.out.println(nested.j);
   }
}
class OuterClassTest {
   public static void main(String args[]) {
      OuterClass outer = new OuterClass();
      System.out.println(outer.i);
      OuterClass.InnerClass inner = new OuterClass.InnerClass();
      System.out.println(inner.j);
   }
}
```

Quiz 위 예제를 실행하고 결과를 확인해 보자.

첫 번째와 두 번째 에러의 경우, 내부클래스에서는 static 변수 또는 static 메소드는 불가능하기 때문에 발생하는 것이고, 세 번째 에러의 경우에는 "OuterClass.InnerClass inner = outer. new InnerClass();"와 같이 바꾸어 주어야 한다.

다음에 나오는 예제는 정상적으로 컴파일 가능한 자바 프로그램이다.

예제

OuterClassTest2.java

```
class OuterClass2 {
    int i=11;
    static int si=12;
    class InnerClass2 {
        int j=21;
        void print() {
            System.out.println(" i = " + i);
            System.out.println(" i = " + OuterClass2.this.i);
            System.out.println("si = " + si);
            System.out.println(" j = " + j);
        }
    }
    OuterClass2() {
        InnerClass2 nested = new InnerClass2();
        System.out.println(nested.j);
    }
}
class OuterClassTest2 {
    public static void main(String args[]) {
        OuterClass2 outer = new OuterClass2();
        System.out.println(outer.i);
        OuterClass2.InnerClass2 inner = outer. new InnerClass2();
```

```
        System.out.println(inner.j);
    }
}
```

실행결과

```
21
11
21
```

위와 같이 정상적으로 컴파일 했을 경우 다음과 같은 세 개의 '.class' 파일이 생성된다.

OuterClass2.class

OuterClass2$InnerClass2.class

OuterClassTest2.class

제 6 장 인터페이스와 패키지

6.1 인터페이스

인터페이스는 클래스에 의해 구현되어야 한다. 왜냐하면 인터페이스는 자체적으로 객체를 생성할 수 없으므로 클래스가 이 인터페이스를 상속하여 인터페이스에 정의된 모든 메소드를 구현해 주어야 한다. 그렇게 할 경우에만 객체를 생성하여 사용할 수 있다. 그리고 클래스의 상속에서 하나의 클래스는 하나의 클래스만을 직속으로 상속할 수 있는 것과는 달리 하나의 클래스는 여러 개의 인터페이스를 구현해 줄 수 있다. 이렇게 클래스가 인터페이스를 구현한다는 것을 표현하기 위하여 다음과 같이 할 수 있다. 인터페이스 정의는 다음과 같이 인터페이스 선언부와 인터페이스 몸체부(body) 등 크게 두 부분으로 구성되어 있다.

① 인터페이스 선언부: 인터페이스 선언부는 접근 권한, 인터페이스의 이름, 상속하고 있는 인터페이스 리스트 등으로 구성되어 있다.

② 인터페이스 몸체부: 인터페이스 몸체부는 인터페이스를 위한 상수와 메소드 선언(프로토타입)을 포함하고 있다.

```
인터페이스 선언부 {

    인터페이스 몸체부
```

```
}

또는

[public] interface 인터페이스 이름 [extends 상위 인터페이스] {

    상수 선언;

    메소드 선언;

}
```

- 인터페이스 선언부의 접근 지정자
- public : 인터페이스는 어떤 패키지 내에 있는 클래스에 의해서도 접근 가능하다.
- 생략(friendly) : 인터페이스는 인터페이스와 같은 패키지 내에 있는 클래스에 의해서만 접근 가능하다.

인터페이스도 클래스와 마찬가지로 인터페이스를 상속할 수 있다. 그러나 클래스 상속과 한 가지 차이점은 클래스는 오직 하나의 클래스만 상속 가능한테 비해 인터페이스는 여러 개의 인터페이스를 상속할 수 있다는 것이다. 인터페이스가 상속하는 상위인터페이스들은 ','로 구분하여 주고 상위인터페이스가 가지는 모든 상수와 메소드들을 상속하게 된다.

- 인터페이스 몸체부 : 인터페이스 몸체부는 인터페이스 내에 있는 모든 상수와 메소드를 위한 선언을 포함하게 된다. 이 때 인터페이스 내에 메소드를 선언할 때 다음과 같은 선언과 관련된 지정자들은 사용할 수 없다.
- 선언 지정자: transient, volatile, synchronized
- 접근 지정자: private, protected

자바에서 인터페이스를 선언할 때 또는 인터페이스 내에 선언된 메소드를 선언할 때 abstract 지정자를 사용하는 것은 불필요하다. 왜냐하면 자바에서는 인터페이스 및 인터페이스 내의 메소드는 그 구현이 이루어지지 않았다는 특성 때문에 인터페이스 및 인터페이스 내의 메소드에 대해 내부적으로 abstract로 취급하기 때문이다.

인터페이스는 추상클래스와 같이 아직 구현이 이루어지지 않았으므로 클래스에 의해 상속되어 그 구현이 완성되어야 객체(또는 인스턴스)를 생성하여 사용할 수 있다. 클래스가 인터페이스를 상속하여 구현하기 위해서는 다음과 같이 해 주어야 한다.

```
접근지정자 class [extends 클래스이름]
            implements 상위인터페이스리스트 {
  // 인터페이스에 선언된 메소드 구현
}
```

인터페이스는 참조 자료형으로서 기본 자료형이나 다른 참조 자료형과 같이 어느 곳에서나 사용할 수 있다. 다음은 인터페이스를 잘못 사용하는 자바 프로그램에 대한 예를 보여 주고 있다.

예제

InterfaceTest1.java

```
private interface InterfaceTest1 {
   int MAX_NUM = 10;
   boolean SUCCESS=true;
   boolean FAIL=false;
   public abstract int m1(Object obj);
   private int m2(Object obj);
   protected int m3(Object obj);
   abstract int m4();
   transient int m5(Object obj);
   volatile int m6(Object obj);
   synchronized int m7();
}
```

실행결과

```
InterfaceTest1.java:1: The type type InterfaceTest can't be private. Package members are always accessible within the current package.
private interface InterfaceTest {
                        ^
InterfaceTest1.java:7: Interface methods can't be native, static, synchronized, final, private, or protected: int m2(Object)
    private int m2(Object obj);
                ^
InterfaceTest1.java:8: Interface methods can't be native, static, synchronized, final, private, or protected: int m3(Object)
    protected int m3(Object obj);
                  ^
InterfaceTest1.java:10: Method int m5(Object) can't be transient. Only variables can be transient.
    transient int m5(Object obj);
                  ^
InterfaceTest1.java:11: Method int m6(Object) can't be volatile. Only variables can be volatile.
    volatile int m6(Object obj);
                 ^
InterfaceTest1.java:12: Interface methods can't be native, static, synchronized, final, private, or protected: int m7()
    synchronized int m7();
                     ^
6 errors
```

다음은 인터페이스를 선언하고 클래스를 이용하여 인터페이스를 상속 및 구현하는 자바 프로그램이다.

예제

InterfaceTest2.java

```
interface DataStructure {
 int MAX_NUM = 100;
 boolean SUCCESS=true;
 boolean FAIL=false;
 boolean insert(Object obj);
 boolean delete(Object obj);
 Object search(Object obj);
 int numberOf();
}
class StackA implements DataStructure {                    // (A)
   /* ... */
   public boolean insert(Object obj) { return(SUCCESS); }
   public boolean delete(Object obj) { return(SUCCESS); }
}
class StackB implements DataStructure {
   /* ... */
   public boolean insert(Object obj) { return(SUCCESS); }
   public boolean delete(Object obj) { return(SUCCESS); }
   public Object search(Object obj) { return((Object)null); }
   public int numberOf() { return(0); }
}
class StackC extends StackA {
   /* ... */
   public Object search(Object obj) { return((Object)null); }
   public int numberOf() { return(0); }
}
class InterfaceTest2 {
   public static void main(String args[]) {
      DataStructure ds = new DataStructure();              // (D)
      StackA stackA = new StackA();                        // (C)
      StackB stackB = new StackB();
      StackC stackC = new StackC();
      System.out.println("MAX_NUM: " + StackB.MAX_NUM);
   }
}
```

실행결과

```
InterfaceTest2.java:10: class StackA must be declared abstract. It does not
define int numberOf() from interface DataStructure.
class StackA implements DataStructure {                    //(A)
      ^
InterfaceTest2.java:29: interface DataStructure is an interface. It can't be
instantiated.
      DataStructure ds = new DataStructure();              //(B)
                         ^
2 errors
```

자바에서 클래스가 인터페이스를 상속하여 구현하려 할 때, (A)와 같이 인터페이스 내에 있는 모든 메소드를 구현해 주지 않으면 그 클래스는 추상클래스(abstract class)로 선언되어야 한다. 또한 (B), (C)와 같이 인터페이스 또는 그 구현이 끝나지 않은 (인터페이스를 제대로 구현하지 못한) 클래스에 대해서는 객체를 생성할 수 없다.

예제

InterfaceTest3.java

```
interface IStack {
  void push(int item);
  int pop();
}
class FixedStack implements IStack {
  private int stack[];
  private int tos;
  FixedStack(int size) {
    stack = new int[size];
    tos = -1;
  }
  public void push(int item) {  // 인터페이스에서 정의된 메소드 구현
    if(tos==stack.length-1)
      System.out.println("스택이 꽉찼음");
```

```
    else
      stack[++tos] = item;
  }
  public int pop() {  // 인터페이스에서 정의된 메소드 구현
    if(tos < 0) {
      System.out.println("스택이 비었음");
      return 0;
    }
    else
      return stack[tos--];
  }
}
class InterfaceTest3 {
  public static void main(String args[]) {
    FixedStack mystack1 = new FixedStack(10);
    FixedStack mystack2 = new FixedStack(5);
    for(int i=0 ; i<10 ; i++)
      mystack1.push(i);
    for(int i=0 ; i<5 ; i++)
      mystack2.push(i);
    System.out.println("스택 : mystack1");
    for(int i=0 ; i<10 ; i++)
       System.out.print(mystack1.pop() + "  ");
       System.out.println();
       System.out.println("스택 : mystack2");
    for(int i=0 ; i<5 ; i++)
       System.out.print(mystack2.pop() + "  ");
  }
}
```

Quiz 위 예제를 실행하고 결과를 확인해 보자.

예제

InterfaceTest4.java

```
interface A {
  void ameth1();
  void ameth2();
}
interface B {
  void bmeth1();
}
interface C extends A,B {  // 두개의 인터페이스 상속
  void cmeth1();
}
 class InterfaceClass implements C {
  public void ameth1() {
    System.out.println("ameth1() 메소드의 구현");
  }
  public void ameth2() {
    System.out.println("ameth2() 메소드의 구현");
  }
  public void bmeth1() {
    System.out.println("bmeth1() 메소드의 구현");
  }
  public void cmeth1() {
    System.out.println("cmeth1() 메소드의 구현");
  }
}
class InterfaceTest4 {
  public static void main(String arg[]) {
    InterfaceClass ic = new InterfaceClass();
    ic.ameth1();
    ic.ameth2();
    ic.bmeth1();
    ic.cmeth1();
  }
}
```

Quiz 위 예제를 실행하고 결과를 확인해 보자.

Tip *클래스와 인터페이스의 차이점*

클래스 - 메소드의 정의를 반드시 적어야 한다.
인터페이스 - 메소드는 선언만 하면 된다.

6.2 패키지

패키지란 유사한 기능을 가진 클래스들의 묶음을 말한다. 클래스를 패키지로 묶음으로써 필요한 클래스만을 사용할 수 있으며 패키지를 계층적인 형태로 관리함으로써 다른 그룹에 속한 클래스와 발생할 수 있는 이름 충돌을 막을 수있다. 간단한 프로그램의 경우에는 패키지를 사용할 필요가 없으나, 복잡한 프로그램을 작성한다면 프로그램의 재사용성을 높일 수 있는 패키지를 사용해서 더욱 편리하고 효율적으로 프로그램을 작성할 수 있다.

(1) 패키지 사용법

자바에서 패키지를 사용하려면 반드시 클래스를 정의하기전에 import 문을 선언해야 한다. 이는 컴파일러가 자바 소스를 컴파일 하기 전에 어떤 외부의 클래스가 사용될지를 알아야하기 때문이다.

import문으로 패키지를 불러들일 때에는 다음과 같은 두 가지 형태를 사용한다.

① import 패키지. 클래스. * ;
패키지 중에서 특정 클래스만 골라서 import 하는 경우 사용.

② import 패키지. * ;
패키지에 포함된 클래스 모두를 import 하는 경우 사용.

예제

PackageTest.java

```
import java.util.*;
// Date 클래스를 가지고 있는 util 패키지를 import
class PackageTest {
public static void main(String args[]) {
  Date now = new Date();
  // 현재 시각을 얻기 위해 Date 클래스 객체 생성
System.out.println("현재 시각은?");
System.out.println("----------------------");
System.out.println("현재 시각 => " + now);
  }
}
```

실행결과

```
현재 시각은?
---------------------
현재 시각 => Wed Jun 25 12:08:23 GMT+09:00 2010
```

날짜를 출력하는 소스로서 util 패키지에 있는 Date 클래스를 사용하기 위해 소스 맨 앞에 import 문이 선언되어 있다. 이 import문이 없으면 컴파일러가 Date 클래스가 어디에 있는지 찾지 못하므로 에러가 발생한다.

Tip *import는 C/C++에서 사용하는 #include문과 같다.*

(2) 표준 패키지 - 자바 API

자바는 여러 기능별로 관련된 클래스들을 묶어 패키지로 제공하고 있으며 사용자들이 필요에 따라 이 클래스들을 불러서 사용할 수 있게 한다. 이러한 패키지를 자바 API(Application Programming Interrface)라고 한다. 자바는 자바의 장점 중의 하나로 이러한 API를 제공하여 쉽게 프로그래밍 할 수 있도록 하며, 클래스들을 패키

지 단위로 정의함으로써 쉽게 재사용이 가능하게 한다. 자주 사용되는 패키지들을 살펴보면 다음과 같다.

➡ **표 6.1** 자바에서 제공되는 주요 패키지

패키지 이름	설 명
java.lang	기본 자바 클래스를 포함한 것으로 모든 자바 프로그램에 디폴트로 import된다.
java.io	입출력과 관련된 클래스 포함
java.util	유틸리티 클래스 포함
java.net	네트웍 연결에 사용되는 클래스 포함
java.awt	플랫폼에 독립된 그래픽 유저 인터페이스 프로그램을 만들기 위해 필요한 클래스 포함
java.awt.event	awt 컴포넌트들의 이벤트를 제어하는 클래스 포함
java.applet	자바 호환 브라우저에서 실행되는 자바 애플릿을 만들기 위해 필요한 클래스 포함

제 7 장 스레드(Thread)

7.1 프로세스와 스레드

하나의 프로그램을 실행시키면 하나의 프로세스로서 동작하게 되는데, 우리가 실행시키는 하나의 프로그램은 하나의 프로세스로서 나타나게 된다. 자바에서의 프로세스는 자바 런타임 환경과 밀접한 관계를 갖고 있다. 왜냐하면 자바 런타임 환경은 프로세스가 실행될 수 있는 기반 환경을 제공해 주기 때문이다. 프로세스는 다른 프로세스를 생성할 수 있는데 이 때 생성된 프로세스를 자식 프로세스라하고 기존에 있던 프로세스를 부모 프로세스라고 한다. 이러한 부모/자식 프로세스 개념은 하나의 자바 프로그램에서 다른 프로그램을 실행시키고자 할 때 주로 사용된다. 즉, 플랫폼 독립적인 자바 프로그램이 플랫폼과 밀접한 관련이 있는 작업을 해야 할 경우 해당 작업을 수행할 프로그램을 다른 언어로 해당 플랫폼에 맞도록 작성하고 이 프로그램을 자바 프로그램에서 실행시켜 주는 것이다.

하나의 프로그램을 프로세스라고 볼 때 스레드는 하나의 프로그램 내에서의 실행 단위라고 할 수 있다. 자바에서는 각 작업(태스크)을 스레드로 표현하도록 하고 이러한 스레드를 여러 개 둘 수 있도록 함으로써 멀티태스킹을 가능하게 해준다. 자바에서는 멀티태스킹을 여러 개의 스레드를 동시에 수행하는 멀티스레딩을 이용하여 해결하고 있다. 따라서, 자바 가상머신(JVM)은 하나의 애플리케이션이 동시에 수행되는 여러 개의 스레드를 가질 수 있도록 하고 있다. 물론, 일의 우선순위가 존재하듯이 모든 스레드는 그 우선순위를 가지게 된다.

7.2 스레드의 생성

(1) Thread 클래스 이용

새로운 스레드를 생성하는 방법 중 Thread 클래스를 이용하는 방법에 대하여 살펴보자. 먼저 Thread 클래스를 상속하는 하위클래스를 선언하고 이 하위클래스가 Thread 클래스의 run 메소드를 재정의하도록 하는 것이다. 이렇게 Thread 클래스를 상속하여 run 메소드를 재정의한 하위클래스의 인스턴스를 생성하고 시작되도록 하면된다. 이 때, run 메소드는 스레드가 수행할 작업을 나타내는 스레드의 몸체 역할을 한다. 스레드를 시작시키면 이 run 메소드가 호출되고 이 run 메소드의 수행이 끝나고 리턴하게 되면 스레드는 종료하게 된다. 이러한 이유 때문에 run 메소드 내에는 주로 while 문을 사용하여 무한 루프로 나타냄으로써 스레드가 반복작업을 수행하고 항상 살아 있을 수 있도록 하는 것이다.

스레드 클래스는 다음과 같은 메소드를 제공한다.

표 7.1 스레드 클래스의 메소드

메소드 이름	설 명
static void sleep(long msec) throws InterruptedException	*msec*에 지정된 밀리초(milliseconds) 동안 대기
static void sleep(long msec, int nsec) throws InterruptedException	*msec*에 지정된 밀리초+nsec에 지정된 나노초(nanoseconds) 동안 대기
String getName()	스레드의 이름을 반환
void setName(String s)	스레드의 이름을 s로 설정
void start()	스레드를 시작시킨다. run() 메소드를 호출
int getPriority()	스레드의 우선 순위를 반환
void setPriority(int p)	스레드의 우선 순위를 p값으로 설정
boolean isAlive()	스레드가 시작되었고 아직 끝나지 않았으면 true를 그렇지 않으면 false를 반환

메소드 이름	설 명
void join() throws InterruptedException	스레드가 끝날 때까지 대기
void run()	스레드가 실행할 부분을 기술하는 메소드. 하위 클래스에서 오버라이딩 되어야 한다
void suspend()	스레드가 일시 정지된다. resume()에 의해 다시 시작될 수 있다.
void resume()	일시 정지된 스레드를 다시 시작시킨다.

다음과 같이 Thread 클래스를 상속하고 run 메소드를 재정의 할 수 있다.

```
import java.lang.Thread;

class ThreadName extends Thread {

  ...

  public void run() {

  // Thread Body

    ...

  }

    ...

}
```

다음은 Thread 클래스 상속을 통해 스레드를 활용한 지바 프로그램이다.

예제

ThreadDemo1.java

```
class ThreadDemo1 {
        public static void main(String args[]) {
                SubThread a = new SubThread("thread1");
                SubThread b = new SubThread("thread2");
                SubThread c = new SubThread("thread3");

                a.start();   // start 메소드는 Thread 클래스에 정의된 것을 상속받음
                b.start();
                c.start();
        }
}

class SubThread extends Thread {
        public SubThread(String str) {
                super(str);   // 수퍼 클래스인 Thread의 생성자 호출
        }

         public void run(){
                for(int i=0; i<5; I++) {
                        System.out.println(getName() + " No." + i);
         // 스레드의 이름과 출력 횟수 출력
                        try {  // 예외처리
                            sleep((int)(Math.random() * 1000));  // 잠시 휴식
                        } catch(InterruptedException e) {}
                }
                System.out.println(getName() + " End.");
        }
}
```

실행결과

```
thread1 No.0
thread2 No.0
thread3 No.0
thread1 No.1
thread2 No.1
thread3 No.1
thread3 No.2
thread2 No.2
thread1 No.2
thread1 No.3
thread1 No.4
thread1 End.
thread3 No.3
thread2 No.3
thread3 No.4
thread3 End
thread2 No.4
thread2 End
```

예제

ThreadDemo2.java

```
class ThreadTest extends Thread {
  public void run() {
    try {
      for (int i=0 ; i<10 ; i++) {
        Thread.sleep(200);
        System.out.println("자바 프로그래밍 언어 : " + i);
      }
    }
    catch(InterruptedException e ) {
    System.out.println(e);
    }
```

```
    }
}

class ThreadDemo2 {
  public static void main(String args[]) {
    ThreadTest t = new ThreadTest();
    t.start();
    // 스레드를 생성하고 시작시킨다
    }
}
```

실행결과

```
자바 프로그래밍 언어 : 0
자바 프로그래밍 언어 : 1
자바 프로그래밍 언어 : 2
자바 프로그래밍 언어 : 3
자바 프로그래밍 언어 : 4
자바 프로그래밍 언어 : 5
자바 프로그래밍 언어 : 6
자바 프로그래밍 언어 : 7
자바 프로그래밍 언어 : 8
자바 프로그래밍 언어 : 9
```

예제

ThreadDemo3.java

```
class ThreadTest extends Thread {
  public ThreadTest(String str) {
    super(str);
  }

  public void run() {
    try {
      for (int i=0 ; i<10 ; i++) {
```

```
        Thread.sleep(2);
        System.out.println(i + getName());
      }
      System.out.println("끝" + getName());
      }
      catch(InterruptedException e ) {
    System.out.println(e);
    }
  }
}

class ThreadDemo3 {
  public static void main(String args[]) {
    ThreadTest t1 = new ThreadTest(" : 오늘은 좋은 날");
    ThreadTest t2 = new ThreadTest(" : 오늘은 즐거운 날");
    // 같은 스레드 클래스로부터 객체 t1, t2 생성
    t1.start();
    t2.start();
    // 두개의 스레드를 시작시킨다.
  }
}
```

Quiz 위 예제를 실행하고 결과를 확인해 보자.

(2) Runnable 인터페이스 이용

스레드를 생성하기 위한 다른 방법은 Runnable 인터페이스를 구현하는 클래스를 선언하는 것이다. Runnable 인터페이스의 run 메소드를 구현하는 클래스를 선언하고, 그 클래스의 인스턴스를 생성한 후 이 인스턴스를 Thread를 생성할 때 매개변수로 넘겨주는 것이다. 다음과 같이 Runnable 인터페이스의 run 메소드를 구현하는 클래스를 선언할 수 있다.

```
import java.lang.Runnable;

class RunnableThreadName implements Runnable {
```

```
 …
public void run() {
// Thread Body
   …
  }
  …
}
```

Runnable 인터페이스는 Thread 클래스가 아닌 다른 클래스로부터 상속을 받고 싶을 때 사용한다. 다음은 Runnable 인터페이스를 통해 스레드를 활용한 지바 프로그램이다.

예제

ThreadDemo4.java

```
class ThreadDemo4 implements Runnable{
        Thread threaddemo;

          public static void main(String args[]){
                    ThreadDemo4 a = new ThreadDemo4("thread1");
                    ThreadDemo4 b = new ThreadDemo4("thread2");
                    ThreadDemo4 c = new ThreadDemo4("thread3");
          }

          public ThreadDemo4(String name){
      // 스레드를 만들기 위해 Thread형 변수에 메모리 할당
      // 이번 Thread 생성자에는 스레드를 만드는 클래스의 변수와 스레드 이름을
```

```
// 매개변수로 넘겨준다.
                threaddemo = new Thread(this, name);
                    threaddemo.start();  // 스레드 동작 시작 - run 메소드 실행
    }

    public void run(){   // start 메소드로 시작하게 되는 메소드
                for(int i=0; i<5; i++){
                        System.out.println(threaddemo.getName() + " No." + i);
                        try{
                                Thread.sleep((int)(Math.random() * 1000));
                        }catch(InterruptedException e){}
                }
                 System.out.println(threaddemo.getName() + " End.");
    }
}
```

실행결과

```
thread1 No.0
thread2 No.0
thread3 No.0
thread1 No.1
thread3 No.1
thread1 No.2
thread2 No.1
thread3 No.2
thread3 No.3
thread2 No.2
thread1 No.3
thread1 No.4
thread2 No.3
thread1 End
thread3 No.4
thread2 No.4
thread3 End
thread2 End
```

7.3 스레드의 상태

스레드가 갖는 상태를 살펴보면, 먼저 스레드가 생성되고 스레드가 실행되고 스레드가 실행을 멈추고 있다가 다시 실행되기를 기다리고 마지막으로 스레드의 실행이 완전히 끝나 스레드가 죽는 등의 상태가 있다. 이렇게 스레드의 상태를 변화시킬 수 있도록 Thread 클래스에서는 여러 가지 메소드를 제공해 주고 있고 이러한 메소드와 상태간의 관계도를 그려보면 다음과 같은 스레드 상태도가 나타난다.

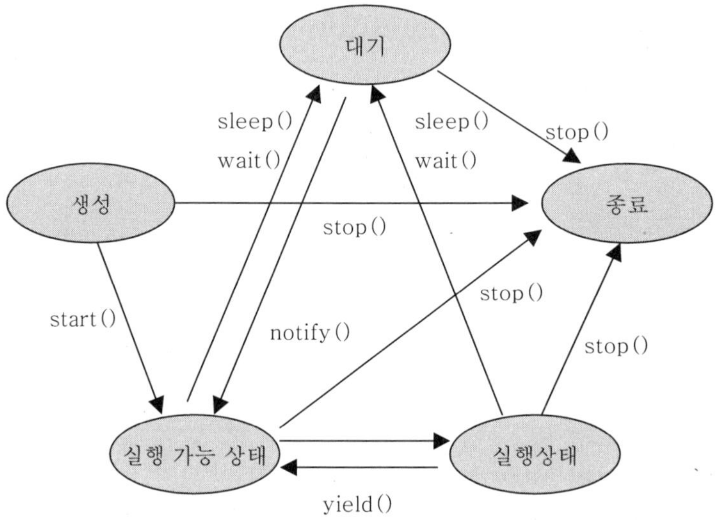

그림 7.1 스레드 상태도

(1) 스레드 시작

스레드 클래스 또는 Runnable 인터페이스를 구현한 클래스로부터 스레드 객체를 생성하고 start() 메소드를 호출하면 스레드는 시작된다. 그러나 정확히 말하면 start() 메소드를 호출한다고 해서 바로 스레드가 실행되는 것은 아니며 스레드 상태도에서 보는 것처럼 스레드의 상태가 생성 상태에서 실행 가능 상태로 이동되는 것이다.

그리고 자바 가상머신(JVM)는 자체의 스케쥴링 알고리즘에 의하여 실행 가능 상태에 있는 다수의 스레드를 차례로 실행한다. 물론, 스레드에 우선순위를 부여하여 우선순위에 따라 실핼시킬 수도 있다. 따라서 활성화된 스레드는 실행 가능 상태에서 실행 상태로 또는 실행 상태에서 실행 가능 상태로 스케쥴러에 의하여 자동적으로 이동된다. 그리고 실행상태에 있는 스레드는 인위적으로 yield() 메소드에 의하여 실행 가능 상태로 이동될 수 도 있다.

(2) 스레드의 상태전이

스레드 상태도에서 보는 것처럼 스레드는 실행 가능 상태 및 실행 상태에서 sleep() 메소드 및 wait() 메소드를 호출하였을때 또는 입출력을 위하여 블록이 되었을 때 대기 상태로 이동한다. 그리고 대기상태로 이동된 원인이 해소되면 다시 실행 가능 상태도 이동한다.

(3) 스레드의 종료

스레드는 run() 메소드의 실행이 종료되면 자동으로 종료되며, 스레드 상태도에서 보는 것처럼 스레드가 종료된 상태를 종료 상태라 한다. 스레드는 stop() 메소드에 의하여 인위적으로 종료될 수 있으나 사용이 보류된 메소드이므로 가능하면 사용을 삼가해야 한다.

7.4 스레드의 우선순위

우리가 어떤 일을 수행할 때 일들 사이에 운선순위가 존재하듯이, 자바 프로그램에서 수행하는 작업에도 우선순위를 부여할 수 있고 자바에서 이러한 작업들은 스레드로 표현할 수 있으므로 스레드 역시 우선순위를 갖게 된다. 또한, 이러한 우선순위는 자바 프로그램 개발자가 스레드의 실행을 위한 스케줄링을 할 수 있는 방법을 제공해 주는 것이다.

스레드의 우선순위를 제어하기 위해 Thread 클래스에서 제공해주는 final 변수와 메소드는 다음과 같다.

① public static final int MIN_PRIORITY :
스레드가 가질 수 있는 가장 낮은 우선순위 값(=1).

② public static final int NORM_PRIORITY :
스레드가 가질 수 있는 디폴트 우선순위 값(=5).

③ public static final int MAX_PRIORITY :
스레드가 가질 수 있는 가장 높은 우선순위 값(=10).

④ static Thread currentThread() :
현재 수행중인 스레드를 얻는다.

⑤ public final int getPriority() :
스레드의 우선순위를 얻는다.

⑥ public final void setPriority(int newPriority) :
스레드의 우선순위를 주어진 값으로 설정한다.

자바 런타임 스케줄러는 현재 실행 가능한 스레드들 중에서 우선순위가 가장 높은 스레드를 실행시켜 주는데 현재 실행중인 스레드보다 더 높은 우선순위를 갖는 스레드가 실행가능 상태가 되면 자바 런타임 스케줄러는 우선순위가 더 높은 스레드를 실행시켜 준다. 이러한 스케줄링 방식을 선점형 스케줄링이라 한다. 또한, 같은 우선순위를 갖는 여러 개의 스레드가 동시에 실행되기를 원할 때는 주어진 타임 슬라이스 만큼 스레드를 순서대로 돌아가면서 실행시켜 주는데 이러한 방식을 타임 슬라이싱(time-slicing)이라 하고 이 때 순서대로 돌아가면서 실행시켜 주므로 라운드-로빈(round-robin)이라 한다. 마지막으로, 스레드가 스레드를 생성할 경우 새로 생성되는 스레드의 우선순위는 자신을 생성시킨 스레드의 우선순위를 그대로 상속하도록 되어 있다.

다음에 나오는 자바 프로그램은 스레드들이 갖는 우선순위 값에 대한 예를 보여주는 프로그램이다.

예제

ThreadPriorityTest.java

```
import java.lang.*;
class ThreadWithPriority extends Thread {
   ThreadWithPriority() {
   }
   ThreadWithPriority(int priority) {
      setPriority(priority);
   }
   public void run() {
      int i=0;
      while(i++ < 500) {
         System.out.println(this/*this.toString()*/);
      }
   }
}
class ThreadPriorityTest {
   public static void main(String args[] ) {
      Thread.currentThread().setPriority(Thread.NORM_PRIORITY+3);
      Thread t1 = new ThreadWithPriority();
      Thread t2 = new ThreadWithPriority(6);
      Thread t3 = new ThreadWithPriority(4);
      System.out.println(Thread.currentThread());
      t1.start();
      t2.start();
      t3.start();
   }
}
```

실행결과

```
Thread[main,8,main]
Thread[Thread-1,8,main]
Thread[Thread-1,8,main]
...
```

```
Thread[Thread-2,6,main]
Thread[Thread-2,6,main]
...
Thread[Thread-3,4,main]
Thread[Thread-3,4,main]
...
```

위의 자바 프로그램에서는 총 네 개의 스레드가 존재한다. 여기서 현재 main 메소드도 하나의 스레드로 실행이 된다는 것이다. 그리고 스레드 t1은 현재 스레드(main을 포함하는)가 갖는 우선순위를 그대로 상속한다는 것을 알 수 있고 스레드 t2와 스레드 t3는 각각 6, 4의 우선순위 값을 갖는다. 그러므로 우선순위가 높은 t2 스레드가 가장 많이 실행되고 t1 스레드가 실행되다가도 t2스레드에 의해 CPU를 바로 빼앗기게 된다. 스레드 t1, t2, t3는 자신의 타임 슬라이스 만큼 라운드로빈(RoundRobin) 방식에 의해 순서대로 실행된다

7.5 스레드의 동기화(Synchronization)

각 스레드가 자신이 실행될 때 필요로 하는 모든 데이터와 메소드를 포함하고, 다른 외부 자원이나 메소드를 전혀 필요로 하지 않을 때 이를 비동기(asynchronous) 스레드라고 한다. 이러한 스레드는 동시에 수행되고 있는 다른 스레드가 어떤 상태가 되고 실행되는지 상관없이 오직 자신의 길을 가는 스레드를 의미한다. 그러나 이러한 스레드만이 존재하는 것이 아니고 서로 독립적으로 실행되더라도 서로 데이터를 공유한다거나 다른 스레드의 상태 또는 행동들을 고려해서 수행되는 스레드도 있다. 이러한 경우를 가장 잘 보여주는 예가 데이터를 계속 생성하는 생성자와 이 데이터를 계속 요청하여 가져가는 요청자의 관계를 나타내는 생성자/요청자 문제(Generator/Requester Problem)이다.

예를 들어, 자바 애플리케이션을 작성하였는데 거기에 포함된 두 개의 스레드 중 하나는 파일에 데이터를 쓰고 이와 동시에 다른 하나의 스레드는 같은 파일에서 그

데이터를 읽는 작업을 수행한다거나 또는 여러분이 키보드에 키를 계속 입력할 때 생성자 스레드는 이벤트 큐에 키 이벤트를 추가시키고 요청자 스레드는 같은 큐로부터 그 이벤트를 읽어 들일 수 있다. 위의 예에 나타난 두 가지 경우 모두 해당 스레드들은 파일 또는 이벤트 큐를 공유하는 것과 같이 같은 자원을 공유하고 있다. 따라서 이러한 경우에 해당하는 스레드들은 반드시 하나의 같은 자원을 공유하여 원하는 결과를 얻기 위해서 반드시 동기화 될 필요가 있다.

① 모니터(Monitors) :

두 개의 스레드에 의해 공유되고 그 값이 참조될 때 반드시 동기화되어야 하는 SharedData와 같은 객체를 상태 변수(condition variables)라고 한다. 자바 언어에서는 상태 변수에 대한 모니터를 사용할 수 있도록 함으로써 스레드를 동기화 할 수 있도록 해 주고 있다. 모니터는 두 개의 스레드가 동시에 같은 변수에 접근하는 것을 방지해 준다.

② notifyAll 메소드와 wait 메소드 :

모니터보다 더 고수준 기법으로서 Object 객체의 notifyAll 메소드와 wait 메소드를 사용하여 생성자 스레드와 요청자 스레드의 행동을 중재해 준다. SharedData 객체는 생성자 스레드에 의해 자신 내에 위치한 각 값이 요청자 스레드에 의해 단지 한 번만 쓰여질 수 있도록 하기 위해 notifyAll 메소드와 wait 메소드를 사용한다.

제 8 장 예외처리

8.1 예외와 예외처리 방법

프로그램 작성 경험이 있는 사람이라면 프로그램이 실행되는 동안 예기치 못한 여러 가지 에러들이 발생하게 되는 것을 흔히 볼 수있다. 파일을 열려고 하는데 파일이 없다거나 A 드라이브에 있는 파일들의 리스트를 보려고 하는데 A 드라이브에 디스켓이 없다거나 또는 프로그램을 잘못 작성하여 0으로 나누게 되어 'Divide by 0'라는 에러가 발생하면서 프로그램이 정지된다거나 하는 등의 프로그램을 정지시키거나 시스템을 정지시킬 수 있는 에러들이 흔히 발생하게 된다. 이러한 에러들에 대해서 자바에서는 예외(exception)라고 한다. 그리고 이러한 예외가 발생했을 경우 프로그램 개발자가 처리할 수 있도록 하기 위해 예외의 종류를 정의하고 언어 수준에서 예외를 처리할 수 있는 구문들을 제공해 주고 있다. 이렇게 예외가 발생했더라도 프로그램이 비정상적으로 종료되지 않고 예외를 처리하게 함으로서 좀 더 안정적이고 신뢰성 있는 프로그램을 작성할 수 있도록 해 주는 것이다.

자바에서 제공되는 예외처리에는 두 가지 방법이 있다.

① try/catch/finally 구문을 사용하여 예외가 발생한 곳에서 직접 처리
② throw 구문을 사용하여 발생한 예외를 자신을 호출한 곳으로 넘기고 간접 처리

(1) try/catch 문

예외처리를 위한 기본적인 구문에는 try/catch 구문이 있다. try/catch 구문의 예외 처리 방법은 아주 간단하다. 먼저 예외가 발생할 여지가 있는 문장들을 try 블록 내에 위치시키고 예외가 발생했을 경우 이를 처리하기 위한 문장들을 catch 블록 내에 위치시킨다. try 블록과 catch 블록의 기본 구조는 다음과 같다.

```
try {
…
// 예외를 발생시키는 문장
…
}
catch(ExceptionType-1   exceptionName-n) {
…
// 예외를 처리하는 문장
…
}
…  // 다른 catch 문들
catch(ExceptionType-n   exceptionName-n) {
…
// 예외를 처리하는 문장
…
}
```

① try 블록

try 블록 내에는 예외를 발생시킬 수 있는 문장들을 넣게된다. 이러한 try 블록 내의 문장을 수행하다가 예외가 발생하면 catch 블록이나 바로 다음에서 소개할 finally 블록으로 그 수행을 넘겨 예외를 처리할 수 있도록 한다. 그러나 try 블록 내의 문장을 수행할 때 아무런 예외도 발생하지 않는다면 이 try 블록과 연결된 catch 블록이나 finally 블록을 건너띄게 된다. 왜냐하면 catch 블록이나 finally 블록의 목적은 예외가 발생했을 경우 이 예외를 처리하기 위한 것이기 때문이다. 이 때 try 블록 내에 위치한 문장들은 하나의 예외를 발생시킬 수도 있고 아니면 여러 개의 예외를 발생시킬 수도 있다. 따라서 catch 블록은 이러한 모든 예외를 처리할 수 있도록 해 주어야 하며, 중첩된 try 블록 구조를 이용하여 예외를 처리할 수도 있다.

② catch 블록

try 블록은 항상 catch 블록이나 finally 블록과 함께 사용되어야 한다. catch 블록은 try 블록 내에서 발생된 예외를 받아 처리하는 부분이다. catch 블록은 try 블록 다음에 위치해야 하며 그 사이에는 다른 어떠한 문장도 쓸 수 없다. 하나의 try 블록은 여러 개의 catch 블록과 같이 사용될 수 있고 이렇게 함으로써 try 블록 내에서 발생할 수 있는 모든 예외를 처리할 수 있도록 하고 있다. 이 때 각 catch 블록은 매개변수를 통해서 처리할 예외의 형식을 지정하게 된다. 다시 말해서 catch 블록은 매개변수를 통해서 처리할 예외를 넘겨받게 되는데 이 때 catch 블록을 사용할 때 주의해야 할 사항이 있는데 예외처리 블록인 catch 블록을 위치시킬 때 상위자료형과 하위자료형의 관계를 따져 하위자료형인 예외를 처리하는 catch 블록을 앞에 위치시켜야 한다. 다음의 예제를 먼저 살펴보도록 하자.

예제

ExceptionTest1.java

```
class ExceptionTest1 {
   public static void main(String args[]) {
      int x=10, y=0, z;
      try {
         System.out.print("Try ");
         z = x / y;
      }
      catch(Exception e) {
         System.out.println("Exception: " + e);
      }
      catch(ArithmeticException e) {
         System.out.println("ArithmeticException: " + e);
      }
   }
}
```

실행결과

```
ExceptionTest.java:11: catch not reached.
        catch(ArithmeticException e) {
        ^
1 error
```

예외의 상속 관계에 대해 뒤에서 설명하겠지만 먼저 간단하게 소개하면 모든 예외의 최상위 클래스는 Exception 클래스다. 따라서 위의 자바 예제 프로그램에서는 Exception 클래스가 ArithmeticException 클래스보다 더 상위클래스이므로 상위자료형이 된다. 앞에서 살펴보았듯이 상위자료형의 객체는 하위자료형의 객체를 가리킬 수 있도록 되어 있습니다. 따라서 위와 같은 컴파일 에러가 발생하게 된다. 어떤 예외가 발생하더라도 첫 번째 catch 블록에서 예외를 처리하기 때문에 만약 다른 catch 블록이 있더라도 첫 번째 이후의 다른 catch 블록에는 그 기회가 주어지지 않게 된다. 그러므로 위의 예제에서는 하위자료형인 ArithmeticException 예외를 처리하기 위한 catch 블록을 상위자료형인 Exception 예외를 처리하기 위한 catch 블록 앞에 두어야 한다.

다음에 나오는 예제는 위의 자바 프로그램을 수정하여 다시 작성한 프로그램이다. 다음의 실행 결과를 확인하여 보자.

예제

ExceptionTest2.java

```
class ExceptionTest2 {
   public static void main(String args[]) {
      int x=10, y0=0, y1=2, z=10;
       System.out.println("main: z="+z);
      try {
         System.out.println("try: before 'divide by 0' ");
           z = x / y0;    // (A)
//         z = x / y1;    // (B)
```

```
            System.out.println("try: after 'divide by 0'");
        }
        catch(ArithmeticException e) {
            System.out.println("catch(ArithmeticException): " + e);
        }
        catch(Exception e) {
            System.out.println("catch(Exception): " + e);
        }
        System.out.println("main: z="+z);
    }
}
```

실행결과

```
(A) 부분을 수행한 경우, (B) 부분을 주석처리
main: z=10
try: before 'divide by 0'
catch(ArithmeticException): java.lang.ArithmeticException: / by zero
main: z=10

(B) 부분을 수행한 경우, (A) 부분을 주석처리
main: z=10
try: before 'divide by 0'
try: after 'divide by 0'
main: z=5
```

위의 자바 프로그램은 다음과 같이 두 가지 방법으로 실행해 보았고 실행 순서를 살펴보면 다음과 같다.

㉮ try 블록 내에서 (A) 부분을 실행한 경우 :

정상적으로 try 블록 이전까지의 문장들을 실행하고, '/' 연산에서는 0으로 나눌 경우 ArithmeticException 예외가 발생할 수 있으므로 이 문장을 try 블록 내에 위치시켜 실행 시켰는데, y0(=0)로 나눔으로써 ArithmeticException 예외가 발생하여 그 다음 문장을 실행시키지 않고 try 블록과 연결된 catch 블록 중 ArithmeticException 예외를 받아 처리하는 catch 블록이 있으므로 수행은 그 블록으로 옮겨지게 되어 블록 내에서 예외를 처리하고예외가 처리되었으므로 try/catch 구문 다음으로 수행을 옮겨 나머지 문장들을 실행하게 된다.

㉯ try 블록 내에서 (B) 부분을 실행 한 경우 :

정상적으로 try 블록 이전까지의 문장들을 실행하고, '/' 연산에서는 0으로 나눌 경우 ArithmeticException 예외가 발생할 수 있으므로 이 문장을 try 블록 내에 위치시켜 실행 시켰는데, y1(=2)으로 나눔으로써 아무런 예외도 발생하지 않았으므로 그 다음 출력하기 위한 문장을 실행시키고 try 블록과 연결된 catch 블록 중 어느 블록도 실행하지 않고 try/catch 구문 다음으로 수행을 옮겨 나머지 문장들을 실행하게 된다.

(2) finally 문

try/catch 구문과 함께 선택적으로 사용될 수 있는 구문으로 finally 블록이 있다. try/catch 구문에서 예외가 발생하거나 발생하지 않더라도 반드시 실행해야 하는 문장들이 있을 때 바로 finally 블록 내에 위치시키면 된다. finally 블록은 try/catch 구문의 제어가 끝난 후에 반드시 처리해야 할 마무리 작업들을 처리하는 구문이므로 try 블록이나 catch 블록 바로 뒤에 위치해야 하며 그 사이에는 어떠한 것도 올 수 없다. finally 블록은 예외 발생시 반환되지 않고 종료되어버린 시스템 자원(resources)을 반드시 반환하도록 해야 한다는 필요성 때문에 만들어진 것으로써 주로 자료구조 및 시스템 자원을 반환하는 코드가 위치하게 된다. 이러한 try 블록, catch 블록, 그리고 finally 블록의 기본 구조는 다음과 같다.

```
try {
…
// 예외를 발생시키는 문장
…
}
catch(ExceptionType-1  exceptionName-n) {
…
// 예외를 처리하는 문장
…
```

```
}
...
// 다른 catch 문들
catch(ExceptionType-n  exceptionName-n) {
...
// 예외를 처리하는 문장
...
}
finally {
...
// 예외처리 마무리 문장
...
}
```

예외가 발생하거나 발생하지 않았든 간에 finally블록은 항상 실행된다는 것을 다음의 자바 프로그램을 살펴보면 알 수 있다.

예제

ExceptionTest3.java

```
class ExceptionTest3 {
   public static void main(String args[]) {
      int x=10, y0=0, y1=2, z=10;
      System.out.println("main: z="+z);
      try {
         System.out.println("try: before 'divide by 0' ");
         z = x / y0;   // (A)
//       z = x / y1;   // (B)
         System.out.println("try: after 'divide by 0' ");
      }
      catch(ArithmeticException e) {
         System.out.println("catch(ArithmeticException): " + e);
      }
```

```
            catch(Exception e) {
                System.out.println("catch(Exception): " + e);
            }
            finally {
                System.out.println("finally: z="+z);
            }
            System.out.println("main: z="+z);
        }
    }
```

실행결과

```
(A) 부분을 수행한 경우, (B) 부분을 주석처리
main: z=10
try: before 'divide by 0'
catch(ArithmeticException): java.lang.ArithmeticException: / by zero
finally: z=10
main: z=10

(B) 부분을 수행한 경우, (A) 부분을 주석처리
main: z=10
try: before 'divide by 0'
try: after 'divide by 0'
finally: z=5
main: z=5
```

8.2 예외의 분류

자바에서는 try/catch/finally 구문을 자바 언어 수준에서 제공하므로써 자바 언어 수준에서 예외를 처리할 수 있도록 해 주고 있다. 이러한 예외에 대해 자바에서는 미리 정의해 놓고 있다. 다음에 나오는 그림은 이러한 자바에서 정의하고 있는 예외 클래스 계층도를 자세히 보여주고 있다.

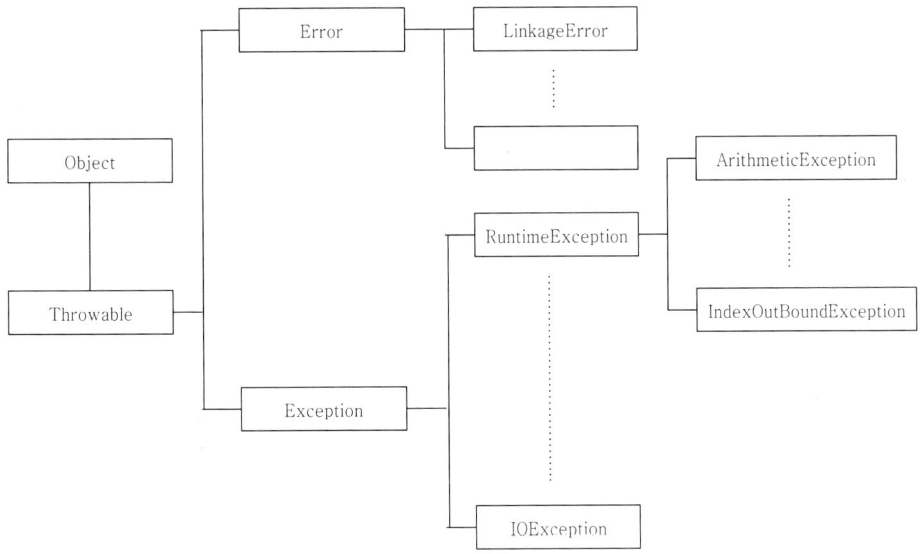

그림 8.1 예외 클래스 계층구조

자바에서는 기본적으로 프로그램 내에서 try/catch 구문을 이용하여 예외처리를 하지 못하는 Error와 try/catch 구문을 이용하여 예외처리 가능한 Exception 등 두 가지로 나누어 예외를 정의하고 있다. 이때 Exception은 다시 RuntimeException과 그 외의 다른 Exception으로 구분된다. 따라서 자바에서는 Error, Exception을 상속하는 RuntimeException 그리고 이외의 예외들 등 크게 세가지로 예외를 분류하고 있다.

표 8.1 Exception 클래스의 하위클래스

클래스	설 명
NoSuchMethodException	메소드가 존재하지 않을 때
ClassNotFoundException	클래스가 존재하지 않을 때
CloneNotSupportedException	객체의 복제가 지원되지 않는 상황에서의 복제 시도
IllegalAccessException	클래스에 대한 부정 접근
InstantiationException	추상클래스나 인터페이스로부터 객체 생성하려 할 때
InterruptedException	스레드가 인터럽트 되었을 때
RuntimeException	실행시간 예외가 발생할 때

Error는 AWTError, LinkageError, ThreadDeath, VirtualMachineError 등과 같이 비정상적인 상태를 나타내지만 자바 프로그램에서는 try/catch 구문을 이용하여 잡지 못하기 때문에 정상적인 상태로 인식하게 된다. 따라서 ThreadDeath와 같은 에러가 발생했더라도 자바 프로그램에서는 이 에러를 잡을 방법이 없으므로 정상적인 상태로 인식하게 된다는 것이다. 또 이러한 에러는 자바 컴파일러를 통해서도 검사하지 못한다.

표 8.2 RuntimeException 클래스의 하위클래스

클래스	설 명
ArithmeticException	0으로 나누는 등의 산술적인 예외
NegativeArraySizeException	배열의 크기를 지정할 때 음수의 사용
NullPointerException	null 객체의 메소드나 멤버 변수에 접근할 때
IndexOutOfBoundException	배열이나 스트링의 범위를 벗어난 접근. 하위 클래스로 ArrayIndexOutOfBoundsException 클래스와 StringIndexOutOfBoundsException 클래스를 제공
SecurityException	보안을 이유로 메소드를 수행할 수 없을때

RuntimException은 프로그램 수행 중에 발생하는 에러들에 대해 정의하고 있으므로 물론 컴파일러에서 검사하지 못한다. 마지막으로 RuntimeException을 제외한 Exception을 상속하는 나머지 예외들은 컴파일러에 의해 검사 가능한 예외다. 그러므로 이러한 예외가 발생가능한 문장들은 반드시 try/catch 구문을 이용하여 예외처리 하는 형식을 취해주어야 한다. 이렇게 컴파일러에 의해 검사되지 않는 Error와 RuntimeException 등을 'UnChecked Exception'이라 하고, 그렇지 않고 컴파일러에 의해 검사되어지는 예외들을 'Checked Exception'이라 한다.

다음에 나오는 자바 프로그램은 'UnChecked Exception'와 'Checked Exception' 예외에 대한 컴파일러의 반응을 자세히 보여준다.

예제

CheckedUncheckedExceptionTest1.java

```
class CheckedUncheckedExceptionTest1 {
    public static void main(String args[]) {
        int a[]=null;
        int i;
        i = a[0];
        System.out.println("i="+i);
        i = System.in.read();          //  (A)
        System.out.println("i="+i);
    }
}
```

실행결과

```
CheckedUncheckedExceptionTest.java:9: Exception java.io.IOException must be
caught, or it must be declared in the throws clause of this method.
        i = System.in.read();          //(A)
                            ^
1 error
```

위의 자바 프로그램의 (A) 부분에서 발생시키는 java.io.IOException과 같은 예외의 경우 자바 컴파일러에 의해 검사가능하고 이러한 예외는 프로그래머가 처리하는 것이 바람직하기 때문에 자바 컴파일러가 점검하게 된다. 이러한 이유로 이러한 예외를 'Checked Exception'이라고 부른다.

다음에 나오는 자바 프로그램은 위의 자바 프로그램 중 컴파일러에 의해 검사된 예외를 try/catch 구문을 이용하여 처리하도록 수정한 프로그램이다.

예제

CheckedUncheckedExceptionTest2.java

```
class CheckedUncheckedExceptionTest2 {
    public static void main(String args[]) {
        int a[]=null;
        int i;
        i = a[0];  //  (A)
        System.out.println("i="+i);
        try {
            i = System.in.read();
        }
        catch(java.io.IOException e) {
        }
        System.out.println("i="+i);
    }
}
```

실행결과

```
Exception in thread "main" java.lang.NullPointerException at
CheckedUncheckedExceptionTest2.main(CheckedUncheckedExceptionTest2.java:6)
```

위의 프로그램을 실행하던 중에 (A) 부분에서 null인 배열 객체를 참조한 것을 알게 되었다. 이렇게 컴파일 시에는 검사하지 않고 프로그램의 수행 중에 발생하는 예외들은 RuntimeException을 상속하고 있다. 위의 자바 프로그램 수행 중 발생한 java.lang.NullPointerException 역시 RuntimeException을 상속하고 있다. 마찬가지로 메모리 부족이나 스레드를 새로 호출하지 못하는 등의 심각한 오류를 나타내는 Error 역시 컴파일 시에는 검사하지 못하기 때문에 'UnChecked Exception'으로 분류된다.

RuntimeException은 Exception의 하위클래스(subclass)이므로 예외 처리가 가능하지만 컴파일러는 이들을 검사하지 않는다. 컴파일러가 컴파일 시에 이러한 예외를 일일이 검사할 경우 많은 필요 이상의 손실(overhead)이 발생하기 때문이다.

8.3 예외 발생 및 처리

자바에서는 프로그래머가 원하면 예외를 강제로 발생시킬 수도 있다. 자바의 모든 예외는 Throwable 클래스 또는 Throwable 클래스를 상속하는 서브클래스의 인스턴스로 표현된다. 또한, 자바에서 제공해 주지 않는 예외에 대해서는 자바 프로그램의 개발자가 새롭게 정의하여 사용할 수 있고 필요에 따라 이 예외를 발생시킬 수 있다.

자바에서 발생하는 모든 예외(Checked Exception)들에 대해 발생한 곳에서 직접 처리하거나 처리할 곳을 지정하여 그 예외를 던져주어야 한다. 메소드 내에서 발생한 예외를 해당 메소드가 처리하지 않는다면 예외가 발생되었다는 것을 이 메소드를 호출한 메소드에게 알려서 처리할 수 있도록 해 주어야 하는데 이러한 과정을 "예외를 던진다" 라고 한다.

이렇게 예외가 발생할 가능성이 있는 메소드에서 예외를 직접 처리하지 않고 이 메소드를 호출한 쪽으로 예외를 던지기 위해서는 메소드의 선언 다음에 throws 문을 사용하여 던지고자 하는 예외들을 나열해 주면 된다. 이때 한 개 이상의 예외를 던질 수 있고 던지고자 하는 예외들은 ','를 이용하여 구분해 주면 된다.

```
메소드선언 throws ExceptionType-1, …, ExceptionType-n {

    …

}
```

```
public void method() throws IOException {

    …

}
```

메소드에서 자신이 예외를 처리하지 않고 '예외를 던진다'고 throws 문을 이용하여 메소드를 선언했을 경우 실제로 메소드 내에서 던지는 부분이 있어야 한다. 이를 위해 throw 문을 사용한다. 그리고 이렇게 예외를 강제로 발생시키기 위해 자바 프로그램 개발자가 해 주어야 할 일들이 몇 가지가 있다.

① throw 문 다음에는 java.lang.Throwable 클래스를 상속 받는 클래스의 인스턴스가 나타나야 한다.
② throw 문은 try/catch문 안에서 사용되어야 한다.
③ 메소드 선언 시 던져질 예외가 throws 문 다음에 선언되어 있어야 한다.

예제

ThrowExceptionTest1.java

```
class MyException extends Exception {
   public String toString() {
      return("Divide by zero");
   }
}

class ThrowExceptionTest1 {
   public static void main(String args[]) {
      int a = 10, b = 0, c;

      try {
         c = myDivide(a, b);
      }
      catch(MyException e) {
         System.out.println(e);
      }
   }

   public static int myDivide(int a, int b)
   throws MyException {
      if(b == 0) {
```

```
            throw new Exception();              // 에러
        }

        return(a/b);
    }
}
```

실행결과

```
ThrowExceptionTest1.java:22: Exception java.lang.Exception must be caught,
or it must be declared in the throws clause of this method.
            throw new Exception();              // 에러
            ^
1 error
```

위의 자바 프로그램을 살펴보면 divide 메소드를 선언할 때 throws 문에 MyException 예외만을 던진다고 선언해 놓고, 실제로 '// 에러' 표시된 부분의 throw 문에서는 Exceptioin 객체를 생성하여 던지기 때문에 에러가 발생한다. Exception이 MyException보다 상위클래스이므로 상위자료형인 Exception 객체는 하위자료형인 MyException 객체가 될 수 없다. 따라서 'Exception'을 'MyException'으로 바꾸어주어야 한다.

그리고 메소드가 throws 문을 가진 메소드를 호출하였다면 다음 중 하나의 작업을 반드시 해 주어야 하며 그렇지 않을 경우 컴파일 에러가 발생한다.

① try/catch 문을 사용하여 예외를 처리한다.

② 메소드를 throws로 선언하여 호출한 메소드에게 예외를 던진다.

③ catch 문과 throw 문을 사용하여 예외를 처리하고 다음 메소드에게도 예외를 던진다.

다음에 나와 있는 자바 프로그램은 메소드에 대해 throws 선언을 하고 throw 문을 이용하여 실제로 예외 객체를 던지기 위한 예를 보여주는 프로그램이다.

예제

ThrowExceptionTest2.java

```
class ThrowExceptionTest2 {
   public static void main(String args[]) {
      int a = 10, b = 0, c;

      System.out.println("main: begin");
      try {
         System.out.println("main: before divide(a, b)");
         c = divide(a, b);
         System.out.println("main: after divide(a, b)");
      }
      catch(ArithmeticException e) {
         System.out.println("main: catch");
      }
      System.out.println("main: end");
   }

   public static int divide(int a, int b)
   throws ArithmeticException {
      int c;

      try {
         System.out.println("divide: before a / b");
         return(a / b);
      }
      catch(ArithmeticException e) {
         System.out.println("divide: before throw(e)");
         throw(e);
      }
   }
}
```

실행결과

```
main: begin
main: before divide(a, b)
divide: before a / b
divide: before throw(e)
main: catch
main: end
```

메소드를 재정의할 때 throws 부분은 상속되지 않으므로 throws 문을 포함한 메소드를 재정의할 때는 특별한 규칙이 있다.

① 하위메소드는 상위메소드에서 던지는 예외나 그 하위 클래스의 예외만을 던질 수 있다.

② 예외를 throws하는 메소드가 재정의 될 때 하위메소드는 throws되는 Exception 그대로나 Exception의 하위클래스 Exception만을 throws 할 수 있다.

④ 아무 것도 throws 하지 않을 수도 있다.

예제

ThrowExceptionTest3.java

```
class BaseClass {
    public void myMethod1()
        throws java.io.IOException {
        throw new java.io.IOException();
    }
    public void myMethod2()
        throws java.io.IOException {
        throw new java.io.IOException();
    }
    public void myMethod3()
        throws java.io.IOException {
        throw new java.io.IOException();
    }
```

```
}
 class SubClass extends BaseClass {
   public void myMethod1() {
   }
   public void myMethod2()
      throws Exception {    //  (A)
      throw new Exception();
   }
   public void myMethod3()
      throws java.io.IOException {
      throw new java.io.IOException();
   }
}
 class ThrowExceptionTest3 {
   public static void main(String args[]) {
      SubClass sub = new SubClass();
       sub.myMethod1();
      try {
         sub.myMethod2();
         sub.myMethod3();
      } catch(java.io.IOException e) {
         System.out.println(e);
      } catch(Exception e) {
         System.out.println(e);
      } finally {
         System.out.println("Finally");
      }
   }
}
```

실행결과

```
ThrowExceptionTest3.java:19: The method void myMethod2() declared in class
SubClass cannot override the method of the same signature declared in class
BaseClass.  Their throws clauses are incompatible.
   public void myMethod2()
                   ^
1 error
```

예외를 발생하는 메소드의 재정의는 반드시 상위 클래스에서 throws 하는 예외클래스와 같거나 또는 구 클래스를 상속하는 하위 클래스만을 throws 하거나 아니면 어떠한 예외도 throws 해서는 안 된다. 따라서 (A) 부분에서 'throws Exception' 문을 없애거나 또는 'throws java.io.IOException'과 같은 문으로 바꾸어 주어야 한다.

예외처리는 실행 중에 많은 시간을 사용하므로 간단한 테스트 등을 통하여 프로그램을 점검하는 것이 더욱 빠르고 효율적이다. 예를 들어 정수형을 입력 받는 메소드라면 예외처리를 하는 것 보다는 숫자가 정수인지 미리 확인한 후 입력을 하면 예외가 발생하는 것을 막을 수 있을 것이다. 예외처리는 문자 그대로 예상 밖의 일을 다루기 위해서 사용하는 것이 우선이다. 막을 수 있는 예외나 에러 부분에 대해서는 예외처리 보다는 다른 방법을 사용하시는 것이 더우 빠르고 효율적인 수행을 보장하게 된다. 또한 아무런 예외처리를 지정하지 않을 경우 기본 예외처리기가 이를 처리하여 주므로 신뢰성은 감소하지만 더우 빠른 수행 속도를 얻을 수 있다.

예제

ExceptionError1.java

```
class ExceptionError1 {
  public static void main(String args[]) {

    try {
      System.out.println("매개변수로 받은 두 개의 값");
      int a = Integer.parseInt(args[0]);     // 문지열 값을 정수로 변환
      int b = Integer.parseInt(args[1]);
      System.out.println(" a = " + a + " b = " + b );
      System.out.println(" a를 b로 나눈 몫 = " + (a/b) );
      System.out.println("나눗셈이 원할히 수행되었습니다.");
    }
    catch(ArithmeticException e) {
      System.out.println("==================================");
      System.out.println("ArithmeticException 처리 루틴 : ");
      System.out.println(e + " 예외 발생");
    }
```

```
    catch(ArrayIndexOutOfBoundsException e) {
      System.out.println("====================================");
      System.out.println("ArrayIndexOutOfBoundsException 처리 루틴");
      System.out.println(e + " 예외 발생");
    }
    catch(NumberFormatException e) {
      System.out.println("====================================");
      System.out.println("NumberFormatException 처리 루틴");
      System.out.println(e + " 예외 발생");
    }
    finally {
      System.out.println("====================================");
      System.out.println("예외 처리를 끝내고 finally 블럭을 수행합니다");
    }
  }
}
```

Quiz 위 예제를 실행하고 결과를 확인해 보자.

예제

ExceptionGen.java

```
class ExceptionGen {

  public static void main(String args[]) {
    try {
      a();
    } catch(ArrayIndexOutOfBoundsException e) {
      System.out.println("====================================");
      System.out.println("ArrayIndexOutOfBoundsException 처리 루틴");
      System.out.println(e + " 발생");
    }
  }

  static void a() {
```

```
    try {
      throw new NullPointerException("널 포인터 예외"); // 예외의 인위적 발생
    } catch(NullPointerException e) {
      System.out.println("===================================");
      System.out.println("NullPointerException 처리 루틴");
      System.out.println(e + " 발생");
      throw new ArrayIndexOutOfBoundsException("배열 첨자 예외");
      // 예외 처리 루틴에서 인위적으로 예외를 발생 시켜 호출한 메소드로 반환
    }
  }
}
```

Quiz 위 예제를 실행하고 결과를 확인해 보자.

예제

ExceptionUser.java

```
import java.util.*;

class ExceptionUser {

    public static void main(String args[]) {
    try {
      int a = Integer.parseInt(args[0]);
      if(a % 2 == 0) {
        throw new UserException1("사용자 정의 예외 1");
      }
        else {
        throw new UserException2("사용자 정의 예외 2");
      }
    }
    catch(UserException1 e) {
      System.out.println("UserException1 처리 루틴 : ");
      System.out.println(e + " 발생");
    }
```

```
    catch(UserException2 e) {
      System.out.println("UserException2 처리 루틴 : ");
      System.out.println(e + " 발생");
    }
    catch(Exception e) {
      System.out.println("모든 예외 처리 루틴 : ");
      System.out.println(e + " 발생");
    }
  }
}

class UserException1 extends Exception {
  // 사용자 정의 예외는 Exception 클래스로부터 상속
  public UserException1(String message) {
    super(message);
  }
}

class UserException2 extends Exception {
  public UserException2(String message) {
   super(message);
  }
}
```

Quiz 위 예제를 실행하고 결과를 확인해 보자.

제 9 장 애플릿(Applet)

9.1 자바 애플릿

자바 애플릿이란 HTML 페이지에 포함되어 자바 호환(compatible) 웹 브라우저에 의해 실행될 수 있는 자바 프로그램을 말한다. 자바 호환 웹 브라우저가 자바 애플릿이 포함된 HTML 페이지를 보여줄 때 웹 서버쪽에 있는 자바 애플릿 코드를 다운로드 한 후 브라우저 내의 특정 영역에서 실행하게 된다. 이렇게 자바 애플릿을 HTML 페이지에 삽입하기 위해서는 <APPLET> 태그를 사용해야 한다. 다음은 애플릿을 포함하고 있는 HTML 페이지에 대한 가장 간단한 예제이다.

예제

HelloWorld.html

```
<HTML>
<HEAD><TITLE>Hello World!</TITLE></HEAD>
<BODY>
<APPLET CODE="HelloWorld.class" WIDTH=120 HEIGHT=80>
Can't load the applet
</APPLET>
</BODY>
```

```
</HTML>
```

위의 HTML 페이지에서 포함하고 있는 "HelloWorld.class" 애플릿은 물론 애플릿을 작성하기 위해 지켜야 할 규약에 의해 작성되었을 것이며 이러한 애플릿 클래스의 가장 간단한 예제 프로그램인 "HelloWorld.java"는 다음에 나오는 것과 같다.

예제

HelloWorld.java

```
import java.applet.Applet;
import java.awt.Graphics;
  public class HelloWorld extends Applet {
   public void paint(Graphics g) {
    g.drawString("Hello World!", 50, 20); // Display the string
   }
}
```

실행결과

Appletviewer를 이용한 실행>

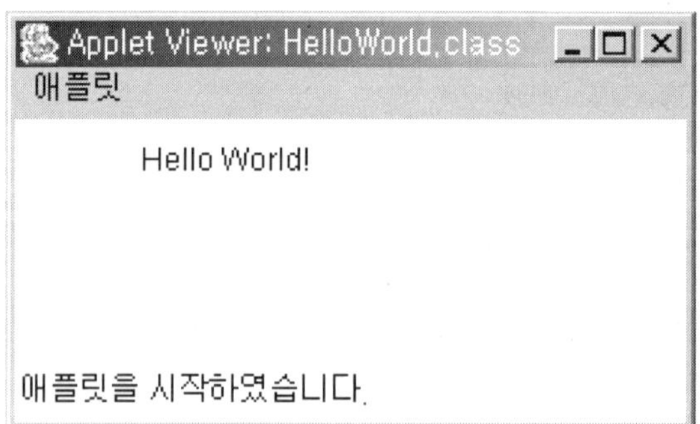

웹브라우저를 이용한 실행>

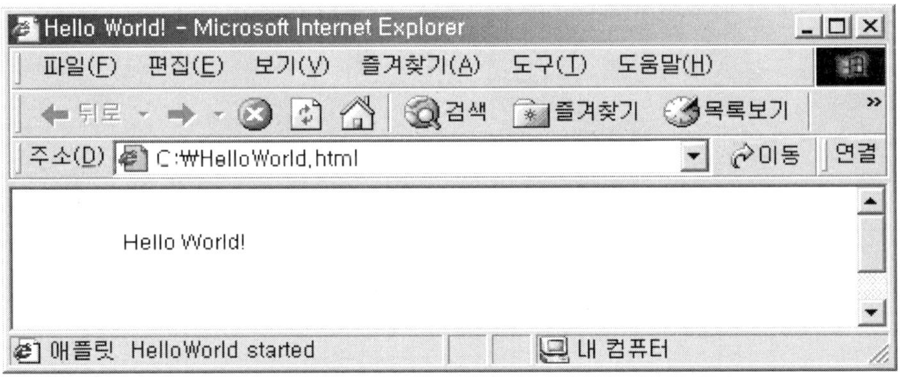

위의 애플릿은 실제로 HTML 페이지 내에서 실행되므로 해당 HTML 페이지를 자바 호환 웹 브라우저를 이용하여 보여주거니 또는 자바 개발 키트와 함께 제공되는 도구 중의 하나인 AppletViewer을 이용하여 해당 HTML 페이지를 보여주면 된다.

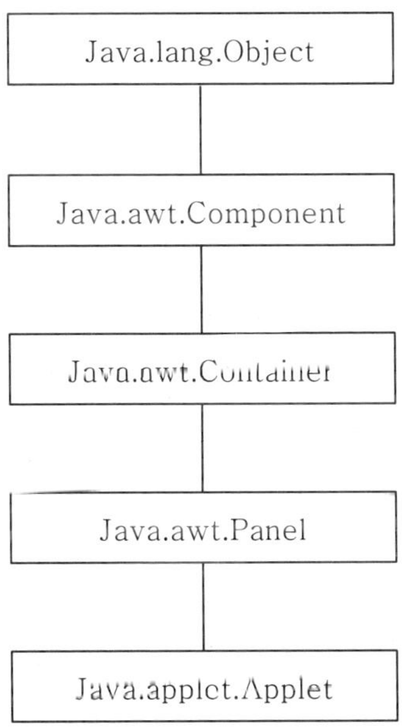

그림 9.1 클래스 계층도

이러한 자바 애플릿은 기본적으로 java.applet.Applet 클래스를 상속하는 하위클래스를 생성함으로써 작성가능한데 java.applet.Applet 클래스는 java.awt.Panel 클래스를 상속하는 하위클래스이다. 다음에 나오는 그림은 이러한 상속관계를 보여주는 클래스 계층도이다.

자바 클래스는 하나의 패널 컴포넌트가 가지는 모든 기능을 그대로 사용가능하다. 자바 애플리케이션은 자바 가상머신에서 독립적인 프로그램으로 실행되고 자바 애플릿은 자바 호환 웹 브라우저에 의해 웹 서버에서 다운로드되어 실행되는 것처럼 실행 환경의 차이에서 오는 약간의 제약은 있다.

다음은 컴포넌트 클래스와 애플릿 클래스의 주요 메소드들 이다.

표 9.1 컴포넌트 클래스의 메소드

메소드	설 명
Image createImage(int *width*, int *height*)	width, height 크기의 Image 객체를 생성하여 반환
Font getFont()	현재 설정된 폰트를 폰트 객체로 반환
FontMetrics getFontMetrics(Font *font*)	font 폰트에 관한 FontMetrics 객체를 반환
Color getForeground()	전경색(foreground)을 Color 객체로 반환
Dimension getSize()	현재 컴포넌트의 크기를 Dimension 객체로 반환
void paint(Graphics *g*)	현재의 컴포넌트에 Graphics 객체 g를 이용하여 그림을 그리는 메소드
void repaint()	JVM에게 update() 메소드 호출을 요청한다
void setBackground(Color *c*)	배경색을 c로 설정
void setFont(Font *f*)	폰트를 f로 설정
void setForeground(Color *c*)	전경색을 c로 설정
public void update(Graphics *g*)	컴포넌트를 배경색으로 채우고 paint() 메소드를 호출한다

표 9.2 애플릿 클래스의 메소드

메소드	설 명
void init()	애플릿을 초기화한다
void start()	애플릿을 시작시킨다

메소드	설 명
void stop()	애플릿을 중단한다
void destory()	애플릿을 끝낸다
URL getCodeBase()	애플릿 코드가 있는 URL 객체를 반환
URL getDocumentBase()	HTML 문서가 있는 URL 객체를 반환
Image getImage(URL *url*)	*url*(파일이름 포함)이 지정하는 곳에서 이미지를 가져와 Image 객체로 반환
Image getImage(URL *url*, String *imgName*)	*url*(파일이름 불 포함)이 지정하는 곳에서 *imgName*으로 지정된 이미지 파일을 가져와 Image 객체로 반환
String getParameter(String *pName*)	애플릿 호출시 사용한 매개변수 중에서 *pName* 매개변수의 값을 반환
void showStatus(String *str*)	검색기의 상태 라인에 *str*을 나타낸다

먼저, 애플릿이 보안상 가지는 단점에 대하여 살펴보면 다음과 같다.

① 애플릿은 라이브러리를 로딩하거나 네이티브 메소드를 정의할 수 없다.
② 애플릿이 실행되고 있는 클라이언트 컴퓨터 상의 파일을 읽거나 쓸 수 없다
③ 애플릿을 다운로드 받은 서버를 제외한 다른 컴퓨터와의 네트워크는 불가능하다.
④ 애플릿이 실행되고 있는 클라이언트 컴퓨터 상의 어떤 프로그램도 실행할 수 없다.
⑤ 몇 가지 시스템 속성을 읽을 수 없다.
⑥ 애플릿과 애플리케이션이 사용하는 윈도우는 약간의 차이가 있다.

다음으로, 애플릿이 가지는 몇 가지 특징에 대하여 살펴보면 다음과 같다

① 애플릿은 다운로드 된 호스트와 네트워크 연결을 설정할 수 있다.
② 애플릿은 자신이 실행되고 있는 웹브라우저에게 HTML 도큐먼트를 디스플레이 하도록 할 수 있다.
③ 애플릿은 같은 HTML 페이지에 있는 다른 애플릿의 public 메소드를 호출할 수 있다.
④ 로컬 파일 시스템에서 로드된 애플릿은 네트워크를 통하여 로드된 애플릿이

갖는 제약을 갖지 않는다.

⑤ 애플릿은 브라우저가 다른 페이지로 떠날 때 멈추어야 하고 다시 되돌아 올 때 다시 시작되게 된다.

9.2 자바 애플릿의 실행

자바 애플릿은 기본적으로 각각의 경우에 호출되는 몇 가지 대표적인 메소드를 정의하고 구현할 수 있다. 이때 자바 호환 웹 브라우저에 내장된 자바 가상 머신은 규약에 정해진데로 이러한 메소드를 해당 경우에 호출함으로써 애플릿을 수행하게 된다. 이는 자바 가상머신이 자바 애플리케이션을 로딩하여 실행시키기 위해 가장 먼저 애플리케이션에 정의되어 있는 "public static void main(String[] args)" 메소드를 호출하는 것과 같은 규약이라 할 수 있다. 이렇게 자바 호환 웹 브라우저에 내장된 자바 가상 머신이 애플릿 작성 규약에 의해 호출하는 메소드와 각 메소드가 호출되는 시점을 살펴보면 다음과 같으며 이러한 메소드는 기본적으로 Applet 클래스에 의해 제공된다.

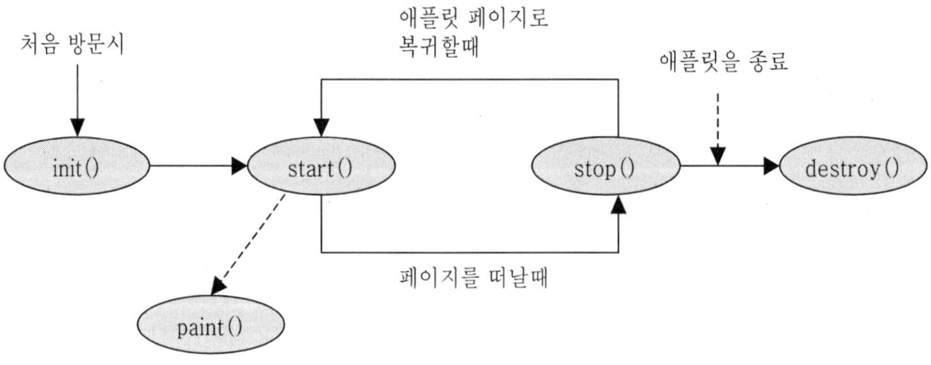

그림 8.2 애플릿의 동작

① public void init() :

애플릿이 처음 로딩될 때 애플릿이 초기화 하도록 하기 위해 호출되는 메소드이다. 초기화 작업은 필요한 객체의 생성, 초기 상태 설정, 이미지 또는 폰트 등의 로딩 등이다.

② public void start() :

애플릿이 시작 또는 재시작 되도록 하기 위해 호출되는 메소드이다. 애플릿이 처음 로딩될 때 init 메소드가 호출된 후 호출되고 또는 브라우저를 이용하여 다른 HTML 페이지로 갔다가 현재 애플릿이 포함된 HTML 페이지로 다시 되돌아 왔을 때 호출된다. 이 메소드는 일반적으로 stop 메소드와 함께 사용될 수 있으며 애플릿에 선언되어 있는 스레드의 시작 또는 재시작을 주로 담당한다.

③ public void stop() :

애플릿이 정지되도록 하기 위해 호출되는 메소드이다. 애플릿이 포함된 HTML 페이지를 보고 있는 웹 브라우저를 닫을때 destroy 메소드가 호출되기 전에 먼저 호출되고 또는 브라우저를 이용하여 다른 HTML 페이지로 옮겨 갈 때 현재 HTML 페이지에 포함되어 있는 스레드를 멈추게 하는 등의 작업을 하기 위해 호출된다. 이 메소드는 일반적으로 public start 메소드와 함께 사용될 수 있으며 애플릿에 선언되어 있는 스레드를 멈추게 하기 위해 주로 사용된다.

④ public void destroy() :

현재 애플릿이 포함되어 있는 HTML 페이지를 보고 있는 웹 브라우저를 단을 때 가장 마지막으로 호출된다.

⑤ public void paint(Graphics g) :

현재 애플릿의 영역에 그리기 작업을 하도록 호출된다. 일반적으로 이 애플릿이 포함되어 있는 HTML 페이지를 보고 있는 웹 브라우저의 위치 또는 크기가 변경되었을 경우에 호출된다. 이 메소드는 AWT 컴포넌트가 가지고 있는 paint 메소드와 같은 역할을 하며 그래픽스 객체를 이용하여 그리기 작업을 수행할 수 있다.

사용자가 직접 작성한 애플릿의 경우 위와 같은 각 경우에 처리해야 할 작업이 있다면 Applet 클래스에서 재공해 주는 해당 메소드를 재정의 해주어야 하며 이렇게 정의된 메소드는 자신이 의도한 각 경우에 자바 호환 웹 브라우저에 내장된 자바 가상 머신에 의해 내부적으로 호출된다. 다음에 나오는 자바 프로그램은 위의 각 메소드들이 호출되는 시점을 정확히 보여 주기 위한 예제 프로그램이다.

예제

AppletMethodTest.html

```
<HTML>
<HEAD><TITLE>Applet Test</TITLE></HEAD>
<BODY>
<APPLET CODE="AppletMethodTest.class" WIDTH=150 HEIGHT=100>
Can't load the applet
</APPLET>
</BODY>
</HTML>
```

예제

AppletMethodTest.java

```
import java.awt.*;
import java.applet.Applet;
public class AppletMethodTest extends Applet {
   TextArea ta;
   int count;
   public AppletMethodTest() {
      ta = new TextArea(4, 20);
      add(ta);
      count=0;
```

```
    }
    public void init() {
        ta.append("init"+(count++)+"\n");
    }
    public void start() {
        ta.append("start"+(count++)+"\n");
    }
    public void stop() {
        ta.append("stop"+(count++)+"\n");
    }
    public void destroy() {
        ta.append("destroy"+(count++)+"\n");
    }
    public void paint(Graphics g) {
        ta.append("paint"+(count++)+"\n");
        g.drawString("Hello World!", 8, 32); // Display the string
    }
}
```

실행결과

처음 실행 모습>

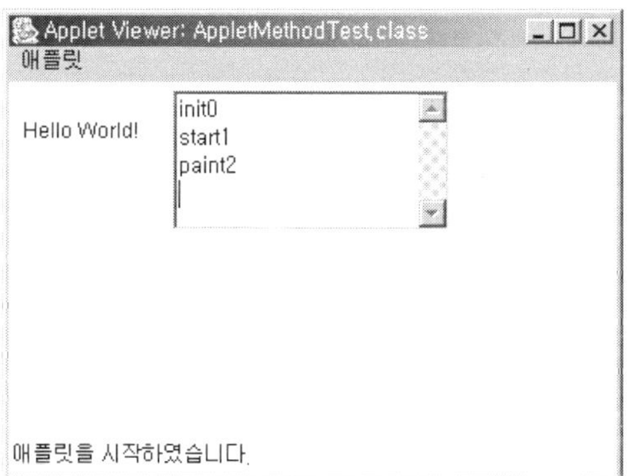

애플릿 창을 최소화했다가 다시 띄웠을때>

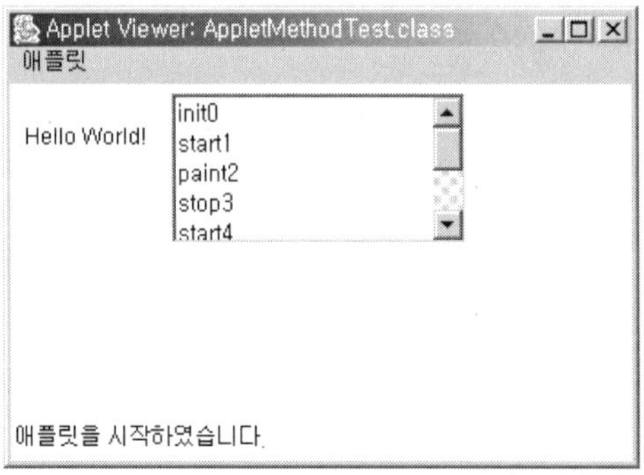

9.3 애플릿의 보안

만일 애플릿 프로그램이 응용프로그램처럼 작성되었다면 심각한 문제가 발생할 수 있다. 인터넷을 통하여 다운된 애플릿 프로그램이 사용자 컴퓨터의 디스크에서 정보를 읽거나, 파일에 새로운 내용을 쓴다면 심각한 문제가 아닐 수 없다. 이러한 문제점 때문에 애플릿 프로그램들은 다음과 같은 제한을 둔다.

① 애플릿들은 다운로드된 컴퓨터의 지역 프로그램을 실행시킬 수 없다.

② 애플릿들은 다운로드되는 서버가 아닌 다른 컴퓨터와의 통신은 허용하지 않는다.

③ 애플릿들은 다운로드된 컴퓨터의 파일 시스템에 접근할 수 없다

④ 애플릿들은 다운로드된 컴퓨터의 정보를 알 수 없다
(예외 : 검색기의 버전, 운영체제의 이름과 버전, 경로 등은 알 수 있다.)

JVM은 애플릿 프로그램이 클라이언트 컴퓨터의 디스크를 읽거나 쓰는 동작을 시도하면 보안(security)관련 예외를 발생시킨다.

9.4 애플릿에서 이미지와 사운드 출력

이미지 객체를 다루는 방법에 대해서는 AWT 부분에서 자세히 다루게된다. 또한 애플릿은 패널 컴포넌트와 같이 일종의 컴포넌트로 취급할 수 있으므로 이미지를 다루는 방법은 AWT에서와 같다. 단지 애플릿이 웹을 기반으로 하여 동작하므로 다음과 같은 몇 개의 이미지 관련 메소드가 Applet 클래스에 의해 제공되고 있다.

① URL getCodeBase() :
애플릿의 기본 URL을 얻는다.

② URL getDocumentBase() :
애플릿을 포함하고 있는 HTML 도큐먼트의 URL을 얻는다.

③ Image getImage(URL url) :
주어진 URL에 해당하는 이미지 객체를 얻는다.

④ Image getImage(URL url, String name) :
주어진 URL에 해당하는 이미지 객체를 얻는다.

⑤ void resize(Dimension d) :
애플릿의 크기를 주어진 크기로 변경하기를 요청한다.

⑥ void resize(int width, int height) :
애플릿의 크기를 주어진 크기로 변경하기를 요청한다.

자바는 애플릿은 물론 애플리케이션에서 오디오를 지원하기 위한 새로운 사운드 엔진을 탑재했다. 이 사운드 엔진은 다음과 같은 다양한 오디오 형식을 지원해 준다

- 일반 형식: AIFF, AU, WAV
- 미디 형식: MIDI TYPE 0, MIDI TYPE 1, RMF.

자바 사운드는 8kHz에서 48kHz까지의 샘플률(sample rate)를 갖는 8비트와 16비트 오디오 데이터에 대해 모노(mono)와 스테레오(stereo) 형식을 모두 지원해 준다. 만약 클라이언트 시스템에 의해 지원되지 않는 사운드일 경우 자동으로 8비트 모노 출력으로 조정해 준다.

이렇게 이미지와 사운드를 지원해 주기 위해 Applet 클래스에서 제공해 주는 주요 메소드를 살펴보면 다음과 같다.

① AudioClip getAudioClip(URL url) :
주어진 URL에 해당하는 오디오 클립을 얻는다.
② AudioClip getAudioClip(URL url, String name) :
주어진 URL에 해당하는 오디오 클립을 얻는다.
③ static AudioClip newAudioClip(URL url) :
주어진 URL에 해당하는 오디오 클립을 얻는다.
④ void play(URL url) :
주어진 URL에 해당하는 오디오 클립을 플레이한다.
⑤ void play(URL url, String name) :
주어진 URL에 해당하는 오디오 클립을 플레이한다.

AudioClip 인터페이스는 오디오 클립을 연주하거나 멈추기 위한 간단한 몇 개의 기능을 정의하고 있는 인터페이스이다. 여러 개의 AudioClip 아이템이 동시에 플레이 될 수 있으며 이 때 오디오 출력 결과는 플레이되는 오디오 클립의 소리가 믹스되어 나타난다. 다음은 AudioClip 인터페이스가 정의하고 있는 메소드들이다.

① void loop() : 오디오 클립을 반복 모드로 플레이를 시작한다.
② void play() : 오디오 클립을 플레이한다.
③ void stop() : 오디오 클립에 대한 플레이를 정지한다.

다음은 6개의 선을 그리는 예제이다.

예제

GraphicsLine.html

```
<HTML>
<HEAD><TITLE>GraphicsLine</TITLE></HEAD>
<BODY>
<APPLET CODE="GraphicsLine.class" WIDTH=350 HEIGHT=300>
```

```
Can't load the applet
</APPLET>
</BODY>
</HTML>
```

예제

GraphicsLine.java

```
import java.awt.*;
import java.applet.*;

public class GraphicsLine extends Applet {
  public void paint(Graphics g) {
    g.drawLine(10, 10, 100, 10);
    g.drawLine(100, 10, 100, 100);
    g.drawLine(100, 100, 10, 100);
    g.drawLine(10, 100, 10, 10);
    g.drawLine(10, 10, 100, 100);
    g.drawLine(10, 100, 100, 10);
  }
}
```

실행결과

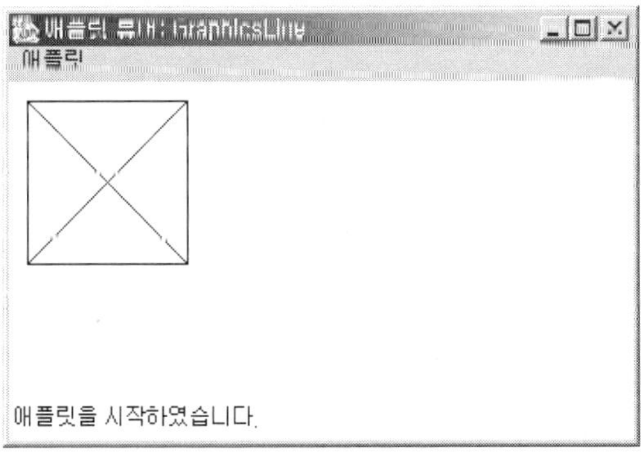

예제

DynamicRectangle.html

```
<HEAD><TITLE>DynamicRectangle</TITLE></HEAD>
<BODY>
<APPLET CODE="DynamicRectangle.class" WIDTH=350 HEIGHT=300>
Can't load the applet
</APPLET>
</BODY>
</HTML>
```

예제

DynamicRectangle.java

```
import java.applet.*;
import java.awt.*;

public class DynamicRectangle extends Applet {
  public void paint(Graphics g) {
    Dimension d = getSize();
    int v = d.width/2;
    int h = d.height/2;
    int radius = (int)((d.width < d.height) ?
            0.4 * d.width : 0.4 * d.height);
    g.drawRect(v - radius, h - radius, 2 * radius, 2 * radius);
    }
}
```

Quiz 위 예제를 실행하고 결과를 확인해 보자.

다음에 나오는 자바 프로그램은 애플릿에서 이미지와 오디오 클립을 출력하는 간단한 예를 보여주는 프로그램이다.

예제

ImageTest.html

```
<HTML>
<HEAD><TITLE>ImageTest</TITLE></HEAD>
<BODY>
<APPLET CODE="ImageTest.class" WIDTH=150 HEIGHT=100>
Can't load the applet
</APPLET>
</BODY>
</HTML>
```

예제

ImageTest.java

```
import java.net.URL;
import java.awt.*;
import java.applet.*;
public class ImageTest extends Applet {
   Image image;
   public void init() {
      MediaTracker tracker;
      tracker = new MediaTracker(this);
      image = getImage(getDocumentBase(), "jisoo.jpg");
      tracker.addImage(image, 0);
      try {
         tracker.waitForAll();
      } catch(InterruptedException e) {
         System.out.println(e);
         return;
      }
      resize(image.getWidth(this), image.getHeight(this));
```

```
    }
    public void paint(Graphics g) {
        g.drawImage(image, 0, 0, this);
    }
}
```

실행결과

Appletviewer를 이용해서 볼때>

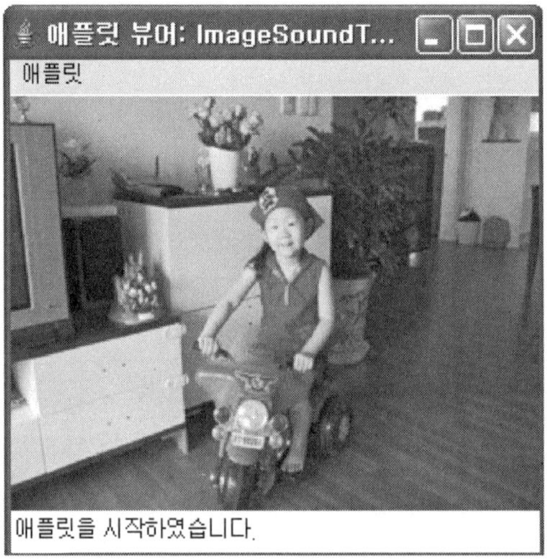

애플릿을 포함하고 있는 HTML 페이지를 익스플로러를 이용하여 볼때 애플릿 크기의 재설정이 제대로 동작하지 않지만 AppletViewer을 이용하여 보게되면 애플릿의 크기가 재설정되게 된다.

9.5 애니메이션 애플릿의 작성

(1) 기교 없는 애니메이션

애니메이션이란, 기본적으로 여러 장의 이미지를 같은 위치에서 빠른 속도로 보여주는 것으로서 시각적인 착각을 이용하는 것이니다. 우리가 만화를 본다거나 또는 영화를 볼 때 이러한 효과가 사용된다. 이때 애니메이션을 위해 여러 장의 정지 영상이 필요하고 이러한 정지 영상들을 이미지 프레임이라 한다. 이처럼 애니메이션을 자바에서 제공해 주기 위해 다음과 같은 두 가지가 필요하다.

① 이미지 프레임 : 애니메이션에 사용할 정지 영상(이미지)들의 묶음을 나타낸다.

② 스레드 : 프레임 이미지를 한 장씩 돌아가면서 보여주기 위해 사용된다.

여러 장의 프레임으로 구성된 이미지 프레임을 애니메이션 하려는 경우 이미지 소스를 생각해 보아야 한다. 애니메이션 하기 위한 여러 프레임을 구성할 때 여러 장의 같은 크기 이미지를 읽어 들여 각 프레임을 구성하려는 경우 또는 호수 효과 애플릿에서와 같이 각 프레임의 이미지를 이미지 프로세싱을 통하여 직접 만드는 경우 등을 고려해 볼 수 있다.

첫 번째 경우, 상대적으로 I/O 속도가 낮은 디스크로부터 각 프레임에 해당하는 이미지를 읽어 들이기 위해 기다려 준 후 모든 프레임 영상이 메모리에 적재된 후 애니메이션을 시작해 주어야 한다. 이런 경우 모든 이미지가 메모리에 적재 되었는가를 확인하기 위해 자바에서는 MediaTracker 객체를 사용한다. 각 이미지를 메모리에 적재하고 이를 MediaTracker 객체에 등록한다. 그리고 MediaTracker 객체의 waitForID 메소드 또는 waitForAll 메소드를 이용하여 모든 이미지가 메모리에 적재될 때까지 기다린다. 이러한 MediaTracker 객체는 자바 프로그램에서 화면 구성을 하기 위해 비트맵 이미지를 많이 사용하는 경우에도 유용하게 사용할 수 있다. 비트맵 이미지가 로딩되는데 걸리는 시간이 paint 메소드를 호출하기 전까지 끝난다면 문제가 없겠지만 paint 메소드가 호출될 때까지도 비트맵 이미지를 로딩하는 작업이 끝나지 않는다면 첫 화면에서 그 이미지를 볼 수 없다. 따라서 모든 이미지가 로딩될 때까지 기다릴 수 있도록 하기 위해 MediaTracker 객체를 사용하게 된다.

다음에 나오는 자바 프로그램은 자바 애플릿에서 아무런 기교도 부리지 않은 기본적인 애니메이션을 수행하기 위한 간단한 예제 프로그램이다.

예제

AnimationAppletTest.html

```
<HTML>
<HEAD><TITLE>AnimationAppletTest</TITLE></HEAD>
<BODY>
<APPLET CODE="AnimationAppletTest.class" WIDTH=120 HEIGHT=130>
Can't load the applet
</APPLET>
</BODY>
</HTML>
```

예제

AnimationAppletTest.java

```
import java.awt.*;
import java.applet.Applet;
  public class AnimationAppletTest extends Applet implements Runnable {
     int index=0;
   Image frames[];
   Thread animator;
   public void init() {
      int i;
      MediaTracker tracker;
      frames = new Image[8];
      tracker = new MediaTracker(this);
      for(i=0;i<4;i++) {
         frames[i] = getImage(getDocumentBase(), "a"+(i+1)+".jpg");
         tracker.addImage(frames[i], 0);
      }
      for(i=0;i<4;i++) {
         frames[i+4] = getImage(getDocumentBase(), "b"+(i+1)+".jpg");
         tracker.addImage(frames[i+4], 0);
```

```
        }
        try {
            tracker.waitForAll();
        } catch(InterruptedException e) {
            return;
        }
    }
    public void start() {
        if(animator == null) {
            animator = new Thread(this);
            animator.start();
        }
    }
    public void stop() {
        if(animator != null) {
            animator.stop();
            animator = null;
        }
    }
    public void run() {
        while(animator == Thread.currentThread()) {
            try {
                Thread.sleep(100);
            } catch(InterruptedException e) {
                break;
            }
            synchronized(this) {
                index++;
                if(index >= frames.length) {
                    index = 0;
                }
            }
            repaint();
        }
    }
/*
 * 애니메이션 시에 깜빡임을 방지하기 위해서는 이 주석문을 풀어줍니다.
    public void update(Graphics g) {
        paint(g);
```

```
    }
*/
    public void paint(Graphics g) {
        g.setColor(Color.red);
        g.drawImage(frames[index], 10, 10, 100, 100, this);
    }
}
```

실행결과

(2) 애니메이션의 깜빡임 제거

위에서 살펴본 애플릿에서 수행하는 애니메이션은 애플릿 화면이 깜빡임을 느낄 수 있다. 이러한 이유는 다음과 같다. 자바에서 제공되는 Component 클래스에서는 세 가지 종류의 그리기 메소드들을 제공해 주고 있다. 이때 자바 프로그램에서는 컴포넌트의 영역을 다시 그리고자 할 때 repaint 메소드를 호출하면 되고, 또는 컴포넌트의 크기가 사용자에 의해 변경되거나 아이콘 상태에서 정상적인 윈도우 상태로 변하게 될 때 컴포넌트 내부를 다시 그려주어야 되는데, 이를 위해 repaint 메소드가 내부적으로 호출된다. 이 때 내부적으로 이루어지는 페인팅 작업의 순서를 살펴보면 다음과 같다.

① repaint 메소드 호출 : update(Graphics g) 메소드를 시스템 내부적으로 호출.

② update 메소드 호출 : 디폴트 update 메소드는 해당 컴포넌트의 바탕색으로 컴포넌트의 영역을 지움. 그리고 paint(Graphics g) 메소드를 호출.

③ paint(Graphics g) 호출 : 그리기 작업을 수행.

따라서, 자바 프로그래머는 자신이 어떤 컴포넌트에 그려야 할 작업이 있으면 이를 해당 컴포넌트의 paint 메소드 내에 위치시키면 되고, 컴포넌트가 다시 그려지기를 원한다면 해당 컴포넌트의 rapaint 메소드 중 하나를 호출하면 된다. 그리고 디폴트 update 메소드는 컴포넌트의 바탕색으로 먼저 그리기 영역을 지우고 paint 메소드를 호출하게 되므로 그리기를 반복하는 애니메이션의 경우 지우고 그리기를 반복하므로 깜박거리는 현상이 발생하게 된다. 따라서 애니메이션을 수행할 때 깜빡거림을 없애기 위해서는 바탕색으로 화면을 지우는 작업을 없애주면 된다. 이는 해당 컴포넌트의 update 메소드를 다음으로 같이 재정의함으로써 바로 paint 메소드가 호출되도록 하는 것이다.

```
public void update(Graphics g) {
   paint(g);
}
```

이와 같이 앞에서 살펴본 애플릿 프로그램의 주석 부분을 해제하고 다시 컴파일한 다음 애플릿을 실행시켜 보면 훨씬 부드럽게 깜빡임 현상이 없이 애니메이션을 수행한다는 것을 알 수 있다.

9.6 애플릿과 브라우저 사이의 통신

애플릿은 웹 브라우저에 내장된 자바 가상 머신에 의해 수행되는 자바 바이트 코드다. 이러한 애플릿이 브라우저에게 하도록 할 수 있는 일은 크게 두 가지가 있다. 먼저 브라우저의 상태 창에 메시지를 출력하는 것이고, 두 번째는 브라우저가 현재 보여주고 있는 문서를 애플릿이 요청할 수 있다.

먼저, 첫 번째 작업은 Applet 클래스에서 제공해 주고 있는 다음과 같은 메소드를 이용하여 할 수 있다.

- void showStatus(String msg) : 주어진 문자열을 웹 브라우저의 상태창에 디스플레이 한다.

두 번째 작업을 하기 위해 먼저 getAppletContext() 메소드를 이용하여 AppletContext 객체를 얻고 이렇게 얻어진 AppletContext 객체에서 제공해 주는 메소드를 이용하여 해당 작업을 수행한다.

먼저 Applet 클래스에서 AppletContext 객체를 얻기 위해 사용하는 메소드는 다음과 같다.

- AppletContext getAppletContext() : 애플릿과 애플릿을 실행시켜주고 있는 플랫폼과의 통신을 위한 애플릿 컨텍스트 객체를 얻는다.

이렇게 얻어진 애플릿 컨텍스트 객체를 이용해야 하는데 이를 위해 AppletContext 인터페이스 제공해주는 메소드를 살펴보면 다음과 같다.

- void showStatus(String status) : 주어진 문자열을 웹 브라우저의 상태창에 디스플레이 한다.
- void showDocument(URL url) : 주어진 URL에 해당하는 HTML 문서를 브라우저 창에 보여준다.
- void showDocument(URL url, String target) : 주어진 URL에 해당하는 HTML 문서를 브라우저 창의 주어진 타겟 윈도우에 보여준다. 이때 사용가능한 타겟 윈도우를 살펴보면 다음과 같다.

  "_self" : 현재 프레임을 나타낸다.

  "_parent" : 부모 프레임을 나타낸다.

  "_top" : 최상위 프레임을 나타낸다.

  "_blank" : 새로운 프레임을 나타낸다.

  name : 주어진 이름의 프레임을 나타낸다.

다음에 나오는 자바 프로그램은 자바 애플릿을 이용하여 북마크를 관리할 수 있도록 해주는 예제 프로그램이다. 이때 자바 애플릿과 브라우저에 사이에 어떻게 정보를 주고 받고 애플릿이 브라우저의 어떤 자원에까지 접근 가능한 지를 자세히 보여주고 있다.

예제

AppletBrowserCommTest.html

```
<HTML>
<HEAD><TITLE>AppletBrowserCommTest</TITLE></HEAD>
<BODY>
<APPLET CODE="AppletBrowserCommTest.class" WIDTH=190 HEIGHT=90>
Can't load the applet
</APPLET>
</BODY>
</HTML>
```

예제

AppletBrowserCommTest.java

```
import java.io.*;
import java.awt.*;
import java.awt.event.*;
import java.net.*;
import java.applet.*;
public class AppletBrowserCommTest extends Applet {
   private List urls = new List(4, false);
   private Choice target = new Choice();
   private AppletContext appletContext=null;
   public void init() {
      setLayout(new BorderLayout());
      urls.addItem("http://www.act.ac.kr");
      urls.addItem("http://www.ibm.com");
      urls.addItem("http://www.korea.com");
      urls.addItem("http://www.sun.com");
```

```
        urls.addActionListener(new ActionListener() {
            public void actionPerformed(ActionEvent e) {
                appletContext = getAppletContext();
                System.out.println(e.getActionCommand());
                appletContext.showStatus("My status: "+e.getActionCommand()
+", " +target.getSelectedItem());
                try {
                    appletContext.showDocument(new URL(e.getActionCommand()),
                                        target.getSelectedItem());
                } catch(MalformedURLException ee) {
                    appletContext.showStatus("URL Exception: " + ee);
                }
            }
        });
        add("Center", urls);
        target = new Choice();
        target.add("_self");
        target.add("_parent");
        target.add("_top");
        target.add("_blank");
        target.add("new");
        add("North", target);
    }
}
```

실행결과

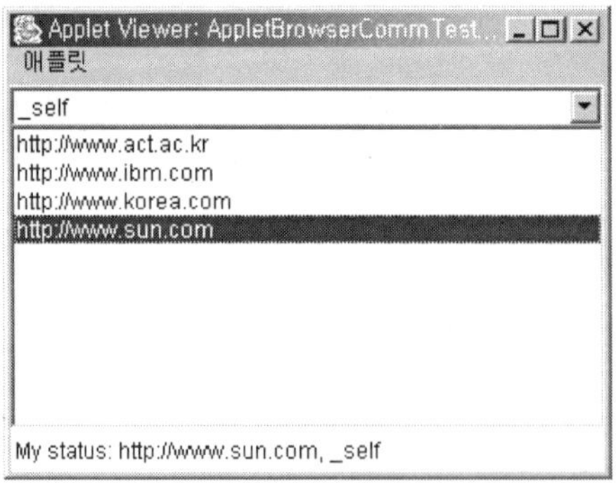

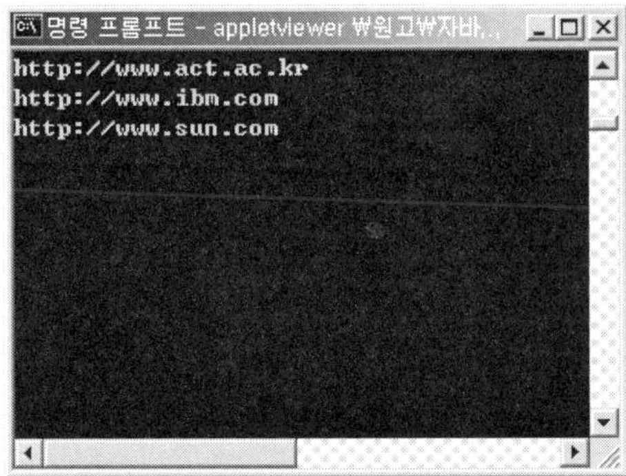

9.7 애플릿에서 스레드의 사용

애플릿 프로그램은 이미 Applet 클래스로부터 상속을 받고 있으므로 Runnable 인터페이스를 이용하여 스레드를 사용 할 수 있다. 일반적으로 애플릿 스레드는 애플릿에 동적으로 그래픽을 출력하기 위해 paint() 메소드를 호출한다.

paint() 메소드는 애플릿이 처음에 검색기나 애플릿 뷰어에 로드되거나, 또는 사용자에 의해 재로딩(reloading)이 요청되면 검색기에 의해 자동으로 호출되어 수행되는 메소드이다.

애플릿에 그래픽을 출력하는 메소드를 이해하기 위해서는 Component 클래스에서 제공되는 paint(), repaint(), update() 메소드의 기능을 이해해야 한다.([표 16-1]참조).

① repaint() 메소드 : 스레드에서 애플릿이 다시 그려져야 할 필요가 있을 때는 프로그램에서 명시적으로 호출한다. repaint() 메소드는 JVM에게 애플릿을 다시 그릴 것을 요청하는 메소드이다. JVM은 스케줄에 따라 애플릿을 다시 그릴 것인지를 결정한 다음 update() 메소드를 호출한다.

② update() 메소드 : 현재의 애플릿을 지우고 애플릿을 배경색으로 나타낸 다음 paint() 메소드를 호출한다.

③ paint() 메소드 : 그래픽 객체를 애플릿에 나타내는 일을 한다.

예제

ThreadinApplet.html

```
<HTML>
<HEAD><TITLE>ThreadinApplet</TITLE></HEAD>
<BODY>
<APPLET CODE="ThreadinApplet.class" WIDTH=500 HEIGHT=100>
Can't load the applet
</APPLET>
</BODY>
</HTML>
```

예제

ThreadinApplet.java

```
import java.applet.*;
import java.awt.*;

public class ThreadinApplet extends Applet implements Runnable {
  Thread th;  // 스레드 선언
  public int a;
public void init() {
  th= new Thread(this);
  th.start();
  // 스레드를 생성하고 시작시키기 위해 run() 메소드 호출
}

public void run() {
    try {
    for(a=0 ; a<20 ; a++) {
      repaint();
      Thread.sleep(700);
      // 700 밀리초 간격으로 repaint() 20번 호출
```

```
        // repaint()는 JVM에게 애플릿을 다시 그릴것을 요청
        // JVM은 스케쥴에 따라 애플릿을 그릴것인지를 결정한 다음
        // update() 호출
        // update()는 애플릿의 배경색을 칠하고 paint() 호출
         }
      }
      catch(Exception e) {
      }
  }

  public void paint(Graphics g) {
     Dimension d = getSize();
     Font font = new Font("Serif",Font.BOLD,40);
     g.setFont(font);
     String st = "대 한 민 국";
     g.drawString(st, 25*a , d.height/2);
     // "대 한 민 국" 문자열을 그린다
     }
  }
```

실행결과

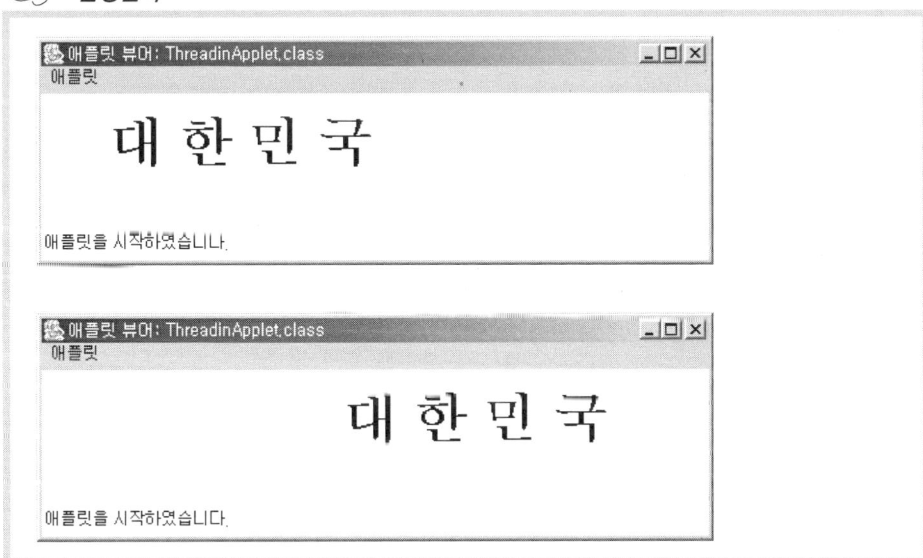

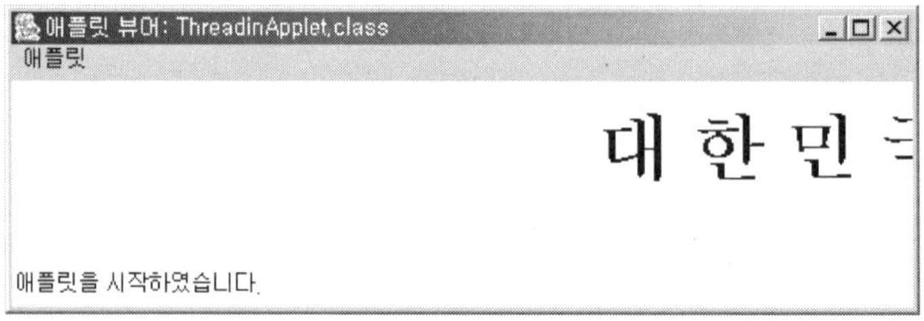
애플릿 뷰어: ThreadinApplet.class
애플릿
대 한 민 국
애플릿을 시작하였습니다.

제 10 장 입출력

10.1 자바 입출력

자바의 입출력은 모든 하드웨어에 독립적으로 설계되어 있다. 또한, 자바는 입출력을 스트림(stream)으로 처리한다. 스트림이란? 순서가 있는 일련의 데이터를 의미하는 추상적인 개념이다. 사용자는 스트림을 이용하여 입출력을 수행한다. 스트림을 이용하여 실제 다양한 하드웨어와 입출력을 수행하는 일은 JVM에 의해 실행되며, 자바는 입출력을 위한 클래스들을 java.io 패키지로 제공한다.

10.2 파일과 디렉토리

(1) 추상 경로명(abstract pathname)

UNIX 플랫폼 또는 Win32 플랫폼 등과 같은 각 운영체제는 파일과 디렉토리 이름에 시스템 의존적인 경로명(system-dependent pathname)의 문자열을 사용한다. 이는 프로그램 개발자로 하여금 시스템에 일일이 신경쓰도록 해야 하고 프로그램의 이식성 또는 상호호환성을 어렵게 하는 원인 중의 하나가 된다. 이러한 문제를 해결하기 위해 플랫폼 독립적인 파일 또는 디렉토리 관리 기능을 제공하기 위해 자바에서는 File 클래스를 제공해 주고 있으며 이 클래스는 추상적이고 시스템(플랫폼) 독립적인 관점의 계층적인 경로명을 제공하고 있다. 이러한 추상 경로명은 다음과 같은 두 가지 요소로 구성되어 있다.

① 플랫폼 의존적인 prefix 문자열 :

UNIX 플랫폼 상에서의 루트 디렉토리를 나타내는 "/", 그리고 Win32 플랫폼 상에서는 디스크 드라이브명(disk-drive specifier) 또는 UNC 경로명을 사용할 경우에 사용하는 "\\" 등이 있다.

② 파일 또는 디렉토리를 나타내는 경로명 :

이름을 나타내는 0개 이상의 문자열.

Prefix 개념은 UNIX 플랫폼상에서의 루트 디렉토리와 Win32 플랫폼 상에서의 드라이브명(drive specifiers), 루트 디렉토리, 그리고 UNC 경로명을 다루기 위해 사용된다. 예를 들면 다음과 같습니다.

- UNIX 플랫폼 : 절대 경로명의 prefix는 항상 "/"이고, 상대 경로명은 prefix를 갖지 않는다. 이때, 루트 디렉토리에 대한 자바의 추상 경로명은 prefix "/"와 빈 이름열(name sequence)을 갖는다.

  "/"

  "/home/test/"

- Win32 플랫폼 : 경로명의 prefix는 드라이브 문자와 ":"로 구성된 드라이브명(drive specifier)과 절대 경로명일 경우 "\" 등을 포함한다. UNC 경로명의 prefix는 "\\"이고 호스트 이름과 공유 이름은 이름열의 처음에 나타나는 두 개의 이름이다. 드라이브를 갖지 않는 상대 경로명은 prefix가 없다.

  "\\C:\ "

  "\\Java\temp"

추상 경로명 내의 마지막 이름을 제외한 각 이름은 디렉토리를 의미하고, 마지막 이름은 디렉토리 이름일 수도 있고 파일 이름일 수도 있다. 경로명 문자열을 추상 경로명으로 변환하거나 또는 추상 경로명으로부터 경로명 문자열로 변환하는 것은 시스템에 의존적이다.

추상 경로명 또는 문자열 형태의 경로명은 절대 경로일 수도 있고 상대 경로일 수도 있다. 절대 경로명은 파일의 완전한 위치를 나타내므로 더 이상의 정보가 필요 없다. 반면, 상대 경로명이 가리키고 있는 파일은 다른 경로명에서 얻은 정보를 이용하여 그 위치를 얻을 수 있다. 일반적으로 java.io 패키지 내에 있는 클래스들은 항상 시스템 속성인 user.dir이 가지고 있는 현재 사용자 디렉토리(current user directory)로부터 상대 경로명을 얻는다. 현재 사용자 디렉토리는 자바 가상 머신이 시작된(invoked) 디렉토리이다.

추상 경로명이 경로명 문자열로 변환될 때 각 이름은 디폴트 구분자 문자를 이용하여 서로 구분된다. 디폴트 이름 구분자 문자(name-separator character)는 시스템 속성으로 file.separator에 정의되어 있다. 반면, 경로명 문자열이 추상 경로명으로 변환될 때 경로명 내의 이름들은 디폴트 이름 구분자 문자 또는 시스템에 의해 지원되는 다른 이름 구분자 문자 등에 의해 구분되어 있다.

(2) File 클래스

File 클래스는 파일 및 디렉토리를 관리할 수 있도록 기능을 제공해 주는 클래스다. File 클래스는 파일의 복사 또는 이름 변경 등의 조작을 할 경우에 사용될 뿐 파일의 내용을 입출력 하기 위한 메소드를 제공해 주지는 않는다. 자바에서는 모든 데이터의 입출력을 스트림에 기반하여 수행하므로 File 클래스 내부적으로 이러한 메소드를 구현할 필요가 없기 때문이다. 입출력 스트림과 관련된 내용은 뒤에서 자세히 살펴보도록 하자. 그런데 이러한 File 클래스의 인스턴스는 변경 불가능하다. 다시 말해서 한 번 생성되면 File 객체에 의해 표현되는 추상 경로명은 절대로 변하지 않는다. File 클래스에는 다음과 같은 종류의 경로 구분자와 이름 구분자를 제공해 주고 있다.

① static char separatorChar : 시스템에 해당하는 디폴트 이름 구분 문자로서 시스템 속성인 file.separator의 값을 갖는다.

UNIX 시스템: '/'

Win32 시스템: '\'

② public static final String separator : 시스템에 해당하는 디폴트 이름 구분 문자(name-separator character)로서 편의상 문자열로 표현되어 있다.

UNIX 시스템: "/"
Win32 시스템: "\"

③ public static final char pathSeparatorChar : 시스템에 해당하는 경로 구분 문자로서 시스템 속성인 path.separator의 값을 갖는다.

UNIX 시스템: ':'
Win32 시스템: ';'

④ public static final String pathSeparator : 시스템에 해당하는 경로 구분 문자(path-separator character)로서 편의상 문자열로 표현되어 있다.

UNIX 시스템: ":"
Win32 시스템: ";"

File 클래스에는 다음과 같은 세 종류의 생성자가 있다. 각각에 대하여 간단히 살펴보도록 하자.

① public File(String pathname) : 주어진 경로명을 추상 경로명으로 변환하여 새로운 File 객체를 생성한다. 만약, 주어진 문자열이 빈 문자열이라면 빈 추상 경로명이 된다.
② public File(String parent, String child) : 두 개의 문자열에 주어진 경로명을 이용하여 새로운 File 객체를 생성한다. parent 문자열이 null이면 child 문자열을 경로명으로 하는 객체를 생성하고 그렇지 않을 경우 parent 문자열은 디렉토리를 나타내고 child 문자열은 디렉토리 또는 파일일 수 있다.
③ public File(File parent, String child) : 주어진 File 객체와 문자열을 이용하여 새로운 File 객체를 생성한다. parent 객체가 null이면 child 문자열을 경로명으로 하는 객체를 생성하고 그렇지 않을 경우 parent 객체는 디렉토리를 나타내고 child 문자열은 디렉토리 또는 파일일 수 있다.

File 클래스에서 제공해주는 주요 메소드를 살펴보면 다음과 같다.

- public String getName() : 추상 경로명이 나타내는 파일 또는 디렉토리의 이름을 얻는다. 이 이름은 경로명 이름에 있는 마지막 이름이다.
- public String getParent() : 추상 경로명의 부모 경로에 대한 경로명을 문자열로 얻는다. 이때, 부모 경로명은 추상 경로명이 갖는 prefix와 경로명에 있는 마지막 이름을 제외한 나머지 이름들을 포함하고 있다.
- public File getParentFile() : 추상 경로명의 부모 경로에 대한 추상 경로명(File 객체)을 얻는다. 이때, 부모 경로명은 추상 경로명이 갖는 prefix와 경로명에 있는 마지막 이름을 제외한 나머지 이름들을 포함하고 있다.
- public String getPath() : 추상 경로명을 경로명 문자열로 변환하여 얻는다. 이때, 디폴트 이름 구분 문자가 적용된다.
- public boolean isAbsolute() : 절대 경로명인지를 얻는다. UNIX 시스템 상에서는 prefix가 "/"를 포함하고 있을 경우, Win32 시스템 상에서는 prefix가 "\\"와 드라이브 문자 또는 "\\"를 포함하고 있을 경우 절대 경로명이다.
- public String getAbsolutePath() : 추상 경로명에 대한 절대 경로명을 문자열로 얻는다. UNIX 시스템 상에서 상대 경로명일 경우, 현재 사용자 디렉토리와 결합하여 절대 경로명을 얻는다. Win32 시스템 상에서의 상대 경로명은 드라이브 문자를 포함하여 UNIX 시스템과 마찬가지로 현재 사용자 디렉토리와 결합하여 얻는다.
- public File getAbsoluteFile() : "new File(this.getAbsolutePath())"와 같다.
- public String getCanonicalPath() throws IOException : 추상 경로명에 대한 유일한 정규 표현 경로명을 얻는다.
- public File getCanonicalFile() throws IOException : "new File(this.getCanonicalPath())"와 같은 효과를 얻는다.
- public URL toURL() throws MalformedURLException : 추상 경로명을 URL로 변환하여 얻는다.
- public boolean canRead() : 파일이 읽기 가능한지를 얻는다.
- public boolean canWrite() : 파일이 쓰기 가능한지를 얻는다.
- public boolean exists() : 파일이 존재하는지를 얻는다.
- public boolean isDirectory() : 디렉토리인지를 얻는다.
- public boolean isFile() : 파일인지를 얻는다.

- public boolean isHidden() : 숨겨진(hidden) 파일인지를 얻는다.
- public long lastModified() : 파일이 마지막으로 갱신된 시간을 얻는다. 시간은 epoch (00:00:00 GMT, January 1, 1970)로부터 경과된 밀리초를 나타내며 값이 0L이면 파일이 존재하지 않거나 I/O 에러가 발생했음을 나타낸다.
- public long length() : 파일의 크기를 얻는다.
- public boolean createNewFile() throws IOException : 추상 경로명에 해당하는 파일이 존재하지 않는 경우 비어있는 새로운 파일을 생성한다.
- public boolean delete() : 추상 경로명이 가리키는 파일이나 디렉토리를 삭제한다. 이때, 비어있지 않은 디렉토리는 삭제할 수 없다.
- public void deleteOnExit() : 가상 머신이 종료될 때 이 추상 경로명이 나타내는 파일을 삭제되도록 요청한다. 이 메소드에 의해 파일이 지워지도록 요청되면 이 요청은 취소될 수 없으므로 주의를 기울여서 사용해야 한다.
- public String[] list() : 추상 경로명이 나타내는 디렉토리 내의 파일과 디렉토리의 이름에 대한 문자열 배열을 얻는다.
- public File[] listFiles() : 추상 경로명이 나타내는 디렉토리 내의 파일과 디렉토리의 이름에 대한 File 객체 배열을 얻는다.
- public boolean mkdir() : 이 추상 경로명에 해당하는 디렉토리를 생성한다.
- public boolean mkdirs() : 이 추상 경로명에 해당하는 디렉토리를 생성 가능한지를 얻는다. 만약, 경로명의 부모 경로명이 존재하지 않을 경우도 고려된다.
- public boolean renameTo(File dest) : 파일의 이름을 변경한다.
- public boolean setLastModified(long time) : 파일의 마지막 변경된 시간을 설정한다.
- public boolean setReadOnly() : 파일 또는 디렉토리에 대한 read-only 속성을 설정한다.
- public static File[] listRoots() : 사용가능한 파일시스템의 루트를 얻는다.
- public int compareTo(File pathname) : 두 개의 추상 경로명이 같은지를 검사한다. UNIX 시스템 상에서는 대소문자를 구분하고, Win32 시스템 상에서는 대소문자 구분이 없다. 자신이 크면 양수값, 같으면 0, 작으면 음수값을 각각 얻는다.
- public int compareTo(Object o) : 두 개의 추상 경로명이 같은지를 검사한다. UNIX 시스템 상에서는 대소문자를 구분하고 Win32 시스템 상에서는 대소문자

구분이 없다. 자신이 크면 양수값, 같으면 0, 작으면 음수값을 각각 얻는다. 이때, o는 File 객체이어야 한다.

- public boolean equals(Object obj) : 두 개의 추상 경로명이 같은지를 검사한다. UNIX 시스템 상에서는 대소문자를 구분하고, Win32 시스템 상에서는 대소문자 구분이 없다.

이와 같은 메소드들을 사용함으로써 시스템 의존적인 파일 관리작업을 쉽게 수행할 수 있다. 또한, delete 메소드가 파일과 디렉토리에 모두 적용가능하므로 디렉토리만 삭제할 때 사용되는 rmdir 메소드는 지원되지 않는다.

예제

FileDirDemo1.java

```
import java.io.File;
class FileDirDemo1 {
  public static void main(String args[]) {
    String directory = "C:/Program Files/Java/jdk1.6.0_17";
                      //해당 디렉토리 정보를 가져온다.
    File f1 = new File(directory);
    if (f1.isDirectory()) {
      System.out.println("검색 디렉토리 " + directory);
      System.out.println("------------------------------");
    String s[] = f1.list();
      for (int i=0; i < s.length; i++) {
        File f = new File(directory + "/" + s[i]);
        if (f.isDirectory()) {
          System.out.println(s[i] + " : 디렉토리");
        } else {
          System.out.println(s[i] + " : 파일");
        }
      }
    } else {
      System.out.println("지정한 " + directory + " 는 디렉토리가 아님");
    }
  }
```

```
}
```

실행결과

```
검색 디렉토리 C:/Program Files/Java/jdk1.6.0_17
-----------------------------
bin : 디렉토리
jre : 디렉토리
README.txt : 파일
LICENSE : 파일
COPYRIGHT : 파일
readme.html : 파일
lib : 디렉토리
include : 디렉토리
demo : 디렉토리
```

예제

FileDirDemo2.java

```
import java.io.File;

class FileDirDemo2 {
  static void p(String s) {
    System.out.println(s);
  }

  public static void main(String args[]) {
    File f1 = new File("C:/Program Files/Java/jdk1.6.0_17/README");
    p("파일 이름 : " + f1.getName());
    p("파일 경로 : " + f1.getPath());
    p("절대 경로 : " + f1.getAbsolutePath());
    p(f1.exists() ? "파일 존재" : "파일 없음");
    p(f1.canWrite() ? "수정가능" : "수정 불가능");
    p(f1.canRead() ? "읽기가능" : "읽기 불가능");
    p(f1.isDirectory() ? "디렉토리:" : "디렉토리아님");
```

```
        p(f1.isFile() ? "파일" : "파일 아님");
        p(f1.isAbsolute() ? "절대 경로" : "상대 경로");
        p("1988년 1월 1일부터 파일이 마지막 수정된 날짜까지의 밀리초 : "
                                        + f1.lastModified());
        p("파일의 크기 : " + f1.length() + " Bytes");
    }
}
```

Quiz 위 예제를 실행하고 결과를 확인해 보자.

(3) 현재 작업 디렉토리 얻기와 변경

현재 작업 디렉토리를 알고자 할 때는 현재 디렉토리를 나타내는 "." 을 이용하여 File 을 생성 한 후 이 객체를 이용하여 절대경로를 얻을 수 있다. 또는, 현재 사용자 디렉토리를 나타내고 있는 시스템 속성인 "user.dir" 속성을 이용하여 현재 작업 디렉토리를 얻을 수 있다.

자바에서는 기본적으로 디렉토리 변경을 위한 메소드를 제공하지 않고 있으며 자바 프로그램 내에서 디렉토리를 변경하지 못하도록 하고 있다. 자바 프로그램 내에서 작업 디렉토리를 변경함으로써 개발자에게 상당한 혼란을 야기시킬 수 있고 그렇게 함으로써 안정적이지 못한 프로그램을 작성할 가능성이 있기 때문이다. 그러나 아주 방법이 없는 것은 아니다. 자바에서 제공해 주는 정통이 아닌 비정통적인 방법을 이용하면 가능하다. 이때, 사용가능한 몇 가지 주요 메소드를 살펴보면 다음과 같다.

- public static String getProperty(String key) : System 클래스가 제공해 주는 메소드로서 주어진 키(key)에 해당하는 시스템 속성값(System Property)에 해당하는 문자열을 리턴한다. 만약, 해당하는 시스템 속성값이 없다면 null을 리턴하게 된다.
- public static String setProperty(String key, String value) : System 클래스가 제공해 주는 메소드로서 주어진 키(key)에 해당하는 시스템 속성값을 주어진 값(value)으로 설정한다.

- public String getAbsolutePath() : File 클래스가 제공해 주는 메소드로서 파일의 절대 경로를 문자열로 리턴한다.

다음에 나오는 예제는 위와 같은 방법을 이용하여 디렉토리를 얻거나 변경하기 위한 자바 프로그램이다.

예제

ChangeDirTest.java

```
import java.io.File;
  public class ChangeDirTest {
   public static String chdir(String newDir) {
      return(System.setProperty("user.dir", newDir));
   }
   public static String pwd() {
      return(System.getProperty("user.dir"));
   }
   public static void main(String[] args) {
      System.out.println(" Current Dir: " + pwd());
      File file1 = new File(".");
      System.out.println("Absolute Dir: " + file1.getAbsolutePath());
      chdir("c:\\temp");
      System.out.println(" Current Dir: " + pwd());
      File file2 = new File(".");
      System.out.println("Absolute Dir: " + file2.getAbsolutePath());
      chdir("c:\\temp2");        // c:\\temp2 디렉토리는 존재하지 않는 디렉토리임
      System.out.println(" Current Dir: " + pwd());
      File file3 = new File(".");
      System.out.println("Absolute Dir: " + file3.getAbsolutePath());
   }
}
```

실행결과

```
  Current Dir: C:\Java\work
Absolute Dir: C:\Java\work\.
  Current Dir: c:\temp
Absolute Dir: c:\temp\.
  Current Dir: c:\temp2
Absolute Dir: c:\temp2\.
```

위와 같이 현재 디렉토리를 변경할 경우 한 가지 주의할 것은 존재하는 디렉토리에 대해 디렉토리 변경을 해야한다. 위의 실행 결과를 보면 알겠지만 존재하지 않는 디렉토리에 대해서 위와 같은 방법으로 디렉토리 변경을 했을 경우 "c:\\temp2" 디렉토리는 존재하지 않는 디렉토리인데도 불구하고 실제 존재하는 것처럼 디렉토리 변경을 하기 때문이다. 따라서, 먼저 exists 메소드를 이용하여 해당 디렉토리가 존재하는지 여부를 확인한 후 디렉토리가 존재할 경우에만 위와 같은 방법으로 디렉토리 변경을 해야 한다.

10.3 자바 입출력 스트림 모델

(1) 입출력 스트림 모델

자바에서의 모든 데이터의 입출력은 스트림이라는 개념에 의해 이루어집니다. 스트림이란 단어의 뜻이 '흐르는 물'을 의미하듯이 연속된 일련의 데이터를 일긷는 말이다. 데이터 입출력시 모든 데이터를 형태와는 관계 없이 일련된 흐름으로 전송을 하는 것이 스트림 입출력 모델의 기본 개념이다. 기본적으로 스트림은 다음과 같은 두 가지 종류가 있다.

① 바이트 스트림 : 바이트, 바이트 배열, 정수, 데이터 등의 흐름
② 문자 스트림 : 문자, 문자 배열, 문자열의 흐름

이러한 두 가지 종류의 스트림에 기반하여, 자바에서의 입출력은 기본적으로 두

가지 형태로 이루어지며, 그 두 가지 방식은 다음과 같습니다.

- 바이트 스트림(byte-stream) 입출력 : InputStream 클래스와 OutputStream 클래스, 그리고 이들의 하위 클래스를 통해서 제공되는 바이트 스트림(byte streams)을 위한 표준 입출력이다. 이때, 8비트 크기를 갖는 바이트들의 스트림이 입출력된다.
- 문자 스트림(character-stream) 입출력 : Reader 클래스와 Writer 클래스 그리고 그들의 하위 클래스에 의해 구현되었으며 8비트 크기를 갖는 바이트들의 스트림이 아닌 16비트 크기를 갖는 유니코드 문자들의 스트림이라는 점에서 차이가 있다.

Reader 클래스와 Writer 클래스는 기본적으로 InputStream 클래스와 OutputStream 클래스와 같은 기능을 제공해 주고 있지만, 바이트 스트림 메소드(byte-stream method)는 바이트 또는 바이트 배열에 대해 동작하고, 문자 스트림 메소드(character-stream method)는 문자, 문자 배열, 또는 문자열에 대해서 동작하도록 되어 있다.

따라서 바이트 스트림을 위해 사용 가능한 대부분의 기능은 문자 스트림에 대해서도 사용 가능하다. 이때, 같은 기능을 제공해 주고 있는 문자 스트림 클래스(character-stream class)와 바이트 스트림 클래스(byte-stream class)의 이름 앞부분이 같다는 것을 볼 수 있다. 예를 들어, 문자 스트림을 위한 PushbackReader 클래스는 바이트 스트림을 위한 PushbackInputStream 클래스와 같은 기능을 제공해 주고 있다.

(2) 문자 스트림의 장점

문자 스트림을 사용하는 가장 큰 장점은 특별한 문자 인코딩(specific character encoding)에 독립적인 프로그램을 작성할 수 있고 이는 국제화(internationalize)를 쉽게 해 준다는 것이다. 자바는 문자열을 국제 표준 문자 인코딩 방식으로 전세계 국가 대부분의 언어를 쓸 수 있도록 해 주는 유니코드로 저장하고 있다. 그러나 사용자가 읽을 수 있는 전형적인 텍스트 파일들은 유니코드와 관련된 필요가 없는 심지어 ASCII 코드와도 관련될 필요가 없는 인코딩을 사용하고 있고 또한 수 많은 이러한 인코딩이 존재한다.

문자 스트림은 바이트 스트림과 문자 스트림 간의 브릿지(bridge) 역할을 하는 두 가지 클래스들은 제공함으로써 이러한 인코딩을 다루는데 있어서의 복잡성을 없애 주고 있다. InputStreamReader 클래스는 바이트 입력 스트림(byte-input stream)으로부터 바이트를 읽어들여 그 바이트들을 주어진 인코딩에 해당하는 문자들로 변환해 주는데 이는 문자 입력 스트림(character-input stream)을 구현하고 있다. 마찬가지로 OutputStreamWriter 클래스는 인코딩에 따라 문자들을 바이트들로 변환하고 이를 바이트 출력 스트림(byte-output stream)에 쓰는 문자 출력 스트림(character-output stream)을 구현하고 있다.

문자 스트림이 제공해 주는 두 번째 장점은 잠재적으로 바이트 스트림보다 훨씬 더 효율적이라는 것이다. 지바에서 제공해 주고 있는 많은 바이트 스트림 클래스들은 한 번에 한 바이트 단위의 읽기 및 쓰기 동작에 기초하고 있습니다. 반면, 문자 스트림 클래스들은 한 번에 버퍼 단위의 읽기 및 쓰기 동작에 기초하고 있고 이러한 방식은 문자 스트림 클래스들이 인코딩의 변환시에 발생하는 오버헤드를 가지고 있음에도 불구하고 바이트 스트림보다 훨씬 더 효율적으로 만들어 준다.

(3) 문자 스트림과 바이트 스트림

각 문자 스트림 클래스의 이름은 Reader 또는 Writer로 끝나고 반면 이름의 앞부분은 관련 바이트 스트림이 있을 경우 바이트 스트림의 이름 앞 부분과 같다.

다음에 나오는 표는 바이트 스트림 클래스와 문자 스트림 클래스의 관계를 보여 주고 있다.

표 10.1 바이트 스트림 클래스와 문자 스트림 클래스의 관계(1)

바이트 스트림 클래스	설명	문자 스트림 클래스
OutputStream	기본 출력 스트림 클래스	Writer
FileOutputStream	문자/바이트 스트림을 바이트 파일로 변환	FileWriter

바이트 스트림 클래스	설명	문자 스트림 클래스
FilterOutputStream	필터적용(filtered) 문자/바이트 출력을 위한 추상클래스	FilterWriter
BufeferedOutputStream	문자/바이트 스트림에 버퍼 출력, BufferedWriter는 플랫폼에서 사용하는 라인 구분자(line separator) 사용	BufferedWriter
DataOutputStream	자바 기본형 데이터를 출력하는데 편리	없음
PrintStream	Writer/Stream에 값과 객체를 프린트	PrintWriter

표 10.2 바이트 스트림 클래스와 문자 스트림 클래스의 관계(2)

바이트 스트림 클래스	설명	문자 스트림 클래스
InputStream	기본 입력 스트림 클래스	Reader
FileInputStream	파일에서 바이트를 읽어들여 문자/바이트 스트림으로 변환	FileReader
FileInputStream	필터적용(filtered) 문자/바이트 입력을 위한 추상클래스	FilterReader
BufeferedInputStream	문자/바이트 버퍼입력, 라인해석	BufferedReader
DataInputStream	자바 기본형 데이터를 읽는데 편리	없음

예제

FileWriterDemo.java

```
import java.io.*;
class FileWriterDemo {
  public static void main(String args[]) throws Exception {
    String source = "우리들은 모두 무엇이 되고 싶다.\n"
                  + "너는 나에게 나는 너에게\n"
                  + "잊혀지지 않는 하나의 눈짓이 되고 싶다.\n";

    char intxt[] = new char[source.length()];
```

```
      source.getChars(0, source.length(), intxt, 0);
      // 입력 문자열을 intxt 문자 배열에 저장

      FileWriter fw = new FileWriter(args[0]);
      fw.write(intxt);
      // 문자 배열의 내용을 파일에 출력

      fw.close();
    }
  }
```

Quiz 위 예제를 실행하고 결과를 확인해 보자.

예제

FileReaderDemo.java

```
import java.io.*;

class FileReaderDemo {
  public static void main(String args[]) throws Exception {
    FileReader fr = new FileReader(args[0]);

    int i;
    while((i = fr.read()) != -1 ) {
      System.out.print((char)i);
    }
    fr.close();
  }
}
```

Quiz 위 예제를 실행하고 결과를 확인해 보자.

예제

PrintWriterDemo.java

```
import java.io.*;

class PrintWriterDemo {

  public static void main(String args[]) throws IOException {

    PrintWriter pw = new PrintWriter(System.out);
    // 표준 출력(모니터 출력)을 의미하는
    // System.out(PrintWriter 객체)을 이용하여
    // 객체 pw를 생성

    pw.print("Hello Java! ");
    pw.println('A');
    pw.println(500 + 500);
    pw.println(40000L);
    pw.println(12.34f);
    pw.println(12.34);
    pw.println(new Integer("2003"));
    pw.close();
  }
}
```

실행결과

```
Hello Java! A
1000
40000
12.34
12.34
2003
```

10.4 기본 입출력 스트림

10.4.1 기본 입출력 스트림

(1) 바이트 입력 스트림(InputStream 클래스)

InputStream 클래스는 추상 바이트 입력 스트림 클래스로서 입력 장소를 기억하고 이 장치로부터 바이트를 읽어 들이고 제어하는 메소드를 제공하는 바이트 입력 스트림 클래스의 최상위 클래스이다. InputStream 클래스는 다음과 같이 스트림을 읽어 들이기 위한 메소드들과 스트림상의 현재 위치를 표시하거나 데이터를 건너뛰고 현재의 위치를 재설정하기 위한 메소드들을 제공한다.

- abstract int read() throws IOException : 한 바이트를 읽어 들인다.
- int read(byte b[]) throws IOException : 바이트 배열을 읽어 들인다.
- int read(byte b[],int off, int len) throws IOException : 바이트 배열의 주어진 위치에 주어진 길이만큼 읽어 들인다.
- int available() throws IOException : 읽어 들일 수 있는 바이트 수를 얻는다.
- long skip(long n) throws IOException : 주어진 개수만큼 건너 뛴다.
- synchronized void mark(int readlimit) : 현재 위치를 표시한다. readlimit는 나중에 호출될 reset 메소드에 의해서 읽혀지지 않을 바이트의 수를 나타낸다.
- synchronized void reset() throws IOException : 표시(mark)된 위치로 되돌린다.
- void close() throws IOException : 바이트 입력 스트림을 닫고 그것이 사용하고 있던 시스템 자원들을 모두 반환한다.

다음에 나오는 자바 프로그램은 추상 바이트 입력 스트림 클래스를 사용하는 예를 보여 주고 있다.

예제

InputStreamTest.java

```
import java.io.*;
class InputStreamTest {
   public static void main(String args[]) {
      int ch;
      InputStream in = System.in;
      try {
         while((ch=in.read()) != -1) {
            if(ch == 'S') {
               in.skip(2);
            }
            System.out.println("Char: "+(char)ch+", Available: "+in.available());
         }
      } catch(IOException e) {
         System.out.println(e);
      }
   }
}
```

실행결과

```
123S1234567789^Z

Char: 1, Available: 13
Char: 2, Available: 12
Char: 3, Available: 11
Char: S, Available: 8
Char: 3, Available: 7
Char: 4, Available: 6
Char: 5, Available: 5
Char: 6, Available: 4
Char: 7, Available: 3
Char: 7, Available: 2
Char: 8, Available: 1
Char: 9, Available: 0
```

(2) 바이트 출력 스트림(OutputStream 클래스)

OutputStream 클래스는 추상 바이트 출력 스트림 클래스로서 출력 목적지를 기억하고 이 장치에 바이트를 출력하고 제어하는 메소드를 제공하는 바이트 출력 스트림 클래스의 최상위 클래스이다. OutputStream은 통신 채널로 문자를 쓰기 위해 다음과 같은 메소드를 제공한다.

- abstract void write(int b) throws IOException : int 형 b 값이 갖는 하위 한 바이트를 출력한다.
- void write(byte b[]) throws IOException : byte형 배열 b를 출력한다.
- void write(byte b[], int off, int len) throws IOException : byte 형 배열 b의 주어진 위치에서 주어진 길이 만큼을 출력한다.
- void flush() throws IOException : 바이트 출력 스트림이 갖고 있는 버퍼의 내용을 모두 출력 스트림으로 내보낸다.
- void close() throws IOException : 바이트 출력 스트림을 닫고 그것이 사용하고 있던 시스템 자원들을 모두 반환한다.

다음에 나오는 자바 프로그램은 바이트 입력 스트림 클래스를 사용하는 예를 보여 주고 있다.

예제

OutputStreamTest.java

```
import java.io.*;
class OutputStreamTest {
    public static void main(String args[]) {
        OutputStream out = System.out;
        int ch=0x0ffffff00 | 'A';
        try {
            out.write(ch);
//          out.flush();   // (a)
//          out.close();   // (b)
```

```
            } catch(IOException e) {
                System.out.println(e);
            }
        }
    }
```

실행결과

(a)와 (b) 부분을 모두 주석 처리한 경우와 (a) 부분 또는 (b) 부분의 주석을 해제한 경우를 비교해 보자

자바에서 write 메소드를 이용하여 바이트 스트림에 출력하게 되면 출력 속도를 향상시키기 위해 먼저 버퍼에 출력하게 된다. 따라서 출력을 제대로 하기 위해서는 항상 flush 메소드 또는 close 메소드를 호출해 버퍼의 내용을 실제로 써 주어야 한다.

(3) 추상 문자 입력 스트림(Reader 클래스)

Reader 클래스는 추상 문자 입력 스트림 클래스로서 입력 장소를 기억하고 이 장치로부터 유니코드 문자 자료를 읽어 들이고 제어하는 메소드를 제공하는 문자 입력 스트림 클래스의 최상위 클래스다. 입력되는 소스 자료가 바이트 스트림인 경우에는 바이트 자료로부터 유니코드 문자 자료로 변환을 함으로써 유니코드 문자를 입력받을 수 있게 해 준다. Reader 클래스는 InputStream과 사용법이 거의 유사하며 다음과 같은 메소드들을 제공한다.

- boolean ready() : 문자 입력 스트림이 준비되었는지를 얻는다.
- int read() : 문자 입력 스트림으로부터 단일 문자를 읽는다. 더 이상 읽을 문자가 없으면 _1을 리턴한다.
- int read(char[] cbuf) : 문자 입력 스트림으로부터 문자들을 읽어 문자 배열에 저장한다. 더 이상 읽을 문자가 없으면 _1을 리턴하고 그렇지 않으면 읽은 문자의 개수를 리턴한다.
- abstract int read(char[] cbuf, int off, int len) : 문자 입력 스트림으로부터 문자

들을 읽어 문자 배열의 주어진 위치에 저장한다. 더 이상 읽을 문자가 없으면 _1을 리턴하고 그렇지 않으면 읽은 문자의 개수를 리턴한다.

- boolean markSupported() : mark 가능한지를 얻는다.
- void mark(int readAheadLimit) : 문사 입력 스트림의 현재 위치를 표시(mark) 한다.
- void reset() : 문자 입력 스트림을 mark 된 위치로 되돌린다.
- long skip(long n) : 주어진 개수만큰 문자를 건너 뛴다.
- abstract void close() : 문자 입력 스트림을 닫는다.

(4) 추상 문자 출력 스트림(Writer 클래스)

Writer 클래스는 추상 문사 출력 스트림 클래스로서 출력 목적지를 기억하고 이 장치에 유니코드 형의 문자를 출력하고 제어하는 메소드를 제공하는 문자 출력 스트림 클래스의 최상위 클래스이다. 출력 목적지가 바이트 스트림인 경우에는 유니코드 문자 자료로부터 바이트 자료로 변환함으로써 유니코드 문자를 출력할 수 있게 해 준다. Writer 클래스 역시 OutputStream 클래스와 상당히 유사하며 다음과 같은 메소드들을 지원한다.

- void write(int c) : 주어진 한 문자를 출력한다.
- void write(char[] cbuf) : 문자 배열에 있는 문자들을 출력한다.
- abstract void write(char[] cbuf, int off, int len) : 문자 배열의 주어진 위치에 있는 문자들을 출력한다.
- void write(String str) : 주어진 문자열을 출력한다.
- void write(String str, int off, int len) : 문자열의 주어진 위치에 있는 문자들을 출력한다.
- abstract void flush() : 문자 출력 스트림을 flush 한다.
- abstract void close() : 문자 출력 스트림을 닫는다.

10.4.2 파일 입출력 스트림

(1) 파일 바이트 입력 스트림(FileInputStream 클래스)

자바에서는 파일에 대한 바이트 단위의 입출력을 행할 수 있도록 하기 위해 FileInputStream 클래스와 FileOutputStream 클래스를 제공해 주고 있다. FileInputStream 클래스는 시스템의 파일로부터 데이터를 바이트 스트림으로 읽어 들이기 위해 사용되고, FileInputStream을 이용하여 데이터를 읽어 들일 때는 데이터의 소스인 파일과 직접 연결하여 사용한다. 이때, 지정한 파일이 존재하지 않는 경우에는 IOException을 발생시킨다. FileInputStream 클래스는 InputStream 클래스의 하위클래스이므로 InputStream 클래스의 기본적인 메소드들을 상속받거나 재정의하여 사용하고 있다. 그리고, 이러한 FileInputStream 클래스의 객체 생성자는 다음과 같다.

- FileInputStream(File file): 주어진 File 객체가 가리키는 파일을 바이트 스트림으로 읽기 위한 FileInputStream 객체를 생성한다.
- FileInputStream(FileDescriptor fdObj): 주어진 FileDescriptor 객체가 가리키는 파일을 바이트 스트림으로 읽기 위한 FileInputStream 객체를 생성한다.
- FileInputStream(String name): 주어진 이름이 가리키는 파일을 바이트 스트림으로 읽기 위한 FileInputStream 객체를 생성한다.

(2) 파일 바이트 출력 스트림(FileOutputStream 클래스)

FileOuputStream 클래스는 데이터를 파일에 바이트 스트림으로 저장하기 위해 사용된다. 파일명이나 File 클래스의 객체를 인수로 넘겨줌으로써 시스템에 파일을 직접 생성할 수 있다. 기본적으로 파일이 이미 존재한다면 그 파일에 덮어쓰게 되므로 기존의 내용은 사라지게 된다. FileOutputStream 클래스는 OutputStream 클래스의 하위클래스로서 OutputStream 클래스의 기본적인 메소드들을 상속받거나 재정의하여 사용하고 있다. 그리고 이러한 FileOutputStream 클래스의 객체 생성자는 다음과 같다.

- FileOutputStream(File file) : 주어진 File 객체가 가리키는 파일을 바이트 스트림으로 쓰기 위한 FileOutputStream 객체를 생성한다. 기존의 파일이 존재할 때는 디폴트로 그 내용을 지우고 새로운 파일을 생성한다.
- FileOutputStream(FileDscriptor fdObj) : 주어진 FileDescriptor 객체가 가리키는 파일을 바이트 스트림으로 쓰기 위한 FileOutputStream 객체를 생성한다. 기존의 파일이 존재할 때는 디폴트로 그 내용을 지우고 새로운 파일을 생성한다.
- FileOutputStream(String name) : 주어진 이름이 가리키는 파일을 바이트 스트림으로 쓰기 위한 FileOutputStream 객체를 생성한다. 기존의 파일이 존재할 때는 디폴트로 그 내용을 지우고 새로운 파일을 생성한다.
- FileOutputStream(String name, boolean append) : 주어진 이름이 가리키는 파일을 바이트 스트림으로 쓰기 위한 FileOutputStream 객체를 생성한다. 기존의 파일이 존재할 때는 주어진 append 값에 따라 새로운 파일을 생성하거나 또는 기존의 내용에 추가한다.

다음은 명령행 인자로서 두 개의 파일 이름을 입력받아, 파일을 복사하기 위한 자바 프로그램이다.

예제

FileInputOutputStreamTest.java

```
import java.io.*;
import java.lang.Boolean;
class FileInputOutputStreamTest {
   public static void main(String[] args) {
      boolean append = false;
      int i, len=0;
      InputStream in=null;
      OutputStream out=null;
      if(args.length < 2) {
         System.out.println("USAGE: FileInputOutputStreamTest Source_file
Destination_file");
```

```
            System.exit(-1);
        } else if(args.length > 2) {
            append = new Boolean(args[2]).booleanValue();
        }
        System.out.println("args[0]: "+args[0]);
        System.out.println("args[1]: "+args[1]);
        System.out.println(" append: "+append);
        try {
            in = new FileInputStream(new File(args[0]));
            out = new FileOutputStream(args[1], append);
        } catch(FileNotFoundException e) {
            System.out.println(e);
        }
        try {
            while((i=in.read()) != -1) {
                out.write(i);
                len++;
            }
            in.close();
            out.close();
            System.out.println(len+" bytes are copied...");
        } catch(IOException e) {
            System.out.println(e);
        }
    }
}
```

실행결과

```
 Test.java FileInputOutputStreamTest.txt

args[0]: Test.java
args[1]: FileInputOutputStreamTest.txt
 append: false
630 bytes are copied...

 Test.java FileInputOutputStreamTest1.txt
```

```
args[0]: Test.java
args[1]: FileInputOutputStreamTest1.txt
 append: false
630 bytes arc copied...

 Test.java FileInputOutputStreamTest1.txt true

args[0]: Test.java
args[1]: FileInputOutputStreamTest1.txt
 append: true
630 bytes are copied...
```

위의 자바 프로그램을 살펴보면 FileInputStream 객체를 이용하여 원본 파일에서 바이트 스트림으로 읽어들이고 FileOutputStream 객체를 이용하여 대상 파일에 바이트 스트림으로 쓰도록 하고 있다.

(3) 입력 스트림(FileReader 클래스)

FileReader 클래스는 파일에 저장된 바이트를 유니코드 문자로 변환하여 읽어 들이고 파일 쓰기 클래스인 FileWriter 클래스는 출력할 유니코드 문자열을 시스템에 맞는 디폴트 문자 인코딩의 바이트로 변환하여 파일에 저장하는 역할을 한다.

FileReader 클래스는 파일에 저장된 문자열을 읽어 들이는데 사용된다. 이 클래스는 InputStreamReader 클래스를 상속한 것으로 바이트 스트림을 읽어 그 바이트를 유니코드 문자를 나타내는 정수 타입의 값으로 변환하여 준다. FileReader 클래스 역시 데이터를 읽어 들일 소스인 파일과 직접 연결하여 사용한다. 이때, 지정한 파일이 존재하지 않는 경우에는 FileNotFoundException을 발생시킨다. FileReader 클래스의 생성자는 다음과 같다.

- FileReader(File file) : 주어진 File 객체를 이용하여 FileReader 객체를 생성한다.
- FileReader(FileDescriptor fd) : 주어진 FileDescriptor객체를 이용하여 FileReader 객체를 생성한다.
- FileReader(String fileName) : 주어진 파일을 열어 FileReader 객체를 생성한다.

(4) 파일 문자 출력 스트림(FileWriter 클래스)

FileWriter 클래스는 출력할 유니코드 문자를 디폴트 문자 인코딩의 바이트로 변환하여 파일에 저장하고자 할 경우에 사용한다. 이 클래스는 OutputStreamWriter 클래스의 서브 클래스로 유니코드를 바이트로 변환하는 기능을 한다. FileOutputStream 클래스와 마찬가지로 파일명이나 File 클래스의 객체를 인수로 넘겨줌으로 시스템에 파일을 직접 생성하게 된다. 기본적으로 파일이 이미 존재한다면 그 파일을 덮어쓰게 된다. FileWriter 클래스의 생성자는 다음과 같다.

- FileWriter (File file) : 주어진 File 객체를 이용하여 FileWriter 객체를 생성한다.
- FileWriter (FileDescriptor fd) : 주어진 FileDescriptor객체를 이용하여 FileWriter 객체를 생성한다.
- FileWriter (String fileName) : 주어진 파일을 열어 FileWriter 객체를 생성한다.
- FileWriter(String fileName, boolean append) : 주어진 파일을 append 값에 따라 읽기/추가 모드로 열어 FileWriter 객체를 생성한다.

다음은 명령행 인자로서 두 개의 파일 이름을 입력받아 FileReader 객체와 FileWriter 객체를 이용하여 파일을 복사하기 위한 자바 프로그램이다.

예제

FileReaderWriterTest.java

```
import java.io.*;
import java.lang.Boolean;
class FileReaderWriterTest {
    public static void main(String[] args) {
        boolean append = false;
        int i, len=0;
        FileReader in=null;
        FileWriter out=null;
        if(args.length < 2) {
            System.out.println("USAGE: FileReaderWriterTest
```

```
Source_file Destination_file");
            System.exit(-1);
        } else if(args.length > 2) {
            append = new Boolean(args[2]).booleanValue();
        }
        System.out.println("args[0]: "+args[0]);
        System.out.println("args[1]: "+args[1]);
        System.out.println(" append: "+append);
        try {
            in = new FileReader(new File(args[0]));
            out = new FileWriter(args[1], append);
        } catch(FileNotFoundException e) {
            System.out.println(c);
        } catch(IOException e) {
            System.out.println(e);
        }
        try {
            while((i=in.read()) != -1) {
                out.write(i);
                len++;
            }
            in.close();
            out.close();
            System.out.println(len+" bytes are copied...");
        } catch(IOException e) {
            System.out.println(e);
        }
    }
}
```

실행결과

```
Test.java FileReaderWriterTest.txt

 args[0]: Test.java
 args[1]: FileReaderWriterTest.txt
  append: false
 630 bytes are copied...
```

```
Test.java FileReaderWriterTest1.txt

 args[0]: Test.java
 args[1]: FileReaderWriterTest1.txt
  append: false
 630 bytes are copied...

Test.java FileReaderWriterTest1.txt true

 args[0]: Test.java
 args[1]: FileReaderWriterTest1.txt
  append: true
 630 bytes are copied...
```

10.5 메모리 입출력 스트림

10.5.1 메모리 입출력 스트림

메모리 입출력 스트림이란 파일이나 네트워크를 입출력 스트림으로 사용하는 것이 아니라 메모리 자체를 입출력 스트림으로 사용하는 입출력 스트림을 말한다. 따라서 메모리 바이트 입출력 스트림은 바이트 배열을 입출력 스트림으로 사용하고 메모리 문자 입출력 스트림은 문자 배열(입출력용)와 문자열(입력용) 또는 문자열 버퍼(출력용)를 입출력 스트림으로 사용한다. 이때, 메모리 출력 스트림은 크기가 자동으로 증가하는 출력 버퍼를 운영한다. 즉, 출력 스트림에 출력시 출력 버퍼로 사용되는 내부 배열의 크기가 자동으로 증가된다는 것이다. 이러한 메모리 입출력 스트림은 흔히 사용되지는 않는 입출력 스트림이지만 경우에 따라서는 매우 효율적인 입출력을 수행하는데 큰 역할을 할 수 있다. 자바에서는 메모리 입출력 스트림을 위해 다음과 같은 클래스들을 제공해 주고 있다.

- ByteArrayInputStream 클래스와 ByteArrayOutputStream 클래스 : 바이트 배열(byte [])을 입출력 스트림으로 사용하는 바이트 입출력 스트림.
- CharArrayReader 클래스와 CharArrayWriter 클래스 : 문자 배열(char [])을 입

출력 스트림으로 사용하는 문자 입출력 스트림.

- StringBufferInputStream 클래스 : 문자열을 입력 스트림으로 사용하는 바이트 입력 스트림.
- StringReader 클래스와 StringWriter 클래스 : 문자열(String)을 입력 스트림으로 문자열 버퍼(StringBuffer)를 출력 스트림으로 각각 사용하는 문자 입출력 스트림.

10.5.2 배열 입출력 스트림

(1) ByteArrayInputStream 클래스(바이트배열 바이트 입력 스트림)

ByteArrayInputStream 클래스는 입력 스트림으로 사용할 바이트 배열(protected byte[] buf)을 포함하고 있는 내부 버퍼를 가지고 있습니다. 또한, read 메소드에서 다음 읽을 바이트를 나타내기 위해 사용할 수 있는 내부 카운터(protected int count , protected int pos)를 가지고 있다. 이러한 ByteArrayInputStream 클래스의 객체 생성자는 다음과 같고 메소드는 InputStream 클래스의 메소드들을 그대로 재정의하여 제공해 주고 있다.

- ByteArrayInputStream(byte[] buf) : 주어진 바이트 배열을 입력 버퍼로 사용하는 ByteArrayInputStream 객체를 생성한다.
- ByteArrayInputStream(byte[] buf, int offset, int length) : 주어진 바이트 배열의 주어진 부분을 입력 버퍼로 사용하는 ByteArrayInputStream 객체를 생성한다.

(2) ByteArrayOutputStream 클래스(바이트배열 바이트 출력 스트림)

ByteArrayOutputStream 클래스는 출력 스트림으로 사용하기 위해 내부적으로 바이트 배열(protected byte[] buf, 출력 버퍼)을 포함하고 있다. 이 출력 버퍼는 데이터가 버퍼에 쓰여질 때 자동으로 증가(protected int count)하도록 되어 있다. 이러한 ByteArrayOutputStream 클래스에서 제공해 주는 객체 생성자와 주요 메소드를 살펴보면 다음과 같다.

- ByteArrayOutputStream() : 디폴트 크기의 바이트 배열을 출력 버퍼로 사용하는

ByteArrayOutputStream 객체를 생성한다.

- ByteArrayOutputStream(int size) : 주어진 크기의 바이트 배열을 출력 버퍼로 사용하는 ByteArrayOutputStream 객체를 생성한다.
- void close() : 출력 스트림을 닫고 시스템 자원들을 반환한다.
- void reset() : 지금까지 출력된 내용을 무시하고, 출력 카운트를 0으로 초기화한다.
- int size() : 출력 버퍼의 현재 크기를 얻는다.
- byte[] toByteArray() : 출력 스트림에 출력된 내용을 새로운 바이트 배열을 생성하여 거기에 저장하여 얻는다.
- String toString() : 출력 스트림에 출력된 내용을 플랫폼에서 사용하는 디폴트 문자 인코딩을 이용하여 문자열로 변환하여 얻는다.
- String toString(int hibyte) : toString(String enc) 메소드로 바꾸었다.
- String toString(String enc) : 출력 스트림에 출력된 내용을 주어진 문자 인코딩을 이용하여 문자열로 변환하여 얻는다.
- void writeTo(OutputStream out) : 출력 스트림에 출력된 내용을 주어진 출력 스트림에 출력한다. 주어진 출력 스트림의 out.write(buf, 0, count) 메소드를 호출한 것과 같은 효과다.

다음에 나오는 자바 프로그램은 자바에서 문자 배열을 입출력 스트림으로 사용하는 ByteArrayInputStream 클래스와 ByteArrayOutputStream 클래스의 사용 방법을 보여주는 간단한 예제이다.

예제

ByteArrayInputOutputTest.java

```
import java.io.*;
class ByteArrayInputOutputTest {
    public static void main(String[] args) throws IOException {
        int ch;
```

```
        byte arr[] = { (byte)'J',(byte)'a',(byte)'v',(byte)'a',(byte)'!' } ;
        ByteArrayInputStream in = new ByteArrayInputStream(arr);
        ByteArrayOutputStream out = new ByteArrayOutputStream();
        FileOutputStream outFile =
    new FileOutputStream("ByteArrayInputOutputTest.txt");  //Java!
        while((ch=in.read()) != -1) {
            out.write(ch);
            System.out.println("  read: ["+(char)ch+"]" +", write: ["+out.toString()
                        +"]"+out.size());
        }
        System.out.println("String: "+out.toString());
        out.writeTo(outFile);
    }
}
```

실행결과

```
  read: [J], write: [J]1
  read: [a], write: [Ja]2
  read: [v], write: [Jav]3
  read: [a], write: [Java]4
  read: [!], write: [Java!]5
String: Java!
```

(3) CharArrayReader 클래스(문자배열 문자 입력 스트림)

파일 입출력 스트림을 위해 FileInputStream 클래스와 FileOutputStream 클래스 FileReader 클래스와 FileWriter 클래스가 파일에 대한 바이트 입출력과 문자 입출력을 위해 각각 제공되듯이 메모리 입출력 스트림을 위해서 ByteArrayInputStream 클래스와 ByteArrayOutputStream 클래스 CharArrayReader 클래스와 CharArrayWriter 클래스가 메모리에 대한 바이트 입출력과 문자 입출력을 위해 각각 제공된다.

CharArrayReader 클래스는 입력 스트림으로 사용할 내부 버퍼로서 문자 배열(protected char[] buf)을 가지고 있다. 또한, read 메소드에서 다음 읽을 바이트를 나타내기 위해 사용할 수 있는 내부 카운터(protected int count , protected int pos)를 가지고 있다. 이러한 CharArrayReader 클래스의 객체 생성자는 다음과 같고 메소드는 Reader 클래스의 메소드들을 그대로 재정의하여 제공해 주고 있다.

- CharArrayReader(char[] buf) : 주어진 문자 배열을 입력 버퍼로 사용하는 CharArrayReader 객체를 생성한다.
- CharArrayReader(char[] buf, int offset, int length) : 주어진 문자 배열의 주어진 부분을 입력 버퍼로 사용하는 CharArrayReader 객체를 생성한다.

(4) CharArrayWriter 클래스(문자배열 문자 출력 스트림)

CharArrayWriter 클래스는 출력 스트림으로 사용하기 위해 내부적으로 문자 배열(protected char[] buf, 출력 버퍼)을 포함하고 있다. 이 출력 버퍼는 데이터가 버퍼에 쓰여질 때 자동으로 증가(protected int count)하도록 되어 있다. 이러한 CharArrayWriter 클래스에서 제공해 주는 객체 생성자와 주요 메소드를 살펴보면 다음과 같다.

- CharArrayWriter() : 디폴트 크기의 문자 배열을 출력 버퍼로 사용하는 ByteArrayOutputStream 객체를 생성한다.
- CharArrayWriter(int initialSize) : 주어진 크기의 문자 배열을 출력 버퍼로 사용하는 ByteArrayOutputStream 객체를 생성한다.
- int size(): 출력 버퍼의 현재 크기를 얻는다.
- char[] toCharArray() : 출력 스트림에 출력된 내용을 새로운 문자 배열을 생성하여 거기에 저장하여 얻는다.
- String toString() : 출력 스트림에 출력된 내용을 문자열로 변환하여 얻는다.
- void writeTo(Writer out) : 출력 스트림에 출력된 내용을 주어진 출력 스트림에 출력한다.

다음에 나오는 자바 프로그램은 자바에서 문자 배열을 입출력 스트림으로 사용하는 CharArrayReader 클래스와 CharArrayWriter 클래스의 사용 방법을 보여주는 간단한 예제이다.

예제

CharArrayReaderWriterTest.java

```
import java.io.*;
class CharArrayReaderWriterTest {
   public static void main(String[] args) throws IOException {
      int ch;
      char arr[] = { 'H','e','l','l','o',',',' ','J','a','v','a','!' } ;
      CharArrayReader in;
      CharArrayWriter out;
      in = new CharArrayReader(arr, 7, 5);
      out = new CharArrayWriter();
      while((ch=in.read()) != -1) {
         out.write(ch);
         System.out.println("read:["+(char)ch+"]"+",write:
["+out.toString()+"]"+out.size());
      }
      System.out.println(" String: "+out.toString());
   }
}
```

실행결과

```
read: [J], write: [J]1
read: [a], write: [Ja]2
read: [v], write: [Jav]3
read: [a], write: [Java]4
read: [!], write: [Java!]5
 String: Java!
```

10.5.3 문자열 입출력 스트림

(1) StringBufferInputStream 클래스(문자열버퍼 바이트 입력 스트림)

StringBufferInputStream 클래스는 문자열에 있는 내용을 바이트 입력 스트림으로 사용할 수 있도록 해 준다. 이때, 문자열 내에 있는 각각의 문자들에 대해 하위 1바이트만을 읽는다. 물론, ByteArrayInputStream 클래스를 이용하여 바이트 배열로을 바이트 입력 스트림으로 사용할 수도 있다. 이러한 StringBufferInputStream 클래스의 객체 생성자는 다음과 같고 메소드는 InputStream 클래스의 메소드들을 그대로 재정의하여 제공해 주고 있다.

- StringBufferInputStream(String s) : 주어진 문자열을 바이트 입력 스트림으로 사용하는 StringBufferInputStream 객체를 생성한다.

다음에 나오는 자바 프로그램은 자바에서 문자열을 바이트 입력 스트림으로 사용할 수 있도록 해 주는 StringBufferInputStream 클래스의 사용 방법을 보여주는 간단한 예제이다.

예제

StringBufferInputTest.java

```
import java.io.*;
class StringBufferInputTest {
   public static void main(String[] args) throws IOException {
      int ch;
      String s = "Hi~";
      StringBufferInputStream in = new StringBufferInputStream(s);
      while((ch=in.read()) != -1) {
         System.out.println("read: ["+(char)ch+","+ch+"]"+in.available());
      }
   }
}
```

실행결과

```
read: [H,72]2
read: [i,105]1
read: [~,126]0
```

(2) StringReader 클래스(문자열 문자 입력 스트림)

StringReader 클래스는 문자열()을 입력 스트림으로 사용한다. 또한, read 메소드에서 다음 읽을 문자를 나타내기 위해 사용할 수 있는 내부 카운터를 가지고 있다. 이러한 StringReader 클래스의 객체 생성자는 다음과 같고 메소드는 Reader 클래스의 메소드들을 그대로 재정의하여 제공해 주고 있다.

- StringReader(String s) : 주어진 문자열을 입력 스트림으로 사용하는 새로운 StringReader 객체를 생성한다.

(3) StringWriter 클래스(문자열버퍼 문자 출력 스트림)

StringWriter 클래스는 출력 스트림으로 사용하기 위해 내부적으로 문자열 버퍼(StringBuffer)를 포함하고 있다. 이러한 StringWriter 클래스에서 제공해 주는 객체 생성자와 주요 메소드를 살펴보면 다음과 같다.

- StringWriter() : 디폴트 크기의 문자열 버퍼(StringBuffer) 출력 버퍼로 사용하는 StringWriter 객체를 생성한다.
- StringWriter(int initialSize) : 주어진 크기의 문자열 버퍼(StringBuffer) 출력 버퍼로 사용하는 StringWriter 객체를 생성한다.
- StringBuffer getBuffer() : 출력 버퍼로 사용되는 문자열 버퍼(StringBuffer)를 얻는다.
- String toString() : 출력 버퍼의 내용을 문자열로 변환하여 얻는다.

다음에 나오는 자바 프로그램은 자바에서 문자열(String)을 입력 스트림으로 사용하고 문자열 버퍼(StringBuffer)를 출력 스트림으로 사용하는 StringReader 클래스와 StringWriter 클래스를 사용하는 방법을 보여주는 간단한 예제이다.

예제

StringReaderWriterTest.java

```
import java.io.*;
class StringReaderWriterTest {
   public static void main(String[] args) throws IOException {
      int ch;
      String s = "Hello, Java!";
      StringReader in = new StringReader(s);
      StringWriter out = new StringWriter(s.length()/2);
      in.skip(7);
      while((ch=in.read()) != -1) {
         out.write(ch);
         System.out.println("read: ["+(char)ch+"]"+", write: ["+out.toString()+"]"
                        +out.getBuffer().length());
      }
      System.out.println(" out: "+out.toString());
      System.out.println(" out: "+out.getBuffer().reverse());
      in = new StringReader(out.toString());
      CharArrayWriter out2 = new CharArrayWriter();
      while((ch=in.read()) != -1) {
         out2.write(ch);
         System.out.println("read:["+(char)ch+"]"+",
 write: ["+out2.toString()+"]"+out2.size());
      }
      out2.writeTo(out);
      System.out.println(" out: "+out.toString());
      System.out.println("out2: "+out2.toString());
   }
}
```

실행결과

```
read: [J], write: [J]1
read: [a], write: [Ja]2
read: [v], write: [Jav]3
read: [a], write: [Java]4
read: [!], write: [Java!]5
 out: Java!
 out: !avaJ
read: [!], write: [!]1
read: [a], write: [!a]2
read: [v], write: [!av]3
read: [a], write: [!ava]4
read: [J], write: [!avaJ]5
 out: !avaJ!avaJ
out2. !avaJ
```

제 11 장 AWT(Abstract Window Toolkit)

11.1 AWT

자바에서는 GUI(Graphical User Interface) 구축을 위해 java.awt 패키지를 제공하고 있다. 사용자는 java.awt 패키지의 컴포넌트(Component)들을 이용하여 응용 프로그램이나 애플릿 프로그램의 GUI를 구축할 수 있다.

java.awt패키지에는 GUI 구축을 위한 컴포넌트 클래스 뿐만아니라 그래픽 관련 클래스외에 다른 클래스들도 많이 제공하고 있다.

다음은 자바 컴포넌트들이다. 모든 컴포넌트는 Componet 클래스를 상속하고 있다.

① 기본 컴포넌트 : Button, Label, Choice, CheckBox, List, Canvas, ScrollBar
② 컨테이너 컴포넌트 : Container, Panel, Window, Frame, Dialog, FileDialog
③ 텍스트 컴포넌트 : TextComponent, TextArea, TextField

11.2 레이블(Label) 클래스

Label 클래스는 프로그램의 GUI에 선택되지 않는 텍스트를 넣기 쉽도록 해 준다. 레이블 컴포넌트는 기본적으로 왼쪽 정렬한다. 물론, 사용자가 정렬 방식을 결정할 수 있는데 다음과 같은 세 가지의 정렬 방식을 Label 클래스의 객체 생성자 또는 setAlignment 메소드를 이용하여 설정해 주면 된다.

- 왼쪽 정렬 : Label.LEFT
- 가운데 정렬 : Label.CENTER
- 오른쪽 정렬 : Label.RIGHT

모든 다른 컴포넌트에서처럼 레이블의 색깔과 폰트를 바꿀 수 있다. 다음에 나오는 자바 프로그램은 레이블을 사용하는 방법에 대하여 간단하게 보여주는 예제이다.

예제

LabelTest.java

```
import java.awt.*;
class LabelTest extends Frame {
   public LabelTest() {
      setLayout(new FlowLayout());
      Label label1 = new Label();
      label1.setText("Left");
      label1.setSize(50, 25);
      label1.setBackground(Color.cyan);
      Label label2 = new Label("Center");
      label2.setAlignment(Label.CENTER);
      label2.setSize(50, 25);
      label2.setBackground(Color.yellow);
      Label label3 = new Label("Right", Label.RIGHT);
      label3.setSize(50, 25);
      label3.setBackground(Color.green);
      add(label1);
      add(label2);
      add(label3);
   }
   public static void main(String args[]) {
      LabelTest f = new LabelTest();
      f.setSize(200, 60);  // pack();
```

```
        f.setVisible(true);
    }
}
```

실행결과

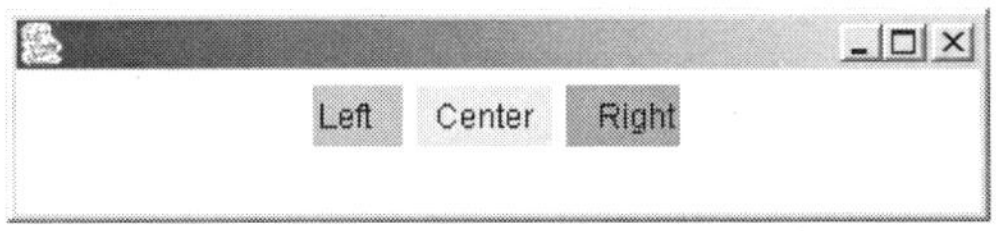

11.3 버튼(Button) 클래스

Button 클래스는 디폴트 버튼을 구현하도록 해 주고 있다. 버튼은 사용자가 버튼을 클릭할 때 action 이벤트를 생성하는 간단한 컨트롤이다. 버튼은 다음과 같은 속성을 갖고 있다.

- 폰트(font)
- 텍스트(text)
- 전경색(foreground)
- 배경색(background)
- 버튼의 상태(활성-enabled/비활성-disabled)

다음에 나오는 예제는 자바에서 버튼을 보여주기 위한 간단한 예제이다.

예제

ButtonTest.java

```
import java.awt.*;
class ButtonTest extends Frame {
    Button b1, b2, b3;
```

```
    public ButtonTest() {
     setLayout(new FlowLayout());
     b1 = new Button();
     b1.setLabel("Button");
     b1.setBackground(Color.blue);
     b1.setForeground(Color.yellow);
     b2 = new Button("Button");
     b3 = new Button("Button");
     b3.setEnabled(false);
     add(b1);
    add(b2);
    add(b3);
  }
  public static void main(String args[]) {
     ButtonTest f = new ButtonTest();
     f.pack(); // setSize(200, 60);
     f.setVisible(true);
  }
}
```

실행결과

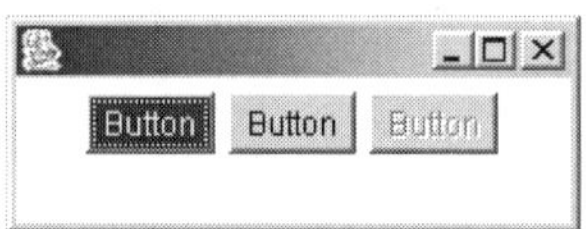

11.4 체크박스(Checkbox) 클래스

Checkbox 클래스는 "on" 또는 "off" 둘 중의 하나의 상태를 가지는 두 상태(two-state) 버튼이라 할 수 있는 체크박스를 가능하도록 해 준다. 사용자가 체크박스를 클릭하면 체크박스의 상태는 변하게 되고 이 때 action 이벤트를 발생시킨다. 체크박스와 마찬가지로 사용자가 아이템을 선택할 수 있도록 하는 컴포넌트는 선택 컴포넌트, 리스트 컴포넌트, 그리고 메뉴 컴포넌트 등이 있다.

만약, 여러 개의 체크박스들 중 하나만 선택("on")될 수 있도록 체크박스들을 그룹으로 관리하고자 한다면 체크박스의 상태를 체크하여 하나만 선택될 수 있도록 체크박스 그룹(CheckboxGroup 객체)에 추가해 주면 된다. 이때 체크박스는 라디오 버튼(radio button)과 같은 역할을 하게 된다.

다음에 나오는 예제 프로그램은 위에서 설명한 두 가지 형태의 체크박스를 테스트 할 수 있도록 해 주는 자바 프로그램이다.

예제

CheckboxTest.java

```
import java.awt.*;
class CheckboxTest extends Frame {
   public CheckboxTest() {
      Panel p1, p2;
      Checkbox cb1, cb2, cb3;
      Checkbox cb4, cb5, cb6;
      CheckboxGroup cbg;
      setLayout(new FlowLayout());
      cb1 = new Checkbox();
      cb1.setLabel("Checkbox 1");
      cb2 = new Checkbox("Checkbox 2");
      cb3 = new Checkbox("Checkbox 3");
      cb3.setState(true);
      add(cb1); add(cb2); add(cb3);
      cbg = new CheckboxGroup();
      add(new Checkbox("Checkbox 4", cbg, false));
      add(new Checkbox("Checkbox 5", cbg, false));
      add(new Checkbox("Checkbox 6", cbg, false));
   }
   public static void main(String args[]) {
      CheckboxTest f = new CheckboxTest();
      f.setSize(350, 90);
      f.setVisible(true);
   }
```

```
}
```

실행결과

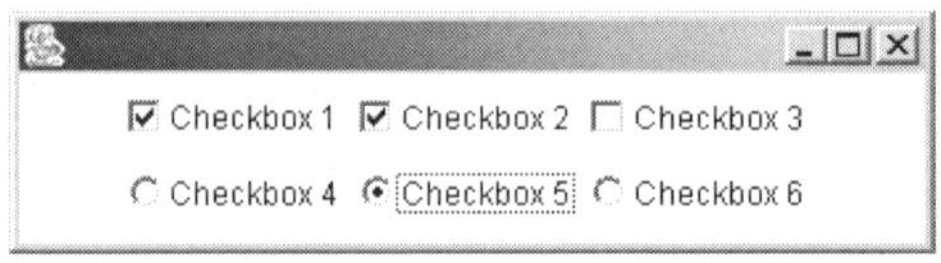

11.5 선택(Choice) 클래스

Choice 클래스는 메뉴와 비슷한 선택(choice) 리스트이고 서로 구별된 버튼에 의해서 참조된다. 사용자는 메뉴를 나타내는 버튼을 누른 후 아이템 중 하나를 선택한다. 사용자가 하나의 아이템을 선택하면 선택 컴포넌트는 action 이벤트를 발생시킨다. 선택 컴포넌트는 제한된 공간에 몇 개의 아이템들을 디스플레이 하기를 원하면서도 그 아이템 모두를 동시에 보여줄 필요가 없을 경우 유용하다. 이러한 선택 컴포넌트를 팝업 리스트(pop-up list)라 부르기도 한다. 선택 컴포넌트는 체크박스 컴포넌트, 리스트 컴포넌트, 메뉴 컴포넌트 등과 같이 여러 개의 메뉴를 제공해 준다.

다음에 나오는 예제는 선택 컴포넌트를 사용하는 간단한 예를 보여주고 있다.

예제

ChoiceTest.java

```
import java.awt.*;
class ChoiceTest extends Frame {
   public ChoiceTest() {
      Choice choice;
      setLayout(new FlowLayout());
      choice = new Choice();
```

```
      choice.addItem("서울");
      choice.addItem("경기");
      choice.addItem("대전");
      choice.addItem("대구");
      choice.addItem("부산");
      add(choice);
   }
   public static void main(String args[]) {
      ChoiceTest f = new ChoiceTest();
      f.setSize(100, 150);
      f.setVisible(true);
   }
}
```

실행결과

11.6 리스트(List) 클래스

List 클래스는 선택가능한 텍스트 아이템들을 각 라인에 하나씩 보여주는 스크롤 가능한 공간을 제공해 준다. 일반적으로 사용자는 하나의 아이템을 클릭함으로써 선택하고 아이템을 더블 클릭하거나 리턴하면 action 이벤트가 발생한다. 또한, 리스트 컴포넌트는 동시에 여러 개를 선택하거나 또는 단지 하나를 선택할 수 있도록 한다. 앞에서도 살펴본 것과 같이 여러 개를 선택할 수 있도록 하는 컴포넌트에는 체크박스 컴포넌트, 선택 컴포넌트, 메뉴 컴포넌트 등의 컴포넌트들이 있다.

다음은 리스트 컴포넌트를 사용하는 예를 보여주는 자바 프로그램이다.

예제

ListTest.java

```
import java.awt.*;
class ListTest extends Frame {
   public ListTest() {
      setLayout(new FlowLayout());
      List os, unix;
      os = new List(3, true);
      os.add("Winodws 98");
      os.add("Winodws 2000");
      os.add("Winodws NT");
      os.add("Solaris");
      os.add("Machintosh");
      unix = new List();
      unix.add("Solaris");
      unix.add("Linux");
      unix.add("BSD");
      unix.add("Mach");
      unix.add("System V");
      unix.add("Multics");
      unix.add("OS/390");
      add(os);
      add(unix);
   }
   public static void main(String args[]) {
      ListTest f = new ListTest();
      f.pack();  // f.setSize(200, 60);
      f.setVisible(true);
   }
}
```

실행결과

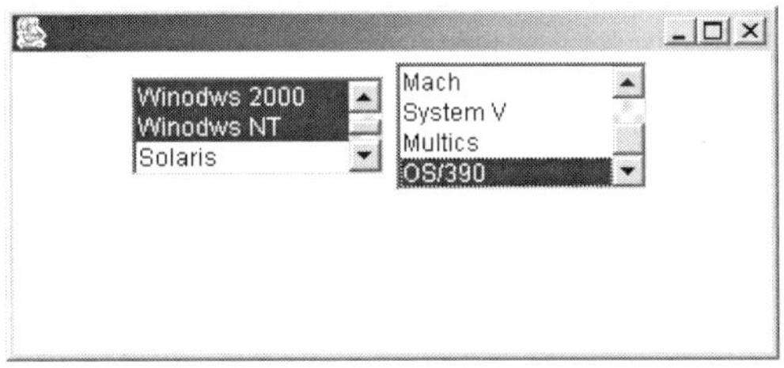

위의 자바 프로그램에서는 두 개의 리스트 컴포넌트를 보여주고 있다. 왼쪽에 보이는 리스트 컴포넌트는 각 아이템을 선택함으로써 여러 개의 아이템을 선택할 수 있지만, 오른쪽에 보이는 리스트 컴포넌트는 단 하나의 아이템만 선택하도록 설정되어 있기 때문에 하나의 아이템만을 선택할 수 있다.

11.7 스크롤바(Scrollbar) 클래스

스크롤바는 다음과 같이 두 가지 목적으로 사용할 수 있다.

① 스크롤바는 사용자가 값을 설정하기 위해 조작하는 슬라이더처럼 사용될 수 있다.

② 일반적으로 사용하는 수평 또는 수직 스크롤바와 같은 목적으로 사용할 수 있다.

이러한 스크롤바는 실제 보여지는 영역을 설정할 수 있도록 해 준다 예를 들어, 이미지 뷰를 통해 이미지를 볼 때 스크롤바를 움직여 보이는 부분을 조정한다거나 또는 텍스트 편집기를 이용하여 문서를 편집할 때 현재 보이는 문서의 부분을 조정한다거나 하는 등의 작업을 할 수 있다.

스크롤바 컴포넌트를 사용하기 위해서 Scrollbar 객체를 생성하면 되는데 객체 생성자를 이용하여 또는 setValues 메소드를 이용하여 다음과 같은 스크롤바 속성값을 설정할 수 있다.

다음에 나오는 자바 프로그램은 스크롤바를 사용하기 위한 간단한 예를 보여주고 있다.

예제

ScrollbarTest.java

```
import java.awt.*;
class ScrollbarTest extends Frame {
   public ScrollbarTest() {
      Panel p;
      Scrollbar vSlider, hSlider, slider;
      vSlider = new Scrollbar(Scrollbar.VERTICAL, 0, 1, 0, 255);
      add("East", vSlider);
      hSlider = new Scrollbar(Scrollbar.HORIZONTAL, 0, 4, 0, 100);
      add("South", hSlider);
      slider = new Scrollbar(Scrollbar.HORIZONTAL, 0, 10, 0, 100);
      add(slider);
   }
   public static void main(String args[]) {
      ScrollbarTest f = new ScrollbarTest();
      f.pack();
      f.setVisible(true);
   }
}
```

실행결과

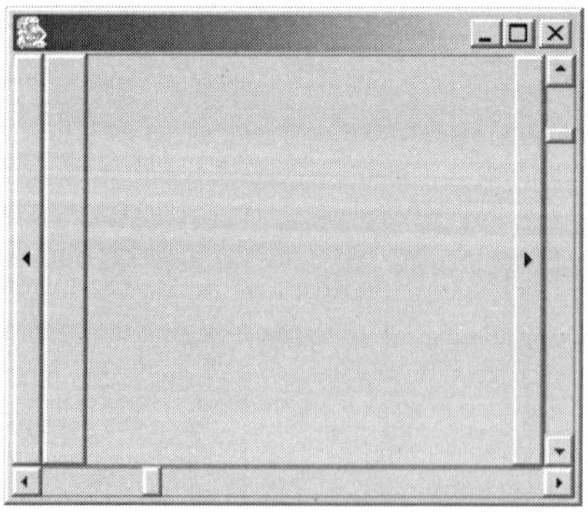

11.8 캔버스(Canvas) 클래스

Canvas 클래스는 하위클래스에 의해 상속되어야 하며 사용자 컴포넌트를 구현할 수 있는 방법을 제공해 준다. 예를 들어 캔버스 컴포넌트에는 그래픽을 그린다거나 이미지를 그리는 등의 작업을 하는데 유용하고 이를 위해 Canvas 클래스를 상속하여 하나의 새로운 하위클래스를 정의할 수 있다. 또한, 캔버스 컴포넌트를 이용하여 원형 버튼과 같은 새로운 형태의 버튼과 같은 컨트롤을 만드는데 유용하게 쓰일 수 있다.

다음에 나오는 자바 프로그램은 캔버스 컴포넌트를 사용하기 위한 간단한 예를 보여주고 있다.

예제

CanvasGen.html

```
<HTML>
<HEAD><TITLE>Canvas 객체의 생성</TITLE></HEAD>
<BODY>
  <APPLET CODE="CanvasGen" WIDTH=300 HEIGHT=300>
  </APPLET>
</BODY>
</HTML>
```

예제

CanvasGen.java

```
import java.applet.*;
import java.awt.*;
class MyCanvas1 extends Canvas {
  public void paint(Graphics g) {
```

```
      g.drawLine(10, 10, 100, 10);
      g.drawLine(100, 10, 100, 100);
      g.drawLine(100, 100, 10, 100);
      g.drawLine(10, 100, 10, 10);
      g.drawLine(10, 10, 100, 100);
      g.drawLine(10, 100, 100, 10);
    }
}
class MyCanvas2 extends Canvas {
    public void paint(Graphics g) {
      g.setColor(Color.green);
      g.drawRect(10, 10, 100, 100);
      g.fillRect(120, 10, 100, 100);
    }
}
public class CanvasGen extends Applet {
    public void init() {
      MyCanvas1 myCanvas1 = new MyCanvas1();
      myCanvas1.setSize(250, 120);
      add(myCanvas1);
      MyCanvas2 myCanvas2 = new MyCanvas2();
      myCanvas2.setSize(250, 120);
      add(myCanvas2);
    }
}
```

실행결과

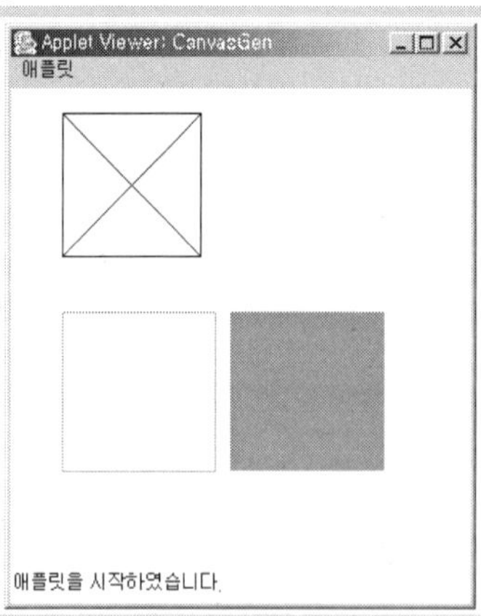

11.9 윈도우(Window) 클래스

Window 클래스는 윈도우 컴포넌트가 갖아야 할 기본적인 기능을 제공해 주기 위한 클래스로서 Dialog 클래스와 Frame 클래스가 이 Window 클래스를 상속하여 하위클래스를 정의함으로써 하나의 독립된 윈도우로 동작할 수 있도록 해 준다. 또한 부모 윈도우와 자식 윈도우 간에 존재하는 종속관계를 유지하기 위해 필요로 하는 여러 가지 기능들도 제공해 주고 있다. 하나의 기본 윈도우(기본적으로 프레임의 형태로 나타나지만)에서 작업을 하다가 파일을 열기 위해 파일 대화 상자를 연다거나 또는 경고 메시지를 보여주거나 또는 작업의 진행을 계속할 것인지의 여부를 묻기 위한 대화상자를 나타낼 때 이러한 대화상자는 하나의 윈도우로 나타나게 된다. 이 때, 원래부터 작업을 하던 윈도우는 부모(parent 또는 owner) 윈도우로서 대화상자 윈도우는 자식(child) 윈도우로서 동작하게 된다.

다음에 나오는 자바 프로그램은 윈도우 컴포넌트를 사용하기 위한 간단한 예를 보여주고 있다.

예제

WindowTest.java

```
import java.awt.*;
class WindowTest extends Frame {
   FileDialog fileDialog;
   Window w1, w2;
   public WindowTest() {
      MenuBar menuBar;
      Menu fileMenu;
      menuBar = new MenuBar(),
      setMenuBar(menuBar);
      fileMenu = new Menu("File");
      menuBar.add(fileMenu);
```

```
        fileMenu.add(new MenuItem("New"));
        fileMenu.addSeparator();
        fileMenu.add(new MenuItem("Open"));
        fileMenu.add(new MenuItem("Close"));
        menuBar.add(new Menu("Edit"));
        menuBar.add(new Menu("View"));
        menuBar.setHelpMenu(new Menu("Help"));
        w1 = new Window(this);
        w1.setLayout(new FlowLayout());
        w1.add(new Button("Button 1"));
        w1.add(new Button("Button 2"));
        w1.add(new Button("Button 3"));
        w2 = new Window(this);
        Panel p = new Panel();
        w2.add(p);
        p.add(new Button("Button 4"));
        p.add(new Button("Button 5"));
        p.add(new Button("Button 6"));
    }
    public static void main(String args[]) {
        WindowTest f = new WindowTest();
        f.setLocation(80, 70);          // pack();
        f.setSize(200, 60);             // pack();
        f.setVisible(true);
        f.w2.toFront();
        Window w[] = f.getOwnedWindows();
   for(int i=0;i<w.length;i++) {
            System.out.println("Window["+i+"]: " + w[i]);
        }
        f.w1.setLocation(100,100);
        f.w1.setBackground(Color.cyan);
        f.w1.pack();
        f.w1.show();
        f.w2.setLocation(100,140);
        f.w2.setBackground(Color.green);
        f.w2.pack();
        f.w2.show();
        for(int i=0;i<w.length;i++) {
            System.out.println("Window["+i+"]: " + w[i]);
```

```
        }
    }
}
```

실행결과

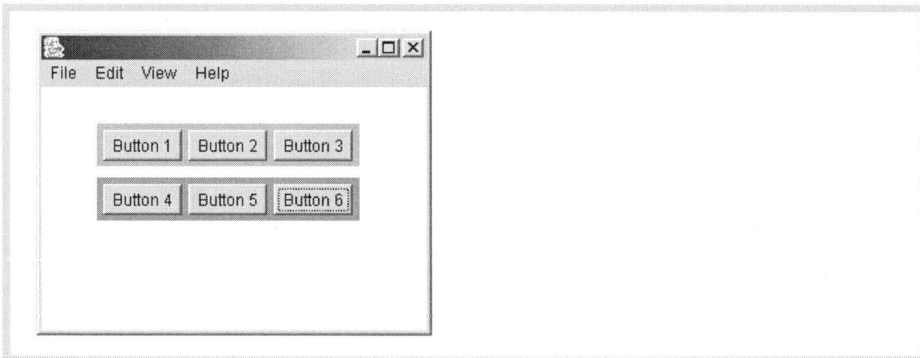

위의 프로그램을 실행한 결과와 같이 윈도우 컴포넌트는 보더(border)와 메뉴바(menubar)를 전혀 갖지 않는 최상위(top-level) 윈도우를 나타낸다. 그러므로 윈도우는 생성될 때 자신을 소유하는 부모 윈도우로서 프레임 대화상자 또는 다른 윈도우 중 하나를 항상 지정해 주어야 한다.

11.10 프레임(Frame) 클래스

Frame 클래스는 애플릿과 애플리케이션에서 윈도우를 사용할 수 있도록 해 준다. 앞에서 살펴 본 모든 자바 프로그램들에서도 프레임을 상속하여 각 컴포넌트들을 보여주도록 했듯이 모든 애플리케이션은 적어도 하나의 프레임을 필요로 한다. 만약 애플리케이션이 다른 윈도우에 종속적인 윈도우를 가지고 있다면 두 윈도우는 부모 윈도우와 자식 윈도우의 관계를 갖게 된다. 자식 윈도우는 부모 윈도우의 상태에 영향을 받게 되는데 부모 윈도우가 최소화되어 아이콘 상태가 되었다면 자식 윈도우는 마찬가지로 화면상에서 사라지게 될 것이고 부모 윈도우가 닫히게 된다면 자식 윈도우 역시 부모 윈도우와 운명을 같이 하게 된다.

다음에 나오는 자바 프로그램은 가장 단순한 형태의 프레임을 보여주는 예제이다.

예제

FrameTest.java

```
import java.awt.*;
public class FrameTest extends Frame {
    public static void main(String args[]) {
        FrameTest f = new FrameTest();
        f.setTitle("Frame Test");
        f.setSize(200, 100);  // f.pack();
        f.setVisible(true);
    }
}
```

실행결과

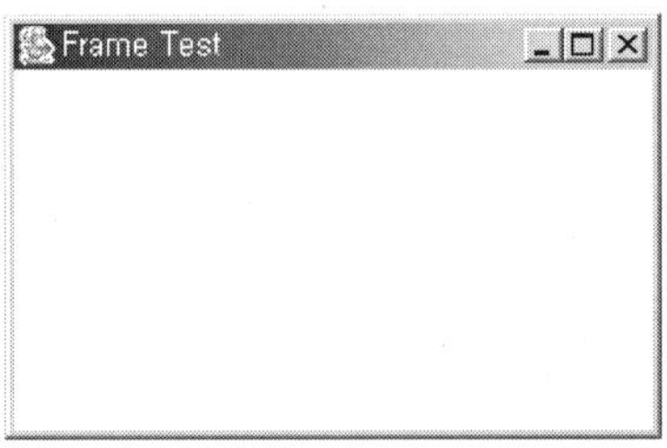

11.11 대화상자(Dialog) 클래스

자바에서는 대화상자(dialog box)를 위한 Dialog 컴포넌트를 제공해 주고 있다. 대화상자는 사용자들이 파일을 선택하여 오픈하는 등의 작업을 쉽게 할 수 있도록 하는 FileDialog 컴포넌트와 같은 유용한 하위클래스를 만들 수 있도록 해 준다. 같은 Frame 클래스를 상속하는 대화상자와 윈도우의 차이점을 살펴보면, 대화상자는 윈도우에 종속적이기 때문에 그 윈도우가 닫히게 되면 대화상자도 같이 닫히게 되고 윈도우가 최소화되어 아이콘으로 변하게 되면 대화상자는 사라지게 된다는 것이다. 그런데, 자바 애플릿의 경우에는 이러한 대화상자를 일반적으로 사용할 수 없다. 애플릿은 Frame 클래스 또는 Window 클래스를 상속하는 것이 아니라 Panel 클래스를 상속하므로 윈도우를 가질 수 없기 때문이다.

그러나 애플릿이 자신의 윈도우(또는 프레임)을 가진다면 그 윈도우에 종속된 대화상자를 가질 수 있다. 이러한 이유로 다음에 나오는 애플릿은 대와상자를 갖는 윈도우를 갖는 버튼들로 구성되어 있다.

예제

DialogTest.java

```
import java.awt.*;
class TitleBox extends Dialog {
   TextField field;
   Button setButton;
   Frame parent;
   TitleBox(Frame dw, String title) {
      super(dw, title, false);
      parent = dw;
      setLayout(new FlowLayout());
      field = new TextField(20);
      setButton = new Button("SET");
      add(field);
      add(setButton);
      pack();
   }
   public boolean action(Event event, Object arg) {
      if ( (event.target == setButton)
          | (event.target instanceof TextField)) {
           parent.setTitle(field.getText());
      }
```

```
            field.selectAll();
            setVisible(false);
            return true;
        }
    }
class DialogTest extends Frame {
    public DialogTest() {
        TitleBox titleBox = new TitleBox(this, "Input you title...");
        setLayout(new FlowLayout());
        titleBox.show();
    }
    public static void main(String args[]) {
        DialogTest f = new DialogTest();
        f.setSize(250, 100);
        f.setVisible(true);
    }
}
```

실행결과

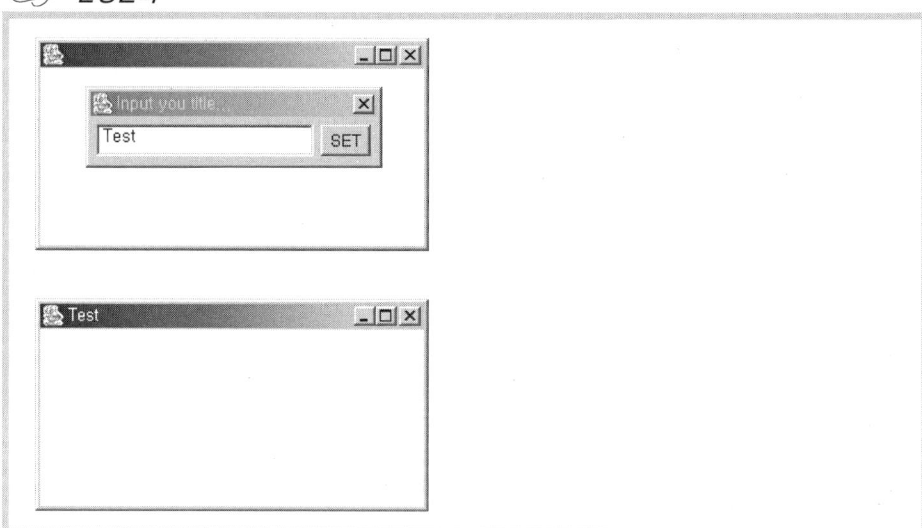

위의 자바 프로그램에서는 하나의 대화상자를 열어 문자열을 입력받은 후 "SET" 버튼을 누르면 대화상자가 종속된 윈도우의 타이틀 바(title bar)의 제목을 입력된 문

자열로 바꾸고 대화상자를 닫는 작업을 한다. 위의 실행화면을 살펴보면 대화상자를 종료하기 전에는 윈도우의 타이틀 바에 아무 제목도 없지만 대화상자가 닫힌 후에는 타이틀 바의 내용이 바뀌게 된 것을 볼 수 있다.

11.12 파일 대화상자(FileDialog) 클래스

FileDialog 클래스는 Dialog 클래스를 상속하는 하위클래스이다. 파일 대화상자 컴포넌트의 역할은 읽기 또는 쓰기를 위한 파일을 선택하는 작업을 사용자들이 보다 쉽게 할 수 있도록 해 준다는 것이다. 대부분의 윈도우 응용프로그램에서 파일을 읽거나 쓰려고 할 때 나타나는 대화상자와 같은 역할을 하는 것이다.

다음에 나오는 자바 프로그램은 파일 대화상자를 사용하는 간단한 예를 보여주는 프로그램이다.

예제

FileDialogTest.java

```
import java.io.*;
import java.awt.*;
class FileDialogTest extends Frame {
 FileDialog fromDialog, toDialog;
 public FileDialogTest() {
    super("File copy");
    fromDialog = new FileDialog(this, "Copy from", FileDialog.LOAD);
    toDialog = new FileDialog(this, "Copy to", FileDialog.SAVE);
 }
 public void copyFile() {
    FileInputStream in;
    FileOutputStream out;
    int count;
    byte buf[] = new byte[128];
```

```
        fromDialog.setDirectory("");
        fromDialog.setFile("Test.java");
        fromDialog.show();
        if(fromDialog.getFile() == null) {
          System.out.println("Source file i'snt selected...");
          return;
        }
        toDialog.setDirectory("");
        toDialog.setFile("Noname.txt");
        toDialog.show();
        if(toDialog.getFile() == null) {
          System.out.println("Destination file i'snt selected...");
          return;
        }
        System.out.println("copy " + fromDialog.getFile() + " to " + toDialog.getFile());
    try {
          in = new FileInputStream(fromDialog.getFile());
          out = new FileOutputStream(toDialog.getFile());
          do {
            count = in.read(buf);
            if(count > 0) {
              out.write(buf, 0, count);
            }
          } while(count > 0);
          in.close();
          out.close();
         } catch(IOException e) {
           System.out.println("IOException");
        }
    }
    public static void main(String args[]) {
        FileDialogTest f = new FileDialogTest();
        f.pack();
        f.setVisible(true);
        f.copyFile();
        System.exit(0);
    }
}
```

실행결과

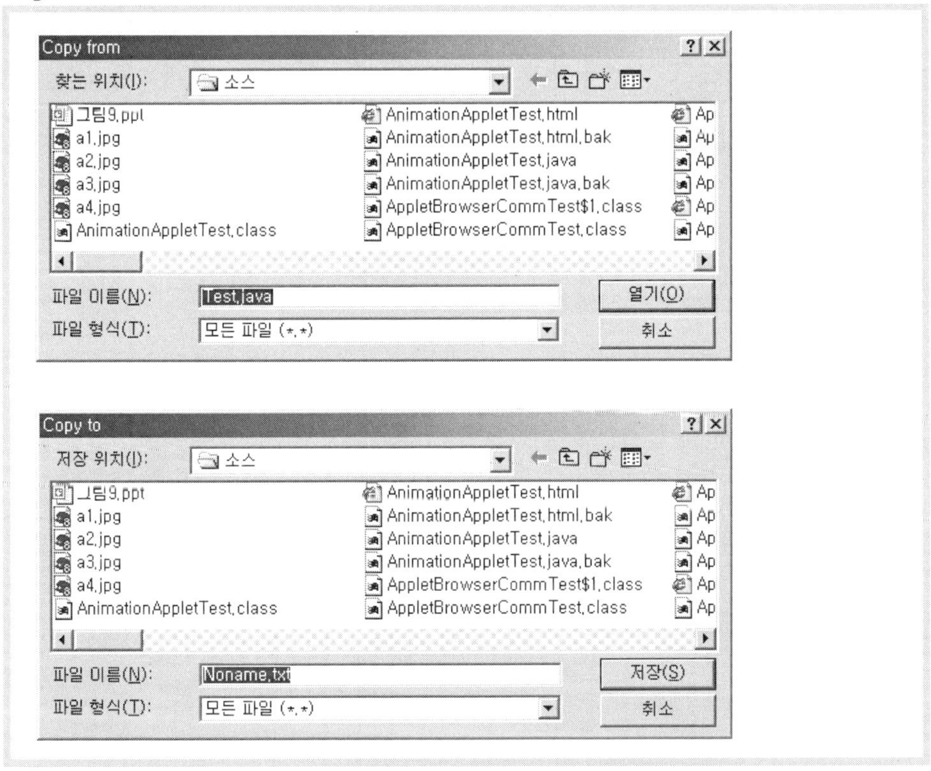

위의 예에서는 두 개의 파일 대화상자를 생성하여 사용하고 있다. 파일을 복사하기 위하여 원본 파일의 이름을 읽기용으로 선택하기 위한 파일 대화상자와 복사하여 새로 생성할 파일의 이름을 쓰기용으로 선택하기 위한 파일 대화상자이다. 두 개의 파일을 각각의 목적에 맞게 선택하였을 경우 파일이 제대로 선택되었는지를 확인하기 위하여 getFile 메소드의 결과가 null 인지 여부를 검사한다. 만약 그 결과가 null일 경우 파일이 제대로 선택된 것이 아니기 때문이다.

11.13 메뉴의 사용

자바 애플릿과 애플리케이션에서 원하는 형태의 메뉴를 사용할 수 있도록 해 준다. 윈도우는 몇 개의 메뉴를 갖고 각 메뉴는 다시 하나 또는 그 이상의 메뉴, 메뉴 아이템, 메뉴 분리자 등을 갖게 할 수 있다. 이 때, 메뉴는 항상 메뉴바 내에서만 사용될 수 있고 메뉴바는 윈도우(또는 프레임)에만 연결될 수 있다.

다음에 나오는 자바 프로그램은 메뉴를 사용하는 예를 보여주고 있다.

예제

MenuTest.java

```
import java.awt.*;
class MenuTest extends Frame {
 public MenuTest() {
    setLayout(new FlowLayout());
    MenuBar menuBar;
    Menu fileMenu, editMenu, viewMenu, zoomMenu, helpMenu;
    MenuItem undoItem, redoItem, cutItem, copyItem, pasteItem;
    menuBar = new MenuBar();
    setMenuBar(menuBar);
    fileMenu = new Menu("File", true);
    menuBar.add(fileMenu);
    fileMenu.add(new MenuItem("New"));
    fileMenu.add(new MenuItem("Open"));
    fileMenu.add(new MenuItem("Close"));
    fileMenu.addSeparator();
    fileMenu.add(new MenuItem("Save"));
    fileMenu.add(new MenuItem("Save As"));
    fileMenu.add(new MenuItem("Save All"));
    editMenu = new Menu("Edit", false);
    menuBar.add(editMenu);
    undoItem = new MenuItem("Undo");
    editMenu.add(undoItem);
    redoItem = new MenuItem("Redo");
    redoItem.setEnabled(false);
    editMenu.add(redoItem);
    editMenu.addSeparator();
```

```
        cutItem = new MenuItem("Cut");
        cutItem.setEnabled(false);
        editMenu.add(cutItem);
        copyItem = new MenuItem("Copy");
        copyItem.setEnabled(false);
        editMenu.add(copyItem);
        pasteItem = new MenuItem("Paste");
        pasteItem.setEnabled(false);
        editMenu.add(pasteItem);
        zoomMenu = new Menu("Zoom");
        zoomMenu.add(new CheckboxMenuItem("4:1"));
        zoomMenu.add(new CheckboxMenuItem("2:1"));
        zoomMenu.add(new CheckboxMenuItem("1:1"));
        zoomMenu.add(new CheckboxMenuItem("1:2"));
        zoomMenu.add(new CheckboxMenuItem("1:4"));
        viewMenu = new Menu("View");
        menuBar.add(viewMenu);
        viewMenu.add(zoomMenu);
        viewMenu.addSeparator();
        viewMenu.add(new CheckboxMenuItem("Toolbar"));
        viewMenu.add(new CheckboxMenuItem("StatusBar"));
        helpMenu = new Menu("Help");
        menuBar.setHelpMenu(helpMenu);
        helpMenu.add(new MenuItem("Help"));
        helpMenu.add(new MenuItem("About"));
    }
    public static void main(String args[]) {
        MenuTest f = new MenuTest();
        f.setSize(200, 60);  // pack();
        f.setVisible(true);
    }
}
```

실행결과

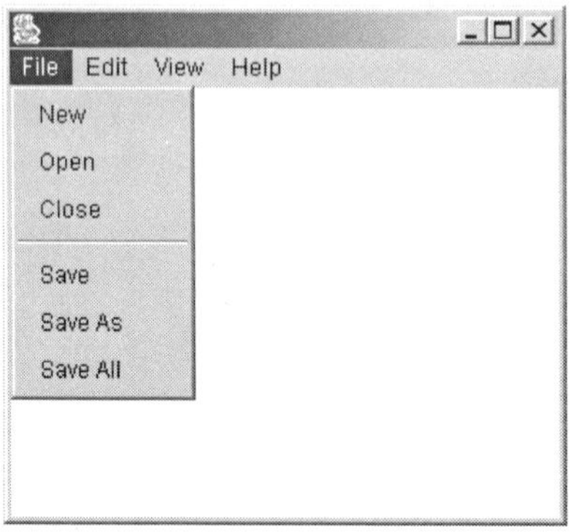

제 12 장 네트워크(Network)

12.1 네트워크 개요

자바는 편리하고 다양한 네트워크 기능을 제공한다. 인터넷으로 연결된 컴퓨터와 관련된정보를 알아내고, www 문서 정보를 알아내고, 다른 컴퓨터와 연동되어 정보를 주고받는 등의 다양한 기능들을 제공하고 있다.

이러한 기능들을 제공하기 위해 자바는 네트워크의 복잡한 구조를 잘 이해하지 못하고도 네트워크관련 프로그램을 작성할 수 있는 편리한 클래스들을 java.net 패키지로 제공하고 있다. 사용자는 이 패키지에서 제공되는 클래스들을 이용해 간단하게 네트워크 관련 프로그램들을 작성할 수 있다.

12.2 InetAddress 클래스

InetAddress 클래스는 자바에서 IP(Internet Protocol) 주소를 사용할 수 있는 기능을 제공해 주고 있다. 이러한 InetAddress 클래스에서 제공해 주고 있는 메소드를 살펴보면 다음과 같다.

표 12.1 java.net 패키지의 클래스

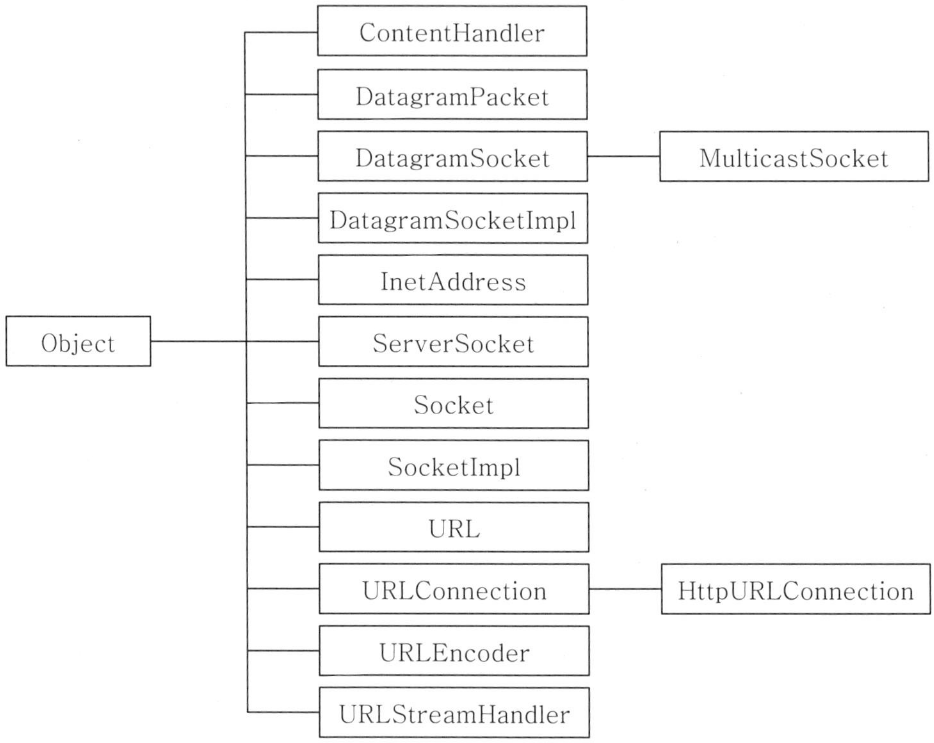

- byte[] getAddress() :

  InetAddress 객체가 가지고 있는 IP 주소의 바이트 배열을 얻는다. 자바에서의 byte형 값은 -128～127의 값을 가지게 되므로 IP 주소를 나타내기 위해서는 0～255 사이의 값으로 다음과 같이 변환 시켜주어야 한다.

  int unsignedByte = myByte < 0 ? myByte + 256: myByte;
- String getHostAddress() : IP 주소를 "%d.%d.%d.%d"와 같은 형식의 문자열로 표현하여 얻는다.
- String getHostName() : 객체가 가지는 호스트 이름을 문자열로 얻는다.
- String toString() : IP 주소를 문자열로 얻는다.
- boolean isMulticastAddress() : InetAddress이 IP 멀티캐스트 주소인지를 얻는다.
- static InetAddress[] getAllByName(String host) : 주어진 이름을 갖는 호스트의 모든 IP 주소를 얻는다.

- static InetAddress getByName(String host) : 주어진 이름을 갖는 호스트의 IP 주소를 얻는다.
- static InetAddress getLocalHost() : 로컬 호스트의 IP 주소를 얻는다.

다음에 나오는 자바 프로그램은 InetAddress 클래스에서 제공해 주는 기능을 이용하여 IP 주소를 관리하기 위한 간단한 예를 보여주고 있다.

예제

InetAddressTest.java

```
import java.net.*;
class InetAddressTest {
  public static void main(String args[]) {
    InetAddress myIp=null, myIps[]=null;
    try {
      myIp = InetAddress.getByName("211.221.248.33");
      System.out.println("getHostName: " + myIp.getHostName());
      System.out.println("getHostAddr: " + myIp.getHostAddress());
      System.out.println("toString: " + myIp.toString());
    } catch(UnknownHostException e) {
      System.out.println(e);
    }
    try {
      myIp = InetAddress.getByName("www.act.ac.kr");
      System.out.println("getHostName: " + myIp.getHostName());
      System.out.println("getHostAddr: " + myIp.getHostAddress());
      System.out.println("toString: " + myIp);
    } catch(UnknownHostException e) {
      System.out.println(e);
    }
    try {
      myIp = InetAddress.getLocalHost();
      System.out.println("getHostName: " + myIp.getHostName());
      System.out.println("getHostAddr: " + myIp.getHostAddress());
    } catch(UnknownHostException e) {
      System.out.println(e);
```

```
            }
            byte inet[] = myIp.getAddress();
            System.out.print("getHostAddr: ");
            for(int i=0;i<inet.length;i++) {
                System.out.print(inet[i]+".");
            }
            System.out.println();
            System.out.print("getHostAddr: ");
            for(int i=0;i<inet.length;i++) {
                System.out.print(((inet[i]<0) ? (inet[i]+256): inet[i])+".");
            }
            System.out.println();
            try {
                myIps = InetAddress.getAllByName("www.act.ac.kr");
                for(int i=0;i<myIps.length;i++) {
                    System.out.println("getHostName: " + myIps[i].getHostName());
                    System.out.println("getHostAddr: " + myIps[i].getHostAddress());
                }
            } catch(UnknownHostException e) {
                System.out.println(e);
            }
        }
    }
```

실행결과

```
getHostName: www.act.ac.kr
getHostAddr: 211.221.248.33
toString: cyber.ansantc.ac.kr/211.221.248.33
getHostName: www.act.ac.kr
getHostAddr: 211.221.248.33
toString: www.act.ac.kr/211.221.248.33
getHostName: James
getHostAddr: 211.221.250.9
getHostAddr: -45.-35.-6.9.
getHostAddr: 211.221.250.9.
getHostName: www.act.ac.kr
getHostAddr: 203.252.134.126
```

12.3 URL(Uniform Resource Location)

(1) URL 클래스

URL 클래스는 웹(World Wide Web) 상에 존재하는 자원(resource)에 접근하기 위해 자원의 유일한 주소를 나타내기 위한 기능을 제공해 주는 클래스다. 이때 자원이란 파일 또는 디렉토리와 같은 간단한 것에서부터 데이터베이스 또는 검색 엔진에 대한 쿼리(query)와 같은 복잡한 형태의 객체일 수도 있다.

일반적으로, URL은 다음과 같이 몇 개의 부분으로 나눌 수 있다.

① 프로토콜(protocol) : 자원에 접근하기 위해 사용하고자 하는 프로토콜을 나타낸다.

② 호스트(host) : 접근하려는 자원이 저장되어 있는 호스트를 나타낸다.

③ 포트(port) : URL은 원격 호스트(remote host machine) 상에서 생성된 TCP 연결에 대한 포트 번호를 지정할 수 있다. 만약, 포트 번호가 생략되어 있다면 각 프로토콜에 따라 디폴트 값을 사용하게 된다. 예를 들어, HTTP 프로토콜의 경우에는 80번 이다.

URL에서 포트를 명시하기 위해 다음과 같이 할 수 있다.

① 경로명(path) : 접근하려는 자원이 저장되어 있는 호스트 상의 경로를 나타낸다. 이 부분은 프로토콜 또는 호스트에 따라 다르게 표현될 수 있고 파일 또는 디렉토리일 수 있다.

② 참조(anchor) : URL에서는 참조("ref", or "reference")를 나타낼 수 있다. 이때, 참조는 '#'문자를 이용하여 나타낼 수 있다.

URL 클래스는 자바에서 URL을 사용할 수 있는 기능을 제공해 주고 있는데 이러한 URL 클래스에서 제공해 주고 있는 주요 메소드를 살펴보면 다음과 같다.

- URL(String spec) : 주어진 문자열에 해당하는 URL 객체를 생성한다.
- URL(String protocol, String host, int port, String file) : 주어진 조건에 해당하

는 URL 객체를 생성한다. port 값이 -1일 경우 디폴트 포트 번호를 나타낸다.

- URL(String protocol, String host, int port, String file, URLStreamHandler handler) : 주어진 조건에 해당하는 URL 객체를 생성한다.
- URL(String protocol, String host, String file) : 주어진 조건에 해당하는 URL 객체를 생성한다.
- URL(URL context, String spec) : 주어진 조건에 해당하는 URL 객체를 생성한다.
- URL(URL context, String spec, URLStreamHandler handler) : 주어진 조건에 해당하는 URL 객체를 생성한다.
- String getFile() : 이 URL이 표현하고 있는 파일 부분을 얻는다.
- String getHost() : 이 URL이 표현하고 있는 호스트 부분을 얻는다.
- int getPort() : 이 URL이 표현하고 있는 포트 번호를 얻는다.
- String getProtocol() : 이 URL이 표현하고 있는 프로토콜 부분을 얻는다.
- String getRef() : 이 URL이 표현하고 있는 참조 부분을 얻는다.
- Object getContent() : 이 URL의 내용을 얻는다.
- URLConnection openConnection() : 이 URL이 가리키고 있는 원격 객체에 대한 연결을 나타내는 URLConnection 객체를 얻는다.
- InputStream openStream() : 이 URL에 대한 연결을 설정하고 입력 스트림을 위한 InputStream 객체를 얻는다.
- String toExternalForm() : 이 URL에 대한 문자열 객체를 생성한다.
- String toString() : 이 URL에 대한 문자열 객체를 생성한다.
- boolean sameFile(URL other) : 두 개의 URL을 비교하여 같은지를 얻는다. 이때, 참조에 대해서는 비교하지 않는다.
- static void setURLStreamHandlerFactory(URLStreamHandlerFactory fac) : 애플리케이션의 URLStreamHandlerFactory 객체를 설정한다.

(2) URLEncoder 클래스

URLEncoder 클래스는 문자열을 "x-www-form-urlencoded"이라 불리는 MIME

형식으로 변환하기 위한 기능을 제공해 주는 클래스이다. 문자열을 검사하여 각 문자를 차례대로 변환하며 변환 규칙은 다음과 같다.

- 아스키 문자('a'~'z', 'A'~'Z', '0'~'9') : 그대로 사용된다.
- 공백 문자(' ') : '+' 기호로 변환된다.
- 기타 문자 : "%xy"와 같이 세 개의 문자로 변환된다. 이때, xy는 문자의 하위 8 비트에 대한 16진수 두 자리를 나타낸다.

위와 같이, 문자열을 변환하기 위해 URLEncoder 클래스에서 제공해 주고 있는 주요 메소드를 살펴보면 다음과 같다.

- static String encode(String s) : 주어진 문자열을 "x-www-form-urlencoded" 형식의 MIME 형식으로 변환하여 생성된 문자열을 얻는다.

이렇게 URLEncoder 클래스에서 제공해 주는 기능을 이용하여 웹 서버에 쿼리 문자열을 보내야 할 경우에 보다 쉽게 문자열을 변환할 수 있다.

(3) URLDecoder 클래스

URLDecoder 클래스는 URLEncoder 클래스와는 반대의 기능을 제공해 준다. 웹 서버로부터 전달받은 문자열을 해석하거나 또는 웹 클라이언트로부터 전달된 쿼리 문자열을 해석하기 위해 사용할 수 있다. 다음과 같은 변환 규칙을 이용하여 변환이 이루어진다.

- 아스키 문자('a'~'z', 'A'~'Z', '0'~'9') : 그대로 사용된다.
- '+' : 공백 문자(' ')로 변환된다.
- "%xy" : "xy"를 16진수 두 자리로 갖는 문자로 변환된다.

이러한 URLDecoder 클래스는 "x-www-form-urlencoded"라 불리는 MIME 형식을 문자열로 변환해 주는 기능을 제공해 주며 이를 위해 URLDecoder 클래스에서 제공해 주는 메소드를 살펴보면 다음과 같다.

- static String decode(String s) : "x-www-form-urlencoded" 형식의 주어진 문자열을 위에서 설명한 방식을 적용하여 변환한 결과를 문자열로 얻는다.

(4) URLConnection 클래스

URLConnection 클래스는 추상 클래스로서 애플리케이션과 URL 간의 통신 링크를 위한 모든 클래스들에 대한 상위클래스이다. URLConnection 객체는 URL을 이용하여 참조된 자원에 대해 읽고 쓰는 작업을 할 수 있도록 해 준다.

12.4 TCP 소켓(Transmission Control Protocol Socket)

(1) 포트(Port)

인터넷은 IP 기반의 네트워크이다. IP 주소는 150.2.6.200과 같이 1바이트 4자리의 주소로 이루어지며 DNS(Domain Name Server)에 의해 사용자가 기억하기 쉬운 형태인 이름 주소(name address)로 서비스되기도 한다. 하나의 주소에서는 여러 가지 작업을 동시에 할 수 있어야 하는데 이때 포트를 사용하여 여러 서비스를 이용할 수 있다. 이때 0부터 1023 사이의 포트는 시스템에 예약되어 있으며, 1024부터 65535 까지의 포트는 사용자가 임의로 사용할 수 있다. 일반적으로 포트를 사용하여 통신을 하는 방법에는 두 가지가 있다. 먼저, 두 프로그램간의 통신이 처음 시작될 때부터 끝날 때까지 계속 연결을 유지하는 연결지향(Connection-oriented) 방식이 있는데, 이 방식은 TCP에서 사용하는 방식으로서 데이터를 신뢰성있게 전송할 수 있다. 다음으로 연결을 설정하지 않고 데이터를 보내고 그 데이터가 제대로 갔는지 여부에 대해 전혀 신경쓰지 않는 비연결(Connectionless) 방식이 있는데, 이러한 방식은 UDP에서 데이터를 전송하기 위해 사용하는 방식이다.

(2) 소켓(Socket) 클래스

소켓이란 통신을 하기 위해 사용되는 TCP 포트를 나타내는 말이다. 소켓 또는 포트는 두 개의 프로그램이 하부 네트워크에 신경쓰지 않고 통신하기 위한 소프트웨어적인 메카니즘(mechanism)이다. 데이터를 주고 받기 위해 통신하려는 두 개의 프로그램 사이에 채널이 형성되고 이 채널을 통해서 양방향 통신이 이루어진다. 이러한 채널이 존재하도록 하기 위해 서버 프로그램은 자신의 포트 번호를 통해 들어오는 요청을 계속 듣게(listen)되며 요청이 이 포트 번호로 들어왔을 때 이를 받아 해당 서비스를 수행하게 된다. 서버 프로그램과 클라이언트 프로그램은 각각이 사용하는 포트(소켓)을 연결함으로써 하나의 논리적인 채널을 생성하게 된다. Socket 클래스는 단지 소켓(socket)이라 불리는 클라이언트 소켓을 구현할 수 있도록 해 준다. 소켓은 네트워크로 연결된 두 대의 호스트 간에 통신을 위한 한쪽 끝(클라이언트)을 말한다. 소켓의 실제 작업은 SocketImple 클래스의 인스턴스에 의해 수행된다. 소켓을 구현하고 있는 소켓 팩토리(socket factory)를 바꾸어 줌으로써 애플리케이션은 자신의 로컬 방화벽에 적당하도록 소켓을 생성할 수 있도록 해 준다.

다음에 나오는 자바 프로그램은 Socket 클래스를 이용하여 서버의 Echo 포트인 7번에 메시지를 보내고 Echo 서버가 다시 되돌려 주는(echo) 메시지를 출력하는 예를 보여준다. 이 방식은 ping을 구현하기 위해 쓰이는 방식이기도 하다.

예제

EchoPortTest.java

```
import java.io.*;
import java.net.*;
public class EchoPortTest {
  final static int ECHO_PORT=7;
  public static void main(String[] args) {
     Socket socket = null;
     PrintWriter socketOut = null;
     BufferedReader socketIn = null;
     if(args.length < 1) {
        System.out.println("[USAGE] java EchoPortTest EchoServer");
        System.exit(1);
     }
     try {
        String inputLine;
        BufferedReader stdin = new BufferedReader(new InputStreamReader(System.in));
        socket = new Socket(args[0], EchoPortTest.ECHO_PORT);
```

```
            socketIn = new BufferedReader(new InputStreamReader(socket.getInputStream()));
            socketOut = new PrintWriter(socket.getOutputStream(), true);
              while((inputLine = stdin.readLine()) != null) {
              socketOut.println(inputLine);
               System.out.println("echo: " + socketIn.readLine());
            }
            socketIn.close();
            socketOut.close();
            socket.close();
         } catch(Exception e){
            System.out.println("Failure: "+e);
         }
      }
   }
```

실행결과

```
Hi
echo: Hi
It's sunny day.
echo: It's sunny day.
Good bye!
echo: Good bye!
```

다음에 나오는 자바 프로그램은 Socket 클래스를 이용하여 DayTime 서버에서 오늘의 날짜와 지금 현재 시각을 읽어와 화면상에 뿌려주는 예를 보여주기 위한 프로그램이다.

예제

DayTimePortTest.java

```
import java.io.*;
import java.net.*;
 public class DayTimePortTest {
```

```
    final static int DAYTIME_PORT=13;
    public static void main(String[] args) {
      Socket socket = null;
      BufferedReader socketIn = null;
      if(args.length < 1) {
        System.out.println("[USAGE] java DayTimePortTest DayTimeServer");
        System.exit(1);
      }
      try {
        socket = new Socket(args[0], DayTimePortTest.DAYTIME_PORT);
        socketIn =
      new BufferedReader(new InputStreamReader(socket.getInputStream()));
        System.out.println("Day Time: " + socketIn.readLine());
        socketIn.close();
        socket.close();
      } catch (Exception e){
        System.out.println("Failure: "+e);
      }
    }
}
```

실행결과

```
Day Time: Tue Jul 1 13:12:14 2003
```

(3) SocketPermission 클래스

SocketPermission 클래스는 소켓을 이용한 네트워크 접근을 할 수 있도록 해 준다. SocketPermission 객체는 호스트에 대한 명세(host specification)와 그 호스트에 대한 접속 방법을 명시하는 액션 집합(set of "actions")으로 구성되어 있다. 호스트에 대한 명시는 다음과 같다.

host = (hostname | IPaddress)[:portrange]

portrange = portnumber | -portnumber | portnumber-[portnumber]

먼저, 호스트 이름은 DNS 이름, 번호 IP 주소, 또는 "localhost" 등으로 표현된다.

와일드카드("*")는 DNS 이름을 이용하여 호스트를 명시할 때 단 한번 나타날 수 있다. 만약 와일드 카드가 나타났다면 "*.act.ac.kr"과 같이 DNS 이름의 가장 왼쪽에 나타나야 한다. 포트 번호 또는 포트 범위는 옵션이다. "N-"와 같이 포트 번호를 명시했을때 N은 포트 번호를 나타내고 "-"는 N 보다 큰 모든 포트를 나타냅니다. 따라서 "N-"는 N보다 크거나 같은 모든 포트 번호를 나타낸다. 반면 "-N'은 N보다 작거나 같은 모든 포트 번호를 나타낸다. 다시 말해서, "N-"은 "N～65535"와 같은 의미를 나타내고 "-N"은 "0～N"과 같은 의미를 나타낸다. 호스트에 연결하기 위해 가능한 방법은 다음과 같다.

- accept : accept 액션을 지정한다.
- connect : connect 액션을 지정한다.
- listen : "localhost"와 같이 사용될 때만 그 의미가 있다.
- resolve : host/ip 이름 서비스를 이용가능한지를 알아본다. 이 액션은 다른 서비스가 존재하는 경우에만 의미가 있다.

(4) ServerSocket 클래스

ServerSocket 클래스는 서버 소켓(server socket)을 위한 기능을 제공해주고 있다. 서버 소켓은 네트워크 상에서 자신에게 오는 요청을 계속 기다린다. 그리고 요청이 오면 그 요청에 해당하는 적당한 서비스를 수행하고 나서 요청한 쪽에 해당 결과를 되돌려 준다. 서버 소켓의 실제 작업은 SocketImpl 클래스의 객체를 이용하여 수행할 수 있다. 애플리케이션은 지역 방화벽(local firewall)에 적당하게 소켓을 생성할 수 있도록 애플리케이션 자체를 구성하기 위한 소켓 구현을 생성하는 소켓 팩토리를 바꿀 수 있다.

다음에 나오는 두 개의 자바 프로그램은 Socket 클래스와 ServerSocket 클래스를 이용하여 클라이언트/서버 프로그램을 작성한 것으로서 클라이언트가 서버에게 메시지를 보내면 서버는 그 메시지를 다시 되돌려 주는(echo) 기능을 갖도록 되어 있다.

12.5 UDP(User Datagram Protocol)

TCP/IP 프로토콜 중에서 사용자 데이터그램 프로토콜(User Datagram Protocol)은 응용 프로그램들이 다른 응용 프로그램에게 데이터그램을 송신하기 위해 사용하는 주요 메카니즘을 제공해 준다. UDP는 한 기계에서 수행되는 여러 프로그램들을 구별하기 위해 프로토콜 포트를 제공한다. 즉, 데이터를 송신할 때 각 UDP 메시지는 목적지 포트 번호와 근원지 포트 번호를 포함하기 때문에 그 목적지에 있는 UDP 소프트웨어가 올바른 수신자에게 메시지를 전달하고 그 수신자가 응답을 보낼 수 있다. UDP는 한 기계에서 다른 기계로 메시지를 전송하기 위해 하부 인터넷 프로토콜을 사용하고 IP에서 처럼 비신뢰적이고 비연결형 데이터그램 전달 방법을 제공한다. UDP는 메시지가 제대로 도착했는지 확인하는 확인 응답을 사용하지 않고 수신된 메시지의 순서를 맞추지 않으며 기계간의 정보 흐름 속도를 제어하기 위한 피드백을 제공하지 않기 때문에 UDP 메시지는 손실되거나 중복되거나 비순서적으로 도착될 수 있다. 또한, 패킷들이 수신자가 처리할 수 있는 속도보다 더 빨리 도착할 수 있다. 따라서 사용자 데이터그램 프로토콜은 기계들간의 메시지들을 전송하기 위해 IP를 이용하여 비신뢰적 비연결형 전달 서비스를 제공한다.

(1) DatagramPacket 클래스

DatagramPacket 클래스는 데이터그램을 사용할 수 있도록 기능을 제공해 준다. 데이터그램 패킷은 비연결 패킷 전송 서비스(connectionless packet delivery service)를 구현하기 위해 사용된다. 메시지는 패킷 내에 포함되어 있는 정보에 기반하여 하나의 호스트에서 다른 호스트로 라우팅(routed) 된다. 한 호스트에서 다른 호스트로 전송된 여러 개의 패킷(multiple packet)은 서로 다르게 라우팅될 것이며 임의의 순서로 도착하게 된다.

(2) DatagramSocket 클래스

DatagramSocket 클래스는 데이터그램 패킷을 보내거나 받기 위한 데이터그램 소켓 기능을 제공해 주는 클래스이다. 데이터그램 소켓은 패킷 전송 서비스를 위한 송신과 수신을 위한 포인트이다. 데이터그램 소켓에 보내지거나 또는 데이터그램 소켓에서 받아들인 각 패킷은 각각 보내지거나 라우트 된다. UDP 브로드캐스트 송신(UDP broadcasts sends)과 UDP 브로드캐스트 수신(UDP broadcasts receives)은 항상 데이터그램 소켓을 활성화시킨다.

다음에 나오는 두 개의 자바 프로그램은 DatagramPacket 클래스와 DatagramSocket 클래스를 이용하여 클라이언트/서버 프로그램을 작성한 것으로서 DayTime 클라이언트가 DayTime 서버에게서 현재의 날자와 시간을 얻어와 출력하는 간단한 예를 보여 주는 프로그램이다.

예제

UdpDayTimeServerTest.java

```
import java.io.*;
import java.net.*;
import java.util.Date;
public class UdpDayTimeServerTest {
 public static void main(String[] args) {
    DatagramSocket socket=null;
    DatagramPacket packetOut=null;
    DatagramPacket packetIn=null;
    byte packetBuf[] = new byte[1024];
    String dateString=null;
    try {
       socket = new DatagramSocket(13);
       for(;;) {
          packetIn = new DatagramPacket(packetBuf, 1024);
          socket.receive(packetIn);
          dateString = new String(new Date().toGMTString()+"\r\n");
          int len = dateString.length();
          int port = packetIn.getPort();
          InetAddress inet = packetIn.getAddress();
          packetOut = new DatagramPacket(dateString.getBytes(), len, inet, port);
```

```
            socket.send(packetOut);
            System.out.println(" Sending: " + dateString);
            }
        } catch(IOException e){
           System.out.println("Failure: "+c);
        }
    }
}
```

실행결과

```
Sending: 02 Jul 2003 11:35:59 GMT
Sending: 02 Jul 2003 17:35:59 GMT
```

예제

UdpDayTimeClientTest.java

```
import java.io.*;
import java.net.*;
public class UdpDayTimeClientTest {
 public static void main(String[] args) {
    DatagramSocket socket=null;
    DatagramPacket packetOut=null;
    DatagramPacket packetIn=null;
    byte packetBuf[] = new byte[1024];
    InetAddress serverInet;
     if(args.length < 1) {
       System.out.println("[USAGE] java UdpClockTest DayTimeServer");
       System.exit(1);
    }
      try {
        socket = new DatagramSocket();
        serverInet = InetAddress.getByName(args[0]);
        packetOut = new DatagramPacket(packetBuf, 2, serverInet, 13);
        packetIn = new DatagramPacket(packetBuf, 1024);
```

```
            socket.send(packetOut);
            socket.receive(packetIn);
            String dayTime = new String(packetIn.getData(), 0, packetIn.getLength());
            System.out.println("Day Time: " + dayTime);
            socket.close();
        } catch(IOException e){
            System.out.println("Failure: "+e);
        }
    }
}
```

실행결과

```
>java UdpDayTimeClientTest localhost

 Day Time: 02 Jul 2003 11:42:13 GMT

>java UdpDayTimeClientTest www.act.ac.kr

 Day Time: 02 Jul 2003 11:42:27 GMT
```

(3) MulticastSocket 클래스

MulticastSocket 클래스는 멀티캐스트 데이터그램 소켓을 위한 클래스로서 IP 멀티캐스트 패킷을 송신 또는 수신하기 위한 기능을 제공해 주는 클래스이다. MulticastSocket 객체는 인터넷 상에서 멀티캐스트 그룹 내에 있는 모든 호스트에게 송수신 하기 위한 기능을 추가적으로 제공해 주기 위한 DatagramSocket 객체라 할 수 있다. 멀티캐스트 그룹이란 IP 주소 클래스 중 D 클래스 224.0.0.0에서 239.255.255.255 까지의 IP 주소 범위 그리고 표준 UDP 포트 번호를 이용하여 나타낼 수 있다. 이때, 요구된 포트를 갖는 MulticastSocket 객체를 생성하고 그리고 나서 joinGroup(InetAddress groupAddr) 메소드를 호출함으로써 멀티캐스트 그룹에 연결할 수 있다. 그런데 IP 멀티캐스트 주소 중 224.0.0.0은 예약되어 있고 224.0.01은 IP 멀티캐스트에 참여하는 모든 호스트와 라우터를 포함하는 모든 호스트 그룹에 영구히 할당되어 있으므로 사용할 수 없다.

제 13 장 이벤트 처리

13.1 이벤트

이벤트(event)란? 사용자의 입력, 키보드, 마우스 등의 장치로부터 발생하는 모든 사건을 의미한다. 최근에 많은 프로그래밍 언어들은 GUI(Graphical User Interface) 구축 기능과 이벤트 처리 기능을 제공하고 있다. GUI는 사용자와 상호작용을 위한 그래피컬 사용자 인터페이스 화면이다. 일반적으로 GUI는 버튼, 스크롤바, 텍스트 필드, 리스트, 선택박스, 메뉴 등 많은 컴포넌트들을 사용하여 작성된다. 응용프로그램은 이러한 컴포넌트로부터 발생하는 모든 사용자의 동작(마우스 클릭, 키보드 입력, 마우스 움직임 등), 즉 이벤트를 처리할 수있어야 한다.

이벤트는 반드시 사용자로부터만 발생하는 것은 아니며 프로그램에서 타이머가 종료되거나, 카운터 값이 지정된 범위를 벗어났을 때 등 소프트웨어적으로도 발생할 수 있다.

이벤트 중심의 전형적인 프로그램들은 대부분 무한루프(infinite loop)를 사용한다. 즉 프로그램은 무한루프를 돌면서 사용자의 이벤트가 발생하기를 기다린다. 사용자의 이벤트가 발생하면 그 이벤트를 처리하고 다시 무한루프에 빠지게 된다. 이러한 동작을 반복하는 프로그램들을 이벤트 지향(event dirven) 프로그램이라 한다.

13.2 자바 이벤트 모델

자바 1.0 버전 이하에서 이벤트 처리 모델은 클래스 상속에 기반한 이벤트 모델로서 부모의 이벤트 핸들러를 상속 받는 것이 주된 골격이었다. 그러나 달라진 이벤트 처리 모델에서는 간단하고 배우기 쉬우며 어플리케이션 흐름과 GUI 처리 코드와의 보다 명확한 분리를 통해서 보다 안정된 이벤트 핸들링 코드를 제공하게 되는데 이러한 자바 1.1.x 이벤트 처리 모델을 위임형(delegation) 이벤트 모델이라고 한다.

각 이벤트 종류는 java.util.EventObject 클래스를 상속한 서브 클래스로 캡슐화되어 있으며 이러한 위임형 모델에서는 이벤트를 발생시키는 이벤트 소스(event source) 객체가 있고 이벤트가 발생했을 경우 이 이벤트 객체를 이벤트 리스너(event listener)로 전달하게 된다. 이 때, 이벤트 리스너는 전달되어 오는 이벤트를 기다렸다가 적당한 처리를 하게 된다.

이벤트 소스는 버튼(Button)이나 스크롤바(Scrollbar)와 같이 이벤트가 발생한 컴포넌트 객체를 말한다. 각 컴포넌트에서 이벤트를 처리하기 위해 다음과 같은 순서로 한다.

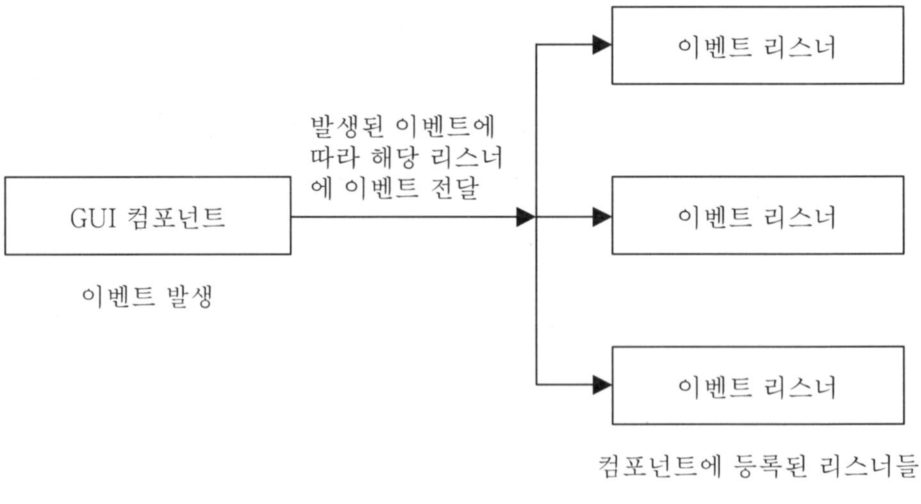

그림 13.1 자바 이벤트 모델

① 처리할 이벤트에 대한 이벤트 리스너를 작성한다.

② 이벤트 리스너를 해당 컴포넌트에 등록한다.

이 때, 하나의 이벤트 리스너는 두 개 이상의 컴포넌트에 등록될 수 있다. 예를 들어, "OK"와 "CANCEL" 두 개의 버튼이 있을 경우 마우스 커서가 버튼 내로 들어오면 글씨의 색이 바뀌게 할 수 있다. 이러한 작업은 마우스 이벤트 리스너를 이용하여 가능하고 두 버튼에 대해 같은 작업을 하게 되므로 같은 리스너를 두 버튼 모두에 등록하면 된다.

③ 컴포넌트 객체에서 이벤트가 발생할 때 해당 컴포넌트는 이벤트 소스가 되고 이 이벤트는 연결된 이벤트 리스너가 처리하도록 이벤트 리스너에게 전달된다.

④ 이벤트 리스너는 전달받은 이벤트를 처리하게 된다.

13.3 이벤트의 종류

모든 이벤트는 이벤트가 발생한 곳을 나타내는 컴포넌트 소스에 대한 참조값을 갖는다. 그리고 EventObject 클래스에 의해 다음과 같은 기능이 제공된다.

- Object getSource(): 이벤트가 발생한 이벤트 소스 컴포넌트를 얻는다.

AWTEvent 클래스는 모든 AWT 이벤트 클래스들에 대한 최상위 클래스라 할 수 있다. 그리고 AWTEvent 클래스와 AWTEvent 클래스의 하위클래스들은 java.awt.Event 클래스를 대신한다. 그리고 AWTEvent 클래스에 정의되어 있는 이벤트 마스크는 등록된 리스너에 의해 선택되지 않은 이벤트 종류를 선택하기 위해 Component 클래스의 enableEvents 메소드를 사용하는 컴포넌트 클래스들에 의해 필요하게 된다. 만약 리스너가 컴포넌트에 등록된다면 컴포넌트에 의해 적당한 이벤트 마스크가 내부적으로 설정된다. AWTEvent 클래스에서는 다음과 같은 이벤트 마스크와 주요 메소드를 제공해 주고 있다.

- static long ACTION_EVENT_MASK

- static long ADJUSTMENT_EVENT_MASK
- static long COMPONENT_EVENT_MASK
- static long CONTAINER_EVENT_MASK
- static long FOCUS_EVENT_MASK
- static long INPUT_METHOD_EVENT_MASK
- static long ITEM_EVENT_MASK
- static long KEY_EVENT_MASK
- static long MOUSE_EVENT_MASK
- static long MOUSE_MOTION_EVENT_MASK
- static long TEXT_EVENT_MASK
- static long WINDOW_EVENT_MASK
- static int RESERVED_ID_MAX: 예약된(reserved) AWT 이벤트 ID의 최대값
- int getID() : 이벤트의 종류를 얻는다.
- String paramString() : 이벤트의 상태를 표현하는 문자열을 얻는다.

13.4 액션 이벤트(Action Event)

(1) ActionEvent 클래스

컴포넌트가 정의하고 있는 액션이 발생했다는 것을 가리키는 이벤트로서 실제 이벤트가 아닌 의미상의 이벤트이다. 예를 들어, 버튼 컴포넌트에서 버튼이 눌렸을 때 이러한 고수준의 액션 이벤트가 발생한다. 이러한 액션 이벤트는 컴포넌트에 따라 각각 정의되어 있다. 컴포넌트의 addActionListener 메소드를 이용하여 액션 이벤트를 처리할 ActionListener 객체를 등록할 수 있고 이렇게 등록된 모든 ActionListener 객체에 액션 이벤트가 전달되어 처리되도록 한다. 이 때, ActionListener 객체는 ActionListener 인터페이스를 구현한 것이다.

(2) ActionListener 인터페이스

ActionListener 인터페이스는 액션 이벤트를 받아서 처리할 리스너가 구현해야할 기능을 정의하고 있는 인터페이스이다. 따라서, 액션 이벤트를 처리할 클래스는 이 인터페이스를 구현해야 하고 객체를 생성한 후 액션 이벤트를 처리힐 컴포넌트의 addActionListener 메소드를 이용하여 컴포넌트에 등록하게 된다.

다음에 나오는 자바 프로그램은 ActionEvent를 사용하는 예를 보여주는 프로그램이다.

예제

ActionEventTest.java

```
import java.awt.*;
import java.awt.event.*;
class ActionEventTest extends Frame {
 Button b1, b2, b3;
 public ActionEventTest() {
    setLayout(new FlowLayout());
    addWindowListener(new WindowAdapter() {
       public void windowClosing(WindowEvent we) {
          System.exit(0);
       }
    });
    ActionListener wa = new ActionListener() {
       public void actionPerformed(ActionEvent e) {
          if(e.getSource() == b1) {
             b1.setEnabled(false);
             b2.setEnabled(true);
             b3.setForeground(Color.blue);
          } else if(e.getActionCommand().equals("Disable")) {
             b1.setEnabled(true);
             b2.setEnabled(false);
             b3.setForeground(Color.black);
          }
```

```
            }
        };
        b1 = new Button("Enable");
        b2 = new Button("Disable");
        b2.setEnabled(false);
        b3 = new Button("Tester");
        b1.addActionListener(wa);
        b2.addActionListener(wa);
        add(b1);
        add(b2);
        add(b3);
    }
    public static void main(String args[]) {
        ActionEventTest f = new ActionEventTest();
        f.pack(); // setSize(200, 60);
        f.setVisible(true);
    }
}
```

실행결과

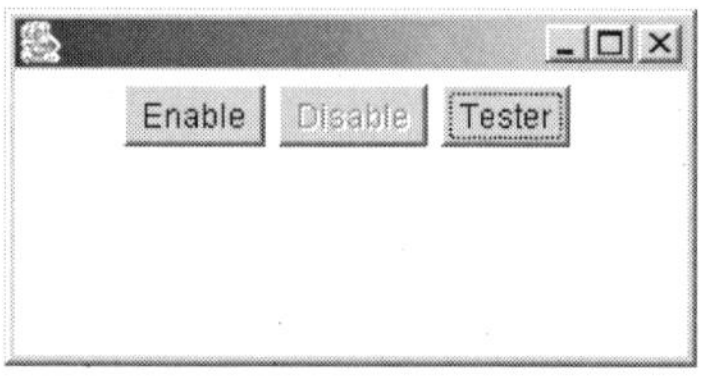

13.5 조정 이벤트(Adjustment Event)

(1) AdjustmentEvent 클래스

조정 이벤트(AdjustmentEvent)는 Adjustable 인터페이스를 구현하는 컴포넌트에서 값을 변경하려고 시도할 때 발생하는 이벤트이다. Adjustable 인터페이스를 구현하는 대표적인 컴포넌트는 스크롤바(Scrollbar) 컴포넌트이다. 사용자가 스크롤바 컴포넌트의 값을 변경할 때 스크롤바 컴포넌트는 AdjustmentEvent 객체를 받는다. 이때, 스크롤바 컴포넌트가 먼저 이 이벤트를 처리하고 등록된 리스너에게 해당 이벤트를 전달한다. 예를 들어, 사용자가 마우스를 이용하여 스크롤바 컴포넌트의 값을 바꾸거나 키보드에서 PGUP, PGDN 등의 키를 치면 조정 이벤트가 발생한다.

(2) AdjustmentListener 인터페이스

AdjustmentListener 인터페이스는 조정 이벤트(adjustment event)를 받아서 처리할 리스너가 구현해야할 기능을 정의하고 있는 인터페이스이다. 따라서, 조정 이베트를 처리할 클래스는 이 인터페이스를 구현해야 한다.

다음에 나오는 자바 프로그램은 AdjustmentEvent를 사용하는 예를 보여주는 프로그램이다.

예제

AdjustmentEventTest.java

```
import java.awt.*;
import java.awt.event.*;
class AdjustmentEventTest extends Frame {
 Scrollbar slider;
 public AdjustmentEventTest() {
    setLayout(new FlowLayout());
    slider = new Scrollbar(Scrollbar.HORIZONTAL, 0, 10, 0, 100);
    slider.setSize(200, 40);
    add(slider);
    addWindowListener(new WindowAdapter() {
       public void windowClosing(WindowEvent e) {
          System.exit(0);
       }
    });
    slider.addAdjustmentListener(new AdjustmentListener() {
       public void adjustmentValueChanged(AdjustmentEvent e) {
          System.out.println(e.paramString()+", "+e.getAdjustmentType()+",
```

```
"+e.getValue());
        }
     });
  }
  public static void main(String args[]) {
     AdjustmentEventTest f = new AdjustmentEventTest();
     f.pack();
     f.setVisible(true);
     f.setTitle("AdjustmentEvent");
  }
}
```

실행결과

도스창>

ADJUSTMENT_VALUE_CHANGED,adjType=UNIT_INCREMENT,value=1,isAdjusting=false, 1, 1

ADJUSTMENT_VALUE_CHANGED,adjType=UNIT_INCREMENT,value=2,isAdjusting=false, 1, 2

ADJUSTMENT_VALUE_CHANGED,adjType=UNIT_INCREMENT,value=3,isAdjusting=false, 1, 3

ADJUSTMENT_VALUE_CHANGED,adjType=UNIT_DECREMENT,value=2,isAdjusting=false, 2, 2

ADJUSTMENT_VALUE_CHANGED,adjType=UNIT_DECREMENT,value=1,isAdjusting=false, 2, 1

ADJUSTMENT_VALUE_CHANGED,adjType=BLOCK_INCREMENT,value=11,isAdjusting=false, 4,

11

ADJUSTMENT_VALUE_CHANGED,adjType=BLOCK_INCREMENT,value=21,isAdjusting=false, 4, 21
ADJUSTMENT_VALUE_CHANGED,adjType=BLOCK_DECREMENT,value=11,isAdjusting=false, 3, 11
ADJUSTMENT_VALUE_CHANGED,adjType=BLOCK_DECREMENT,value=1,isAdjusting=false, 3, 1
ADJUSTMENT_VALUE_CHANGED,adjType=TRACK,value=9,isAdjusting=true, 5, 9
ADJUSTMENT_VALUE_CHANGED,adjType=TRACK,value=27,isAdjusting=true, 5, 27
ADJUSTMENT_VALUE_CHANGED,adjType=TRACK,value=18,isAdjusting=true, 5, 18
ADJUSTMENT_VALUE_CHANGED,adjType=TRACK,value=9,isAdjusting=true, 5, 9
ADJUSTMENT_VALUE_CHANGED,adjType=TRACK,value=0,isAdjusting=true, 5, 0

13.6 컴포넌트 이벤트(Component Event)

(1) ComponentEvent 클래스

컴포넌트가 이동되었거나 크기가 변경되었나 또는 보이고 안보이도록 설정될 때 발생하는 저수준 이벤트이다. 컴포넌트 이벤트는 단지 알려주기 위한 목적으로 사용되고 AWT에서는 컴포넌트의 크기 변경 및 이동에 대해 내부적으로 자동으로 처리하고 프로그램에서 이 이벤트를 처리하든 안하던 상관없이 레이아웃을 수행하도록 하기 위해 사용된다. 또한, InputEvent, FocusEvent, WindowEvent, ContainerEvent 등과 같은 컴포넌트 관련 이벤트의 상위클래스로 사용된다. 컴포넌트 이벤트는 컴포넌트에 등록된 모두 컴포넌트 리스너에게 전달되어 처리되고 이 때 컴포넌트 리스너는 Component 클래스의 addComponentListener 메소드에 의해 컴포넌트에 등록할 수 있다.

(2) ComponentListener 인터페이스

ComponentListener 인터페이스는 컴포넌트 이벤트를 처리할 수 있는 기능을 정의하고 있는 인터페이스이다. 컴포넌트 이벤트를 처리하고자 하는 클래스는 이러한 ComponentListener 인터페이스가 정의하고 있는 모든 메소드를 구현하거나 또는 추상 클래스인 ComponentAdapter 클래스의 관련 메소드를 재정의하여 확장해야 한다.

(3) ComponentAdapter 클래스

컴포넌트 이벤트를 받아서 처리하기 위한 추상 어댑터 클래스(abstract adapter class)를 제공해 주고 있다. ComponentAdapter 클래스는 ComponentListener 인터페이스가 정의하고 있는 메소드를 구현하고 있지만 실제 메소드의 몸체 부분은 비어 있다. 따라서 자바 프로그램 개발자는 ComponentAdapter 클래스의 메소드 중 자신이 처리하고자 하는 이벤트를 위한 메소드를 재정의 해주면 된다.

다음에 나오는 자바 프로그램은 ComponentEvent 를 사용하는 예를 보여주는 프로그램이다.

예제

ComponentEventTest.java

```
import java.awt.*;
import java.awt.event.*;
public class ComponentEventTest extends Frame {
 public ComponentEventTest() {
    super("ComponentEvent");
    ComponentListener cl = new ComponentAdapter() {
       public void componentHidden(ComponentEvent e) {
          System.out.println(e);
       }
       public void componentMoved(ComponentEvent e) {
          System.out.println(e);
       }
       public void componentResized(ComponentEvent e) {
          System.out.println(e);
```

```
            }
            public void componentShown(ComponentEvent e) {
                System.out.println(e);
            }
        };
        addComponentListener(cl);
        Button b = new Button("Button");
        add(b);
        b.addComponentListener(cl);
        b.setSize(100, 50);
        b.setName("OK");
        b.addActionListener(new ActionListener() {
            public void actionPerformed(ActionEvent e) {
                System.exit(0);
            }
        });
    }
    public static void main(String[] args) {
        ComponentEventTest f = new ComponentEventTest();
        f.setSize(200, 100);
        f.setVisible(true);
    }
}
```

실행결과

도스창>

```
java.awt.event.ComponentEvent[COMPONENT_RESIZED (0,0 100x50)] on OK
java.awt.event.ComponentEvent[COMPONENT_RESIZED (0,0 200x100)] on frame0
java.awt.event.ComponentEvent[COMPONENT_RESIZED (4,23 192x73)] on OK
java.awt.event.ComponentEvent[COMPONENT_MOVED (4,23 192x73)] on OK
java.awt.event.ComponentEvent[COMPONENT_SHOWN] on frame0
java.awt.event.ComponentEvent[COMPONENT_RESIZED (0,0 304x193)] on frame0
java.awt.event.ComponentEvent[COMPONENT_RESIZED (4,23 296x166)] on OK
```

위의 자바 프로그램을 실행시킨 후, 윈도우의 위치를 변화시키거나 크기를 변경시키면 해당 프레임 컴포넌트와 버튼 컴포넌트에 컴포넌트 이벤트가 발생한다. 물론 두 개의 컴포넌트는 같은 행동을 하는 컴포넌트 리스너를 가지고 있다. 이 때, 윈도우(프레임)의 크기를 변화시킬 때는 두 개의 컴포넌트 모두 COMPONENT_RESIZED 이벤트가 발생하고, 크기를 변경시킬 때는 프레임 컴포넌트에 대해서는 COMPONENT_MOVED 이벤트가 발생하는 것에 주의해야 한다. 다시 말해서, 버튼 컴포넌트의 위치는 프레임 컴포넌트 내에서 그대로이기 때문이다. 물론, 크기는 프레임 컴포넌트의 크기 변화에 따라 버튼 컴포넌트도 변한다.

13.7 입력 이벤트(Input Event)

(1) InputEvent 클래스

InputEvent 클래스는 모든 컴포넌트 수준 입력 이벤트를 위한 최상위 이벤트 클래스이다. 입력 이벤트는 이벤트가 발생한 이벤트 소스 컴포넌트에 의해 처리되기 전에 리스너에 전달된다. 이러한 방식은 리스너와 컴포넌트의 하위클래스들이 이 이벤트를 사용하도록 하고, 이벤트 소스 컴포넌트의 디폴트 방법으로 처리하지 않도록 한다. 예를 들어, mousePressed 이벤트가 발생했을 경우 버튼 컴포넌트에서 mousePressed 이벤트를 사용해버린다면 버튼 컴포넌트가 활성화 되지 못하게 된다. 따라서, 이벤트 소스 컴포넌트에 의해 해당 이벤트가 처리되기 전에 이벤트 리스너에게 전달된다.

13.8 키 이벤트(Key Event)

(1) KeyEvent 클래스

KeyEvent 클래스는 InputEvent 클래스의 하위클래스로서 컴포넌트 내에서 발생한 키의 입력을 위한 기능을 제공해 주는 이벤트 클래스이다. 이 이벤트는 텍스트 필드 컴포넌트와 같은 컴포넌트에서 발생할 수 있는 저수준 이벤트로서 키가 눌리거나(pressed), 다시 놓이거나(released) 또는 타이프(pressed and released) 되었을 때 각각 이벤트가 발생한다. 이 이벤트는 Component 클래스의 addKeyListener 메소드에 의해 키 이벤트를 처리하기 위해 등록된 KeyListener 또는 KeyAdapter 객체에 전달된다.

(2) KeyListener 인터페이스

KeyListener 인터페이스는 키 이벤트를 처리할 수 있는 기능을 정의하고 있는 인터페이스이다. 키 이벤트를 처리하고자 하는 클래스는 이러한 KeyListener 인터페이스가 정의하고 있는 모든 메소드를 구현하거나, 또는 추상 클래스인 KeyAdapter 클래스의 관련 메소드를 재정의하여 확장해야 한다.

(3) KeyAdapter 클래스

키 이벤트를 받아서 처리하기 위한 추상 어댑터 클래스(abstract adapter class)를 제공해 주고 있다. KeyAdapter 클래스는 KeyListener 인터페이스가 정의하고 있는 메소드를 구현하고 있지만 실제 메소드의 몸체 부분은 비어 있다. 따라서, 자바 프로그램 개발자는 KeyAdapter 클래스의 메소드 중 자신이 처리하고자 하는 이벤트를 위한 메소드를 재정의 해주면 된다.

다음에 나오는 자바 프로그램은 KeyEvent 를 사용하는 예를 보여주는 프로그램이다.

예제

KeyEventTest.java

```
import java.awt.*;
import java.awt.event.*;
import java.awt.event.KeyEvent;
class KeyEventTest extends Frame{
 int posX = 0, posY = 0;
 String inputString = "";
 KeyEventTest() {
    final TextField input = new TextField() {
       public Dimension getPreferredSize() {
          return new Dimension(0,0);
       }
    };
    final Canvas display = new Canvas() {
       public void update(Graphics g) {
          paint(g);
       }
       public void paint(Graphics g) {
          g.drawString(inputString, posX, posY );
       }
    };
    display.addMouseListener(new MouseAdapter() {
       public void mousePressed(MouseEvent e) {
          inputString = "";
          posX = e.getX();
          posY = e.getY();
          input.requestFocus();        // 포커스를 TextField로 전송
       }
    });
    display.addFocusListener(new FocusAdapter() {
       public void focusGained(FocusEvent e) {
          input.requestFocus();        // 포커스를 TextField로 전송
       }
    });
    input.addKeyListener(new KeyAdapter() {
```

```
            public void keyTyped(KeyEvent e) {
                inputString += e.getKeyChar(); // 네이티브 입력기로부터의 한글이 전달된다.
                display.repaint();
            }
        });
        add(display, "Center" );
        add(input, "West" );
    }
    public static void main(String[] args) {
        KeyEventTest f = new KeyEventTest();
        f.setSize(160, 100);
        f.setVisible(true);
    }
}
```

실행결과

자바에서는 키보드, 마우스 등의 입력장치로부터 발생하는 입력 등과 같은 각 이벤트에 대해서 클래스로 정의하고 있고 이러한 이벤트가 발생했을 경우 이를 처리하기 위한 각 이벤트 리스너(listener)를 인터페이스로 정의하고 있다. 이 중 키가 눌리고 놓이거나 또는 키가 타이프 되는 등의 키보드 이벤트를 처리하기 위한 메소드를 정의하고 있는 KeyListener 인터페이스와 이 KeyListener 인터페이스를 구현해 놓은 KeyAdapter 클래스가 있다. 따라서 자바 프로그래머는 이러한 Adapter가 제공해 주는 메소드를 재정의함으로써 이벤트 처리를 할 수 있다. 키보드에서 엔터 키가 눌렸을 때 특정 버튼이 수행되도록 하려면 KeyAdapter 클래스 객체의 해당 메소드를 재정의하고 이 KeyAdapter 객체를 해당 버튼의 키 리스너로 등록하면 된다. 다음은 간단한 자바 예제 프로그램이다.

예제

KeyEventTest2.java

```
import java.awt.*;
import java.awt.event.*;
class KeyEventTest2 extends Frame {
 public KeyEventTest2() {
    Button b = new Button("EnterButton");
    addWindowListener(new WindowAdapter() {
       public void windowClosing(WindowEvent e) {
          System.exit(0);
       }
    });
    b.addKeyListener(new KeyAdapter() {
       public void keyPressed(KeyEvent e) {
          System.out.println("keyChar: " + e.getKeyChar()
                     + ", keyCode: " + e.getKeyCode() + "("
                     + KeyEvent.getKeyText(e.getKeyCode())
                     + "), modifiers: " + e.getModifiers() + "("
                     + KeyEvent.getKeyModifiersText(e.getModifiers())
                     + "), actionKey: " + e.isActionKey());
       }
    });
    add(b);
 }
 public static void main(String[] args) {
    KeyEventTest2 f = new KeyEventTest2();
    f.setSize(150, 60);
    f.setVisible(true);
  }
}
```

실행결과

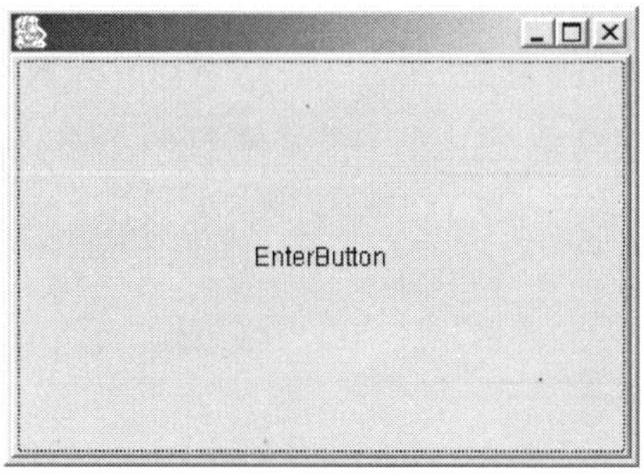

도스창>

keyChar: l, keyCode: 76(L), modifiers: 0(), actionKey: false

keyChar: k, keyCode: 75(K), modifiers: 0(), actionKey: false

keyChar: ?, keyCode: 16(Shift), modifiers: 1(Shift), actionKey: false

keyChar: A, keyCode: 65(A), modifiers: 1(Shift), actionKey: false

keyChar: a, keyCode: 65(A), modifiers: 0(), actionKey: false

keyChar: ?, keyCode: 120(F9), modifiers: 0(), actionKey: true

keyChar: ?, keyCode: 121(F10), modifiers: 0(), actionKey: true

keyChar: 3, keyCode: 51(3), modifiers: 0(), actionKey: false

13.9 마우스 이벤트(Mouse Event)

(1) MouseEvent 클래스

마우스 이벤트는 두 가지로 나뉜다. 먼저 click, enter, 그리고 exit 등과 같은 이벤트를 갖는 마우스 이벤트(mouse event)와 move와 drag 등을 갖는 마우스 동작 이벤트(mouse motion event)가 있다.

MouseEvent 객체는 Component 클래스의 addMouseListener 메소드를 이용하여 마우스 이벤트를 처리하기 위해 등록된 MouseListener 또는 MouseAdapter 객체에게 전달된다. 또한, MouseEvent 객체는 Component 클래스의 addMouseMotionListener 메소드를 이용하여 마우스 동작 이벤트를 처리하기 위해 등록된 MouseMotionListener 또는 MouseMotionAdapter 객체에게 전달된다. 마우스 버튼이 클릭되었을 때, 이벤트가 생성되고, modifier 필드에 버튼 마스크가 저장되어 등록되어 있는 MouseListener 객체에 보내진다.

(2) MouseListener 인터페이스

MouseListener 인터페이스는 마우스 이벤트를 처리할 수 있는 기능을 정의하고 있는 인터페이스이다. 마우스 이벤트를 처리하고자 하는 클래스는 이러한 MouseListener 인터페이스가 정의하고 있는 모든 메소드를 구현하거나, 또는 추상 클래스인 MouseAdapter 클래스의 관련 메소드를 재정의하여 확장해야 한다.

(3) MouseAdapter 클래스

마우스 이벤트를 받아서 처리하기 위한 추상 어댑터 클래스(abstract adapter class)를 제공해 주고 있다. MouseAdapter 클래스는 MouseListener 인터페이스가 정의하고 있는 메소드를 구현하고 있지만 실제 메소드의 몸체 부분은 비어 있다. 따라서, 자바 프로그램 개발자는 MouseAdapter 클래스의 메소드 중 자신이 처리하고자 하는 이벤트를 위한 메소드를 재정의 해주면 된다.

(4) MouseMotionListener 인터페이스

MouseMotionListener 인터페이스는 마우스 동작 이벤트를 처리할 수 있는 기능을 정의하고 있는 인터페이스이다. 마우스 동작 이벤트를 처리하고자 하는 클래스는 이러한 MouseMotionListener 인터페이스가 정의하고 있는 모든 메소드를 구현하거나 또는 추상 클래스인 MouseMotionAdapter 클래스의 관련 메소드를 재정의하여 확장해야 한다.

(5) MouseMotionAdapter 클래스

마우스 동작 이벤트를 받아서 처리하기 위한 추상 어댑터 클래스(abstract adapter class)를 제공해 주고 있다. MouseMotionAdapter 클래스는 MouseMotionListener 인터페이스가 정의하고 있는 메소드를 구현하고 있지만 실제 메소드의 몸체 부분은 비어 있다. 따라서 자바 프로그램 개발자는 MouseMotionAdapter 클래스의 메소드 중 자신이 처리하고자 하는 이벤트를 위한 메소드를 재정의 해주면 된다.

(6) Pop-up 메뉴 만들기

자바 AWT 프로그램을 작성하다보면 마우스의 오른쪽 버튼을 눌렀을 때 현재 마우스의 커서 위치에 팝업 메뉴를 나타내주는 기능을 추가하고자 하는 경우가 많다. 자바 프로그램에서 마우스의 버튼이 눌렸을 때 눌린 버튼이 왼쪽, 가운데, 또는 오른쪽 버튼인지를 알아내기 위해서는 AWT에서 제공해 주고 있는 이벤트 중에서 InputEvent 및 MouseEvent 클래스의 객체 정보를 이용해야 한다.

13.10 아이템 이벤트(Item Event)

(1) ItemEvent 클래스

아이템이 선택되고 선택 해제된 것을 나타내는 의미적인 이벤트이다. List 컴포넌트와 같은 ItemSelectable 객체에 의해 생성되는 고수준 이벤트로서 ItemSelectable 객체가 포함하고 있는 아이템이 선택되거나 선택해제되었을 경우 발생한다. 이 이벤트는 Component 클래스의 addItemListener 메소드를 이용하여 아이템 이벤트를 처리하기 위하여 등록된 모든 ItemListener 객체에 전달된다. 이 때, 리스너는 마우스가 움직이고 클릭되는 등과 같은 개개의 이벤트에 대해 알 필요는 없고 단지 아이템이 선택되고 선택해제되는 등의 의미있는 이벤트만 가지면 된다.

(2) ItemListener 인터페이스

ItemListener 인터페이스는 아이템 이벤트를 처리할 수 있는 기능을 정의하고 있는 인터페이스이다. 아이템 이벤트를 처리하고자 하는 클래스는 이러한 ItemListener 인터페이스가 정의하고 있는 모든 메소드를 구현해야 한다.

13.11 텍스트 이벤트(Component Event)

(1) TextEvent 클래스

객체의 텍스트가 변한 것을 나타내는 의미적인 이벤트이다. TextComponent 컴포넌트와 같은 객체에 의해 생성되는 고수준 이벤트로서 객체가 포함하고 있는 텍스트 변경되었을 경우 발생한다. 이 이벤트는 TextComponent 클래스의 addTextListener 메소드를 이용하여 텍스트 이벤트를 처리하기 위하여 등록된 모든 TextListener 객체에 전달된다. 이 때, 리스너는 마우스가 움직이고 키가 눌리는 등과 같은 개개의 이벤트에 대해 알 필요는 없고 단지 텍스트가 변했다는 의미있는 이벤트만 가지면 된다.

(2) TextListener 인터페이스

TextListener 인터페이스는 텍스트 이벤트를 처리할 수 있는 기능을 정의하고 있는 인터페이스이다. 텍스트 이벤트를 처리하고자 하는 클래스는 이러한 TextListener 인터페이스가 정의하고 있는 모든 메소드를 구현해야 한다.

13.12 윈도우 이벤트(Window Event)

(1) WindowEvent 클래스

윈도우의 상태가 변한 것을 나타내는 저수준 이벤트이다. 윈도우가 열리거나, 닫히거나, 닫히는 중이거나, 활성화/비활성화 되었거나, 아이콘화/정상화 되었을 경우 Window 객체에 의해 발생되는 저수준 이벤트이다. 이 이벤트는 Window 클래스의 addWindowListener 메소드를 이용하여 텍스트 이벤트를 처리하기 위하여 등록된 모든 WindowListener 또는 WindowAdapter 객체에 전달된다. 이 때, 리스너는 마우스가 움직이고 키가 눌리는 등과 같은 개개의 이벤트에 대해 알 필요는 없고, 단지 텍스트가 변했다는 의미있는 이벤트만 가지면 된다.

(2) WindowListener 인터페이스

WindowListener 인터페이스는 윈도우 이벤트를 처리할 수 있는 기능을 정의하고 있는 인터페이스이다. 윈도우 이벤트를 처리하고자 하는 클래스는 이러한 WindowListener 인터페이스가 정의하고 있는 모든 메소드를 구현하거나, 또는 추상 클래스인 WindowAdapter 클래스의 관련 메소드를 재정의하여 확장해야 한다.

(3) WindowAdapter 클래스

윈도우 이벤트를 받아서 처리하기 위한 추상 어댑터 클래스(abstract adapter class)를 제공해 주고 있다. WindowAdapter 클래스는 WindowListener 인터페이스가 정의하고 있는 메소드를 구현하고 있지만, 실제 메소드의 몸체 부분은 비어 있다. 따라서, 자바 프로그램 개발자는 WindowAdapter 클래스의 메소드 중 자신이 처리하고자 하는 이벤트를 위한 메소드를 재정의 해주면 된다.

제14장 기본 패키지

패키지의 종류와 사용에 대해서는 앞에서 다룬적이 있다. 이 장에서는 자바의 기본 패키지에 대하여 살펴보기로 하자.

14.1 java.lang 패키지

java.lang 패키지는 자바 프로그램의 기본이 되는 클래스들과 인터페이스를 포함하고, import문을 사용하지 않아도 자동적으로 포함되는 패키지이다. 또한, 자바 프로그램에서도 가장 많이 사용한다. 아래 그림은 java.lang 패키지가 포함하는 클래스 및 인터페이스 사이의 계층구조를 보여준다.

14.2 Object 클래스

모든 자바 클래스의 최상위 클래스이고 lang 패키지에 있다. 따라서 프로그래머가 import 문을 사용하지 않더라도 자바 컴파일러가 자동적으로 Object 클래스를 제공(상속) 해준다. 따라서 이 클래스가 제공하는 메소드는 자바의 어떤 클래스에서도 사용할 수 있다.

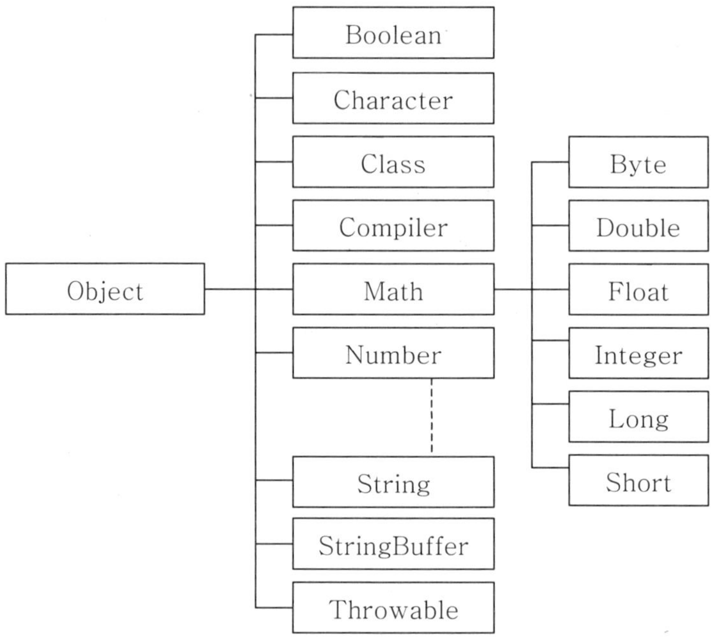

그림 14.1 java.lang 패키지 클래스

모든 클래스는 소스 맨 앞에 다음과 같은 import문이 생략되어 있다.

```
import java.lang.*;
```

Object 클래스의 주요 제공 메소드는 다음과 같다.

표 14.1 java.lang.Object 클래스의 주요 메소드

메소드	설명
public boolean equals(Object obj)	주어진 객체와 같은 내용을 가지고 있는지를 검사. 일반적으로, 하위클래스는 equals 메소드를 재정의한다.
protected Object clone() throws CloneNotSupportedException	객체 자신을 복제하여 똑같은 객체를 하나 더 생성.
public String toString()	객체를 문자열로 표현한다. 일반적으로, 하위클래스는 toString 메소드를 재정의한다.
public final void notify()	메모리상에서 기다리고 있는 여러 스레드 중 하나의 스레드를 깨운다. 스레드에 대해서 살펴볼 때, 자세히 살펴본다.

메소드	설명
public final void notifyAll()	메모리상에서 기다리고 있는 여러 스레드들을 깨운다. 스레드에 대해서 살펴볼 때, 자세히 살펴본다.
public final void wait() throws InterruptedException	wait()를 호출한 스레드를 잠시 대기한다.
protected void finalize() throws Throwable	null 값을 가진 객체가 가비지 콜렉터에 의해 메모리 상에서 제거되기전에 호출되는 메소드.

14.3 Wrapper 클래스

기본 데이터형을 값이 아닌 객체로 사용할 수 있는 방법을 제공한다.

표 14.2 기본 데이터형과 Wrapper Class

기본 데이터형	Wrapper Class
boolean	Boolean
byte	Byte
char	Character
short	Short
int	Integer
long	Long
float	Float
double	Double

Wrapper 클래스가 제공하는 메소드는 대부분이 객체를 원하는 기본 데이터형으로 바꾸어 준다. 또는 반대로 기본데이터를 객체로 만들어준다. 그 중 주로 사용하는 메소드는 다음과 같다.

표 14.3 Wrapper 클래스의 메소드

메소드	설 명
String toString() Wrapper	클래스 객체가 가지고 있는 숫자 값을 String형 값으로 바꾸어 준다.
byte byteValue() Wrapper	클래스 객체가 가지고 있는 숫자 값을 byte 형 값으로 바꾸어 준다.
short shortValue() Wrapper	클래스 객체가 가지고 있는 숫자 값을 short 형 값으로 바꾸어 준다.
int intValue() Wrapper	클래스 객체가 가지고 있는 숫자 값을 int 형 값으로 바꾸어 준다.
long longValue() Wrapper	클래스 객체가 가지고 있는 숫자 값을 long 형 값으로 바꾸어 준다.
float floatValue() Wrapper	클래스 객체가 가지고 있는 숫자 값을 float 형 값으로 바꾸어 준다.
double doubleValue() Wrapper	클래스 객체가 가지고 있는 숫자 값을 double 형 값으로 바꾸어 준다.

예제

ShowWrapExam.java

```
public class ShowWrapExam {
  public static void main(String args[]) {
     boolean bi = true;
      Boolean wrapBi = new Boolean(bi);

      int n = 300;
      Integer wrapN = new Integer(n);

      float f = (float)300.3;
     Float wrapF = new Float(f);

     // Boolean 클래스 객체를 문자열로 바꾼다.
     System.out.println("Wrapper 클래스의 값은 " + wrapBi.toString());
     // Integer 클래스 객체를 int형으로 바꾼다.
     System.out.println("Wrapper 클래스의 값은 " + wrapN.intValue());
```

```
        // Float 클래스 객체를 float형으로 바꾼다.
        System.out.println("Wrapper 클래스의 값은 " + wrapF.floatValue());
    }
}
```

실행결과

```
Wrapper 클래스의 값은 true
Wrapper 클래스의 값은 300
Wrapper 클래스의 값은 300.3
```

14.4 String 클래스

문자열을 다루는 클래스를 말한다.

(1) String 클래스 특징

① String s="대한민국"; 와 String s1=new String("대한민국"); 의 차이점

- String s="대한민국"; → JVM 실행시 자동적으로 메모리 할당을 해 준다.
- String s1=new String("대한민국"); → 프로그래머가 메모리를 할당한다.
  공통점은 둘다 객체를 생성을 한다.

② String s; 와 String s=" "; 의 차이점

- String s; → 변수의 초기화로 null값을 가진다. 따라서 가비지 콜렉터의 후보가 된다.
- String s=" "; → null 이 아니다. 왜냐하면 JVM에서 내부적으로 객체가 생성되었기 때문이다. 따라서 가비지 콜렉터의 후보가 되려면 null 값을 할당해 줘야한다.

③ 불변성을 가지고 있다.

나중에 나올 메소드들을 가지고 문자열을 바꾸더라도 원래의 문자열은 변하지 않는다. (StringBuffer 클래스는 변한다.)

④ 정수든 다른 타입을 String 클래스로 전환할 수 있다.

- 첫번째 방법

int val=100;

String str=(String)val; //Error

String str=Integer.toString(val); //Integer 클래스의 toString() 를 이용, 변환

- 두번째 방법 → "+ 연산자"를 이용한 자동전환

String s="하하하" +3; //숫자 3은 자동적으로 문자열로 인식된다.

(2) String 클래스 메소드

① String 클래스의 메소드는 엄청나게 많다. 그러나 자주 사용되므로 잘 알아둘 필요가 있다.

② String 클래스를 분류하면 다음과 같다.

- 문자열 비교
- 문자열 찾기
- 문자열 추출
- 문자열을 복사하여 새로운 문자열 생성 (대문자화와 소문자화도 가능)

예제

StringTest.java

```
public class StringTest {
  public static void main(String[] args) {

  String s = " Hello, Java ";
  String result;

  result = s.concat("Thank you");
  System.out.println(result);

  result = s.replace('J', 'G');
```

```
    System.out.println(result);

    result = s.substring(1, 3);
    System.out.println(result);

    result = s.toLowerCase();
    System.out.println(result);

    result = s.toUpperCase();
    System.out.println(result);

    result = s.trim();
    System.out.println(result);
    }
}
```

실행결과

```
Hello, Java Thank you
Hello, Gava
He
hello, java
HELLO, JAVA
Hello, Java
```

14.5 StringBuffer 클래스

문자열을 다룬다는점에서 String 클래스와 같지만 String 클래스와는 달리 동적 문자열을 다룬다.

(1) StringBuffer 클래스 특징

① 동적 문자열을 처리한다.

② 동적으로 문자열을 바꾸거나 위치를 조정하는 일을 할 때 빠르게 동작한다.

③ 불변성이 없다.

예제

StringBufferTest.java

```
public class StringBufferTest {
  public static void main(String[] args) {

  StringBuffer sb = new StringBuffer("Hello, Java.");
  StringBuffer result;
  String result_str;

  result = sb.append("Thank you.");
  System.out.println(result);

  result = sb.delete(0, 2);
  System.out.println(result);

  result = sb.deleteCharAt(3);
  System.out.println(result);

  result = sb.insert(4, "Bye.");
  System.out.println(result);

  result = sb.replace(0, 3, "XXX");
  System.out.println(result);

  sb.setCharAt(0, 'X');
  System.out.println(sb);

  result = sb.reverse();
  System.out.println(result);

  result_str = sb.substring(1, 3);
  System.out.println(result_str);
```

```
    result_str = sb.toString();
    System.out.println(result_str);
    }
}
```

실행결과

```
Hello, Java.Thank you.
llo, Java.Thank you.
llo Java.Thank you.
llo Bye.Java.Thank you.
XXX Bye.Java.Thank you.
XXX Bye.Java.Thank you.
.uoy knahT.avaJ.eyB XXX
uo
.uoy knahT.avaJ.eyB XXX
```

14.6 Math 클래스

수학적 계산을 하기위한 메소드의 집합이다. Math 클래스의 모든 메소드는 static 메소드이며, Math.메소드() 형식으로 호출된다. 또한, private 생성자이므로 객체 생성이 불가능하다. 즉, new Math() 생성할 수 없다.

(1) Math 클래스의 메소드

- 올림/버림/반올림

① ceil() : 인수로 들어온 숫자와 같거나 큰정수 중에서 가까운 정수를 구한다.

ceil(-2.5) e -2

② floor() : 인수로 들어온 숫자와 같거나 작은 정수 중에서 가까운 정수를 구한다.(버림)

floor(-2.5) e -3

③ round() : 인수로 들어온 숫자를 반올림한다.

round(-2.5) e -2

- 최대/최소

① max() : 인수 두 개를 받아 두 인수 중 큰 숫자를 구해준다.

② min() : 인수 두 개를 받아 두 인수 중 작은 숫자를 구해준다.

- 삼각 함수

① sin() : 인수의 사인값을 구해준다.

② cos() : 인수의 코사인값을 구해준다.

③ tan() : 인수의 탄젠트 값을 구해준다.

※ 인수는 라디안 단위, 따라서 각도(디그리)는 라디안으로 변환한 뒤 인수로 넘겨준다. → toRadians() 메소드 이용.

- 기타

① abs() : 인수의 절대값을 구해준다.

② sqrt() : 인수의 제곱근을 구해준다.

③ random() : 0과 같거나 크고 1보다 작은 난수를 발생한다.

예제

MathExam.java

```
class MathExam {
  public static void main(String args[]) {
    System.out.println("10 절대값 :  " + Math.abs(10));
    System.out.println("10.0의 절대값 :  " + Math.abs(10L));
    System.out.println("20.0f의 절대값 :  " + Math.abs(20.0f));
    System.out.println("20.0d의 절대값 :  " + Math.abs(20.0d));
    System.out.println("큰값을 반환합니다. : " + Math.max(30, 60));
    System.out.println("작은값을 반환합니다. : " + Math.min(10.0, 20.0));
  }
}
```

Quiz 위 예제를 실행하고 결과를 확인해 보자.

다음 예제들은 Integer, System 클래스에 대한 예제들이다.

예제

IntegerExam.java

```
class IntegerExam {
  public static void main(String args[]) {
    Integer num1 = new Integer(13);
    Integer num2 = new Integer(25);
    int hap = num1.intValue() + num2.intValue();
    System.out.println("num1이 포장하고 있는 정수는 : " + num1.intValue());
    System.out.println("num2가 포장하고 있는 정수는 : " + num2.intValue());
    System.out.println("두수의 합  = " + hap);
    System.out.println("합의 2진 표현 : " + Integer.toBinaryString(hap));
    System.out.println("합의 8진 표현 : " + Integer.toOctalString(hap));
    System.out.println("if(num1 == num2) 는 : " + num1.equals(num2));
    Integer num3 = new Integer("444");
    // 문자열을 이용하여 정수형 객체 생성
    System.out.println("문자열 '444'의 값은 : " + num3.intValue());
  }
}
```

Quiz 위 예제를 실행하고 결과를 확인해 보자.

예제

SystemExam.java

```
class SystemExam {
```

```
  public static void main(String args[]) {
    long start, end;
    start = System.currentTimeMillis();
    //1970년 1월 1일부터 현재까지의 시간을 밀리초로 반환
    System.out.println("현재 시간 : " + start);
    System.out.println("500,000회의 Loop를 반복 시작");
    for(int i=0; i < 500000; i++) ;
    System.out.println("500,000회의 Loop를 반복 종료");
    end = System.currentTimeMillis();
    System.out.println("반복 종료 시간 : " + end);
    System.out.println("반복에 소요된 시간 : " + ( end - start ));
    }
}
```

Quiz 위 예제를 실행하고 결과를 확인해 보자.

예제

ClassExam.java

```
class First {
  int a;
  float b;
}

class Second extends First {
  double c;
}

class ClassExam {
  public static void main(String args[]) {
    First x = new First();
    Second y = new Second();
    Class cyberclass;

    cyberclass = x.getClass();
```

```
      // Class 형의 객체를

      System.out.println("x의 클래스명 : " + cyberclass.getName());
      cyberclass =cyberclass.getSuperclass();
      System.out.println("x의 상위 클래스명 : " + cyberclass.getName());

      cyberclass = y.getClass();
      System.out.println("y의 클래스명 : " + cyberclass.getName());
      cyberclass =cyberclass.getSuperclass();
      System.out.println("y의 상위 클래스명 : " + cyberclass.getName());
    }
  }
```

Quiz 위 예제를 실행하고 결과를 확인해 보자.

14.7 java.util 패키지

java.util 패키지는 날짜와 시간을 조작하고, 난수를 발생시키며, 스택이나 해쉬테이블을 사용할 수 있는 유용한 클래스들을 제공한다. 따라서 자바 프로그래머는 java.util 패키지를 이용하여 다양한 프로그램을 손쉽게 작성할 수 있다. 아래 그림은 java.util 패키지가 포함하는 클래스 및 인터페이스 사이의 계층구조를 보여준다.

14.8 Hashtable 클래스

해쉬 테이블 구조를 객체 모델링한 클래스이다. 여기서, 해쉬 테이블이란 키와 그에 해당하는 데이터로 이루어진 자료구조이다.

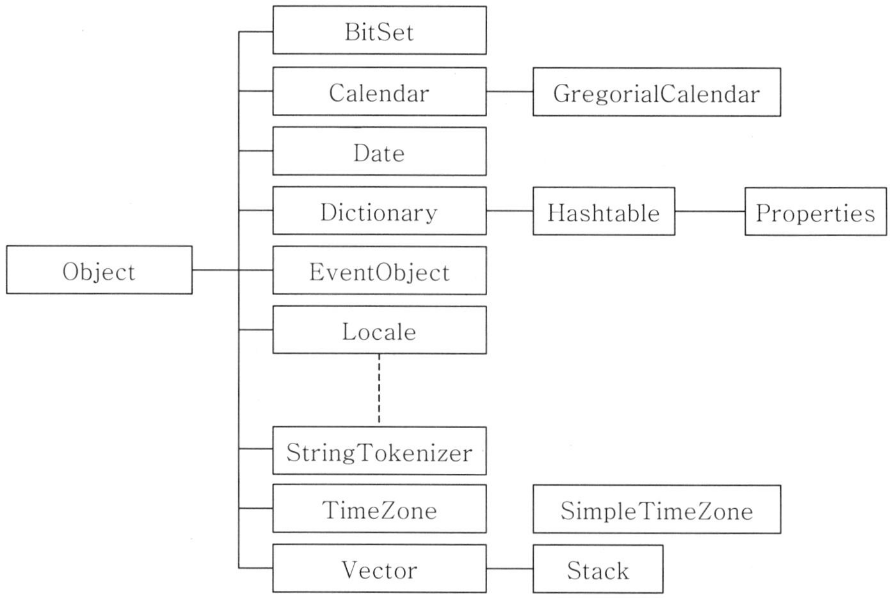

그림 14.1 java.util 패키지 클래스

(1) Hashtable 클래스 특징

① 데이터를 저장하거나 추출할때는 키로 접근한다.(key-value 쌍으로 구성)

② 키에 의한 검색이 가능하다.

③ 다른 저장 클래스와는 달리 검색이 쉽다.

(2) Hashtable 클래스 구조

표 14.4 Hashtable 구조

키	데이타
A	"대한민국"
B	Object
C	Vector
:	:
:	:

해쉬 테이블은 키와 데이터가 쌍을 이루고 있으며 키값은 마음대로 정해 줄수 있다. 데이터는 객체이어야 한다.

(3) Hashtable 클래스 메소드

표 14.5 Hashtable 클래스 메소드

메소드	설 명
Hashtable(); Hashtable(int initialCapacity):	생성자 2가지. 초기값을 주면 그 값만큼의 크기의 해쉬 테이블 생성
Object put(Object key, Object value)	주어진 키를 이용하여 값을 저장
Object get(Object key)	주어진 키에 해당하는 값을 리턴
Object remove(Object key)	주어진 키에 해당하는 값을 제거

예제

HashtableTest.java

```
import java.util.Hashtable;

  public class HashtableTest {
    public static void main(String[] args) {

    //Hashtable 객체를 생성
    Hashtable hashtable = new Hashtable();

    // 해시테이블에 데이터를 저장한다.
    hashtable.put("Name", new String("대한민국"));
    hashtable.put("Age", new Integer(5000));
    hashtable.put("Tel", new String("031-123-1234"));
    hashtable.put("Cellphone", new String("013-777-7777"));
    hashtable.put("Etc", new String("Morning Calm"));

    //키 값을 이용하여 객체 추출 -- 문자열
    String name = (String)hashtable.get("Name");
```

```
            if (name != null) {
            System.out.println("Name = " + name);
            }
            //키 값을 이용하여 객체 추출 -- 정수
            Integer age = (Integer)hashtable.get("Age");
            if (age != null) {
            System.out.println("Age = " + age.intValue());
            }
        }
    }
```

Quiz 위 예제를 실행하고 결과를 확인해 보자.

14.9 Vector 클래스

앞에서 배운 배열과 마찬가지로 데이터를 한꺼번에 저장할 수 있는 클래스이다. 하지만 배열하고는 큰 차이점이 있다.

우선 배열의 단점을 살펴보면 다음과 같다.

① 배열의 크기는 일단 정의가 되면 변경될 수 없다.

② 같은 종류의 데이터만 저장 할 수 있다.

이런 단점을 보완하기 위해 Vector 클래스를 사용한다.

(1) Vector 클래스의 특징

① 다른 종류의 데이터형을 저장할 수 있다. 단, 객체 변수만을 저장한다.

② 데이터가 가득 차게 되면 자동적으로 저장영역(크기)을 늘려준다.

③ 객체 변수만 저장되므로 기본 데이터형은 저장되지 않는다.

Vector 클래스의 구조는 저장된 내용을 나타내는 요소와 요소가 저장된 인덱스로 이루어져 있다.

다음 예제를 통해 Vector 클래스의 메소드별로 살펴보자.

예제

TestVector.java

```
import java.util.*;

public class TestVector {
public static void main(String args[])
{
// 백터 객체 생성
Vector v = new Vector();

// 외부 인자로 들어온 String 객체를 백터에 저장
for(int i =0;i<args.length; i++)
v.addElement(args[i]);

String s;
//저장된 요소들을 출력한다. 이때 객체를 캐스팅해준다.
for(int j=0;j<v.size();j++)
{
s = (String)v.elementAt(j);
System.out.println("Vector " + j + "번째 요소는 " + s);
  }
 }
}
```

실행결과

```
> java TestVector 아름다운 우리 금수강산.

Vector 0번째 요소는 아름다운
Vector 1번째 요소는 우리
Vector 2번째 요소는 금수강산.
```

예제

SearchVector.java

```
import java.util.*;
public class SearchVector {
  public static void main(String args[]) {
  // 백터 객체 생성
 Vector v = new Vector();
 // 외부 인자로 들어온 String 객체를 백터에 저장
 for(int i =0;i<args.length; i++)
 v.addElement(args[i]);

 String s = "대한민국";
 // s 객체가 백터에 저장되어 있는지 검사한다.
 if(v.contains(s)) {
 // 있다면 위치를 반환한다.
 int i = v.indexOf(s);
 System.out.println("해당 객체가 " + i + "번째에 있습니다.");
 }
 else
 System.out.println("해당 객체가 없습니다.");
 }
}
```

실행결과

```
> java SearchVector 대한민국 미국 일본

해당 객체가 0번째에 있습니다.
```

예제

RemoveVector.java

```
import java.util.*;
  public class RemoveVector {
    public static void main(String args[]) {
    // 백터 객체 생성
    Vector v = new Vector();
    // 외부 인자로 들어온 String 객체를 백터에 저장
    for(int i =0;i<args.length; i++)
    v.addElement(args[i]);

    String s;
    //백터에 저장된 모든 요소를 출력한다.
    for(int j=0;j<v.size();j++) {
    s = (String)v.elementAt(j);
    System.out.println("Vector " + j + "번째 요소는 " + s);
    }

    System.out.println("===== 지우고 난 후에는 === ");
    // 백터에 저장된 요소 중 0번째 자리의 요소만 삭제
    v.removeElementAt(0);
    //백터에 저장된 요소를 다시 출력한다.
    for(int j=0;j<v.size();j++) {
    s = (String)v.elementAt(j);
    System.out.println("Vector " + j + "번째 요소는 " + s);
    }
  }
}
```

실행결과

```
> java RemoveVector 대한민국 미국 일본


Vector 0번째 요소는 대한민국
Vector 1번째 요소는 미국
Vector 2번째 요소는 일본
===== 지우고 난 후에는 ===
Vector 0번째 요소는 미국
Vector 1번째 요소는 일본
```

14.10 StringTokenizer 클래스

StringTokenizer 클래스는 문자열을 파싱(parsing)할때 사용하는 클래스이다. 여기서 파싱이란? 하나의 문자열을 여러 개의 문자열로 나누는 작업을 의미한다. 또한, 토큰(token)은 나누는 단위가 되는 문자열을 말한다.

표 14.6 StringTokenizer 클래스 메소드

메소드	설 명
String nextToken()	파싱한 문자열을 차례대로 넘겨줌
boolean hasMoreElements()	파싱된 문자열이 nextToken() 실행한 뒤에 남아있는지를 확인함
int countTokens()	파싱된 문자열이 모두 몇 개이지를 넘겨줌

예제

ShowParse.java

```
import java.util.*;
public class ShowParse {
  public static void main(String args[]) {
  StringTokenizer st = new StringTokenizer("대한민국=미국=일본=중국", "=");

  System.out.println("파싱할 문자열의 수는 총 " + st.countTokens() + "개");

  //파싱할 문자열이 계속 있을때까지 파싱한 문자열을 리턴한다.
  while(st.hasMoreTokens())
  System.out.println(st.nextToken());
  }
}
```

실행결과

```
파싱할 문자열의 수는 총 4개
대한민국
미국
일본
중국
```

14.11 Random 클래스

Random 클래스는 난수 발생 기능을 제공한다. double, float, int, long 등 다양한 형태의 난수를 발생시킬 수 있다.

표 14.7 Random 클래스 메소드

메소드	설 명
void nextBytes(byte *buffer*[])	*buffer*를 난수로 채움
float nextFloat()	float 형의 난수를 반환
int nextInt()	int 형의 난수를 반환
long getLong()	long 형의 난수를 반환
double nextDouble()	double 형의 난수를 반환
double nextGaussian()	Gaussian 형의 난수를 double 값으로 반환
void setSeed(long newseed)	난수 발생기의 seed 값을 *newseed* 값으로 설정

예제

RandomExam.java

```
import java.util.*;
class RandomExam {
  public static void main(String args[]) {
    Random rangen = new Random();
```

```
        for(int i = 0 ; i < 10 ; i++) {
          float a = rangen.nextFloat();
          System.out.print("Float형 난수 : " + a);
          int b = rangen.nextInt();
          System.out.println("   Int형 난수 : " + b);
        }
      }
    }
```

Quiz 위 예제를 실행하고 결과를 확인해 보자.

14.12 Date 클래스

Date 클래스는 날짜와 시간에 관한 정보를 표현한다. Date 클래스의 주요 메소드는 다음과 같다.

표 14.8 Date 클래스 메소드

메소드	설 명
boolean after(Date *d*)	*d*로 지정된 날짜가 현재 날짜 이후이면 true, 아니면 false를 반환
boolean before(Date *d*)	*d*로 지정된 날짜가 현재 날짜 이전이면 true, 아니면 false를 반환
boolean equals(Date *d*)	*d*로 지정된 날짜가 현재의 날짜와 같으면 true, 아니면 false를 반환
long getTime()	1970년 이후로 현재까지의 시간을 밀리초로 반환
int getDate()	1-31 사이의 날짜를 반환
int getDay	요일을 해당되는 숫자로 반환. 0:일요일-6:토요일
int getHours()	0-23까지의 시간을 반환
int getMinutes	0-59 사이의 분을 반환
int getSeconds()	0-59 사이의 초를 반환
int getMonth()	해당되는 월을 반환. 0:1월-11:12월
int getYear()	1900년 이후부터의 년수를 반환

메소드	설 명
int getYear()	1900년 이후부터의 년수를 반환
void setTime(long *msec*)	현재 객체의 날짜와 시간을 1970년 이후의 *msec*로 설정
void setDate(int *day*)	날짜를 설정
void setHours(int *hours*)	시간을 설정(0-23)
void setMinutes(int *minutes*)	분을 설정
void setSeconds(int *seconds*)	초를 설정
void setYear(int *year*)	년을 설정 (1900년을 기준으로 숫자로 지정. 예 : 50이면 1950년을 의미)
String toString()	날짜와 동등한 문자열을 반환

예제

DateExam.java

```
import java.util.*;

class DateExam {
  public static void main(String args[]) {

  Date currentDate = new Date();
  // 현재 시스템의 날짜를 가진 객체 생성
  System.out.println("현재시스템 날짜는 " + currentDate + "입니다.");

  Date mybirthday = new Date(99,5,27);
  System.out.println("나의 생일은 " + mybirthday + "입니다");

  System.out.println("오늘을 기준으로한 자료.");
  System.out.println("   년도 : " + currentDate.getYear());
  System.out.println("   날짜 : " + currentDate.getDate());
  System.out.println("   요일 : " + currentDate.getDay());
  }
}
```

Quiz 위 예제를 실행하고 결과를 확인해 보자.

14.13 Calendar 클래스

Calendar 클래스는 날짜와 시간에 관한 정보를 제공하는 추상 클래스이다. 이 클래스에는 많은 int형의 상수가 정의되어 있다. 이러한 상수를 이용하여 날짜와 시간에 관한 다양한 정보를 얻을 수 있다.

표 14.9 Calendar 클래스 메소드

메소드	설 명
abstract boolean after(Object *calendarObj*)	현 객체의 날짜가 *calendarObj* 날짜 이후이면 true, 아니면 false를 반환
abstract boolean before(Ojbect *calendarObj*)	현 객체의 날짜가 *calendarObj* 날짜 이전이면 true, 아니면 false를 반환
abstract boolean equals(Ojbect *calendarObj*)	현 객체의 날짜와 *calendarObj* 날짜가 같으면 true, 아니면 false를 반환
final int get(int *calendarField*)	현 객체의 *calendarField*에 해당되는 값을 반환. *calendarField*는 Calendar.YEAR, Calendar.MONTH 등과 같이 사용된다
static Calendar getInstance()	현재의 시간을 가진 Calendar 객체를 반환
final Date getTime()	현재의 객체와 같은 날짜를 가진 Date 객체를 반환
final void set(int *year*, int *month*, int *date*, int *hour*, int *minute*, int *second*)	년, 월, 일, 시간, 분, 초를 지정하여 현재의 객체를 설정
final void setTime(Date *d*)	Date 객체 *d*의 정보를 이용하여 현재의 객체를 설정

예제

CalendarExam.java

```
import java.util.Calendar;
```

```
class CalendarExam {
  public static void main(String args[]) {
    String months[] = {
          "1월", "2월", "3월", "4월",
          "5월", "6월", "7월", "8월",
          "9월", "10월", "11월", "12월"};
    Calendar calendar = Calendar.getInstance();

    System.out.print("날짜 : ");
    System.out.print(calendar.get(Calendar.YEAR) + "년 ");
    System.out.print(months[calendar.get(Calendar.MONTH)]);
    System.out.println(" " + calendar.get(Calendar.DATE) + "일");

    System.out.print("시간 : ");
    System.out.print(calendar.get(Calendar.HOUR) + "시 ");
    System.out.print(calendar.get(Calendar.MINUTE) + "분 ");
    System.out.println(calendar.get(Calendar.SECOND) + "초");

    calendar.set(Calendar.HOUR, 1);
    calendar.set(Calendar.MINUTE, 8);
    calendar.set(Calendar.SECOND, 2);

    System.out.print("수정된 시간 : ");
    System.out.print(calendar.get(Calendar.HOUR) + "시 ");
    System.out.print(calendar.get(Calendar.MINUTE) + "분 ");
    System.out.println(calendar.get(Calendar.SECOND) + "초");
  }
}
```

Quiz 위 예제를 실행하고 결과를 확인해 보자.

14.14 Stack 클래스

Stack 클래스는 Vector 클래스의 하위 클래스이다. Stack은 LIFO(Last In First

Out) 특성을 가진 자료구조이다. Stack 클래스에서 제공되는 push(), pop() 등과 같은 대부분의 메소드들은 상위 클래스인 Vector 클래스의 메소드들을 이용하여 구현되었다. 객체지향언어의 재사용(reuse) 특성을 보여주는 좋은 예이다.

표 14.10 Stack 클래스 메소드

메소드	설 명
boolean empty()	스택이 비어 있으면 true, 아니면 false를 반환
Object peek() throws EmptyStackException	스택의 최상위 요소를 반환 단, 스택에서 요소를 삭제하지 않는다.
Object pop() throws EmptyStackException	스택의 최상위 요소를 반환 반환된 요소는 스택에서 제거
Object push(Object obj)	obj를 스택의 top에 추가한 다음 반환
int search(Object obj)	스택에서 obj를 찾아 인덱스를 반환 top의 인덱스는 1이다. obj가 없으면 -1을 반환

예제

StackExam.java

```
import java.util.*;

class StackExam {
  public static void main(String args[]) {
  Stack stack = new Stack();
  for(int i = 0; i < args.length; i++) {
    stack.push(new Integer(args[i]));
    System.out.println("스택에 push : " + args[i]);
    }
    System.out.println("=============================");
  int n = stack.search(new Integer(5));
     if (n != -1)
        System.out.println("스택에서 숫자 '5'의 위치는 : "+n+"번째 입니다");
  else
        System.out.println("스택에서 숫자 '5'가 없습니다");
```

```
        System.out.println("================================");
    while(!stack.empty()) {
      Object obj = stack.pop();
      System.out.println("스택에서 pop : " + obj);
      }
    }
  }
```

Quiz 위 예제를 실행하고 결과를 확인해 보자.

부록 개발툴 설치 및 환경 설정하기

자바는 JDK만 설치하면 별도로 개발툴이 필요하지 않다. 단순한 기능의 메모장을 이용한 개발도 충분하다. 그러나 개발툴을 이용하면 여러 가지 장점이 있다. 여기서는 가장 일반적으로 사용되는 Editplus를 설치해 보자.

1. Editplus 설치하기

우선 Editplus(http://www.editplus.com/kr/)를 다운로드 받는다. Editplus는 평가판이므로 30일이 지난 후에는 등록을 하고 사용이 가능하다.

설치를 시작한다.

대화 상자 메뉴의 질문에 따라 '계속' 버튼만 누른다. 설치 완료 후 Editplus를 실행하면 초기 화면이 나온다.

상단 메뉴에서 도구 > 사용자 도구 구성을 선택하면 '기본 설정' 팝업 창이 나온다.

그룹이름 선택 > JAVA로 바꾼다.

(1) 컴파일 path 설정하기. (컴파일 : 형식 javac 파일 이름)

추가 > 프로그램을 선택하면 불활성화 되어있던 아래의 항목들이 활성화된다.

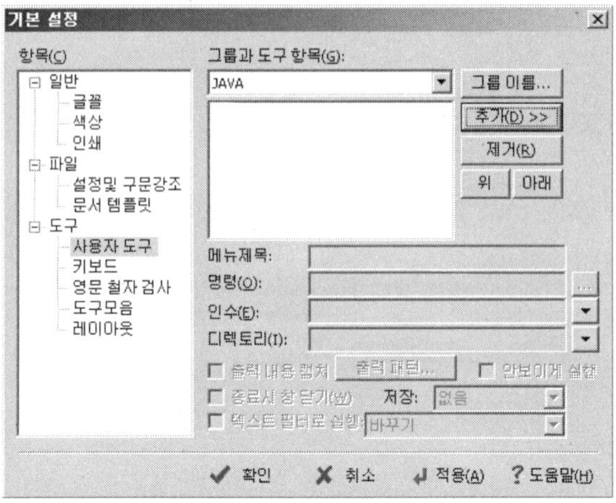

① 메뉴제목 > compile 입력

② 명령 > 옆에 있는 '...' 버튼을 눌러서 앞서 설치한 JDK의 bin폴더의 javac.exe를 찾아서 추가한다.

③ 인수 > 옆에 있는 버튼을 눌러서 파일 이름을 선택한다. 자동적으로 $(FileName) 입력된다. (파일 확장자 포함)

④ 디렉토리 > 옆에 있는 버튼을 눌러서 파일 디렉토리를 선택하면 자동적으로 $(FileDir) 입력된다. 실행하고자 하는 파일의 위치를 지정한다.

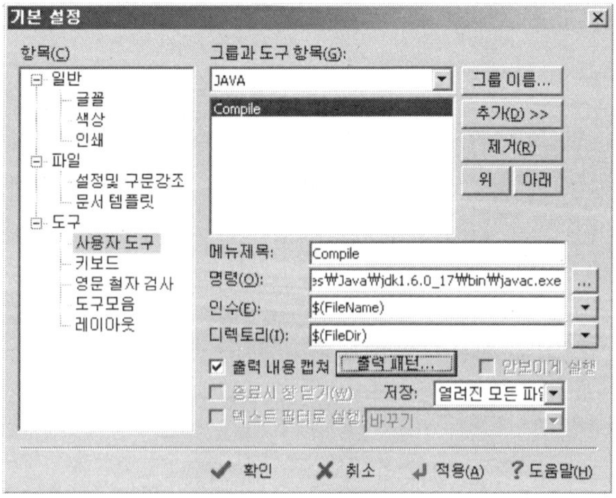

(2) 실행 path 설정하기. (실행 형식 : java 확장자를 뺀 파일명)

추가 > 프로그램 선택하면 불활성화 되어있던 아래의 항목들이 활성화된다.

① 메뉴제목 > run 입력

② 명령 > 옆에 있는 '...' 버튼을 눌러서 앞서 설치한 JDK의 bin폴더의 java.exe를 찾아서 추가 한다.

③ 인수 > 옆에 있는 버튼을 눌러서 확장자를 뺀 파일 이름을 선택한다. 자동적으로 $(FileNameNoExt) 입력된다. (실행시 확장자를 제외한 파일 이름이 필요)

④ 디렉토리 > 옆에 있는 버튼을 눌러서 파일 디렉토리를 선택하면 자동적으로 $(FileDir) 입력된다.

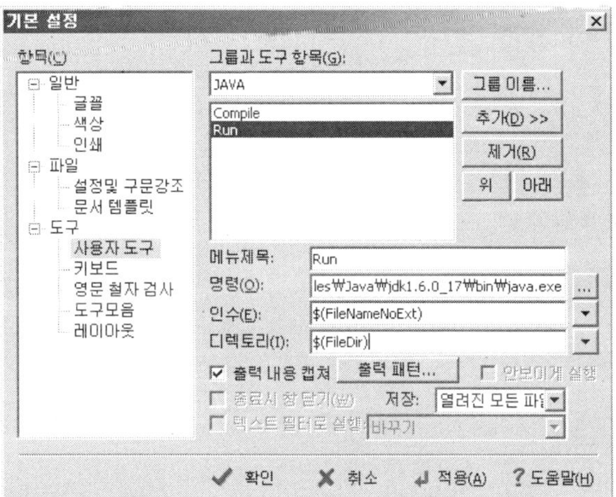

(3) 애플릿뷰어 path 설정하기. (실행형식 : appletviewer html 문서명)

추가 > 프로그램을 선택하면 불활성화 되어있던 아래의 항목들이 활성화된다.

① 메뉴제목 > appletviewer 입력

② 명령 > 옆에 있는 '...' 버튼을 눌러서 앞서 설치한 JDK의 bin폴더의 appletviewer.exe를 찾아서 추가한다.

③ 인수 > 옆에 있는 버튼을 눌러서 파일 이름을 선택한다. 자동적으로 $(FileName) 입력된다. (애플릿이 삽입된 html 문서명)

④ 디렉토리 > 옆에 있는 버튼을 눌러서 파일 디렉토리를 선택하면 자동적으로 $(FileDir) 입력된다.

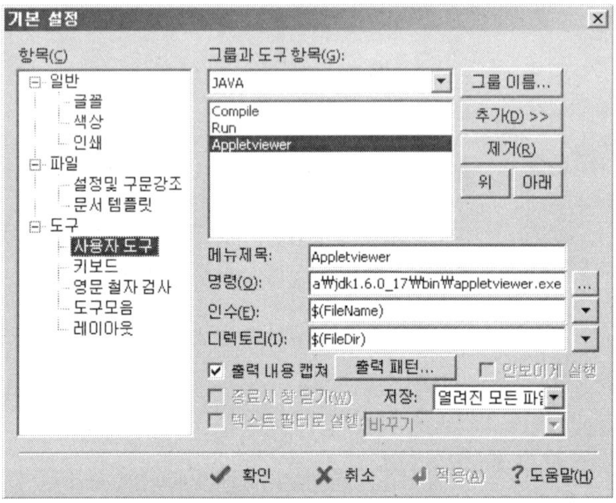

기본설정 창에 있는 체크 박스는 다음과 같은 의미를 가지고 있다.

- 출력 내용 캡처 : 명령어 실행시 도스 창을 띄울 것인지 여부, 체크를 하면 도스 창을 띄우지 않는다.
- 텍스트 필터로 실행 : 체크시 실행 결과를 텍스트 형식으로 출력해 준다.

설정이 끝나면 확인 버튼을 누른다.

설정이 끝난 뒤 도구메뉴 창에 다음과 같이 명령어가 추가된 것이 보인다. 실행하는 방법은 선택하거나 단축키를 사용하면 된다.

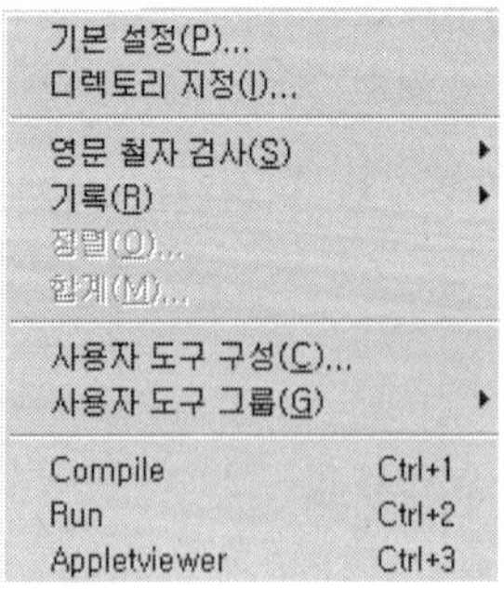

Compile	: Ctrl+1
Run	: Ctrl+2
Appletviewer	: Ctrl+3

찾 아 보 기

(ㄱ)

가비지 컬렉션 4
객체 4, 53, 54
관계 연산자 29
국제화 194

(ㄴ)

나머지 연산자 28
내부클래스 97
논리, 조건 연산자 29
논리형 21

(ㄷ)

다형성 57, 83
단항 연산자 28, 29
대입 연산자 30
대화상자 236
동기화 130
디폴드 22

(ㄹ)

라운드-로빈 128
레이블 221
리스트 227

(ㅁ)

마우스 이벤트 277
멀티스레드 5
메뉴바 235
메소드 53
메시지 54
모노 165
모니터 131
모듈성 54
무한루프 261
문서 생성기(javadoc) 16
문자 스트림 194
문자열형 21
문자형 21

(ㅂ)

바이트 스트림 194
바이트 고드 6
버튼 223
보더 235
보안 164

비동기 130
비연결 252
비트 연산자 30

(ㅅ)

사운드 출력 165
산술 연산자 28
상속 56, 77
상위클래스 56, 71, 73
상태 53
샘플률 165
생성자 77
선택 226
설계도 54
소켓 8, 252
스레드 5, 117, 171
스레드 시작 126
스레드의 상태전이 127
스레드의 종료 127
스크롤바 229
스테레오 165
스트림 183
식별자 19
실수형 21
실행 17

(ㅇ)

아이템 이벤트 279
애니메이션 170
애플리케이션 3
애플릿 3, 155
애플릿뷰어 15
액션 이벤트 264
연결지향 252
예약어 19
예외 133
예외 처리 50
예외처리 방법 133
위임형 262
윈도우 233
윈도우 이벤트 280
이미지 165
이미지 프레임 171
이벤트 261
이벤트 리스너 262
이벤트 소스 262
인스턴스 55
인코딩 194
인터페이스 60, 105, 113
인터프리터 15
입력 이벤트 272

(ㅈ)

자바 호환 155
자바가상머신 6
자바디버거 15
자바빈즈 2
자바스크립트 2
재사용성 54
재정의 68, 83
접근제어 89

정보은닉 54
정의역 24
제어문 35
조건식 43
조정 이벤트 266
주석문 16
중복 정의 61
중첩클래스 97
증감 연산자 28, 29
증감식 43
지향 261

(ㅊ)

체크박스 224
초기식 43
최상위 235
추상 클래스 56
추상메소드 93
추상클래스 93
추상화 55, 57
치역 24

(ㅋ)

캔버스 231
캡슐화 55
컴파일 17
컴파일러 15
컴포넌트 이벤트 269
클래스 55, 57, 113
키 이벤트 273

(ㅌ)

타임 슬라이싱 128
텍스트 이벤트 280

(ㅍ)

파일 대화상자 239
팝업 리스트 226
패키지 113
포트 252
프레임 235
프로세스 117
프로토타입 54
플랫폼 6

(ㅎ)

하위클래스 56, 71, 73
행동 53
형 변환 24

(A)

abstract 59
abstract class 56, 93
abstraction 55, 57
accept 256
ActionEvent 264
AdjustmentEvent 266
API 114
Applet 3
appletviewer 15
Application 3
ASP 2
asynchronous 130
AWT 221
AWTError 142

(B)

behavior 53
blueprint 54
Boolean 21
border 235
break문 44
Button 223
Byte Code 6
byte-stream 194

(C)

Canvas 231
Casting 24
catch 135
character-stream 194
Checkbox 224
Choice 226
Class 55
click 277
compatible 155
ComponentAdapter 270
ComponentEvent 269
ComponentListener 269
connect 256
Connection-oriented 252
Connectionless 252
continue문 45

(D)

DatagramPacket 257
DatagramSocket 257
Date 304
default 22
delegation 262
destroy() 161
Dialog 236
divide 147
DNS 252
do ~ while문 40
drag 277

(E)

EJB 2

Encapsulation 55
encoding 194
enter 277
event dirven 261
event listener 262
event source 262
exit 277

(F)

FileDialog 239
final 59, 61
finally 138
for문 42
Frame 235
function 53

(G)

Garbage Collection 4
getFile 241
GUI 221, 261

(H)

Hashtable 295

(I)

Identifier 19
if문 35
import 113
InetAddress 245
infinite loop 261
information hiding 54
Inheritance 56
init() 161
inner class 97
InputEvent 272
Instance 55
internationalize 194
IP 245
ItemEvent 279

(J)

java 15
Java Beans 2
javac 15
javah 15
JavaScript 2
jdb 15
JIT 7
JRE 11, 12
JScript 2
JSP 1
JVM 3

(K)

KeyAdapter 273
KeyEvent 273
KeyListener 273

(L)

Label 221
LIFO 307
LinkageError 142
List 227
listen 256
LiveScript 2

(M)

Math 291
menubar 235
Message 54
method 53
modularity 54
modulus 28
Monitors 131
mono 165
MouseAdapter 278
MouseEvent 277
MouseListener 278
MouseMotionAdapter 279
MouseMotionListener 278
move 277
MulticastSocket 260

(N)

nested class 97
notifyAll 131

(O)

Object 4, 54, 283
object 53
Overloading 61
Overriding 68, 83

(P)

paint 161, 175
paint() 179
Polymorphism 57, 83
Pop-up 279
pop-up list 226
Port 252
pressed 273
private 60, 106
protected 60, 106
prototype 54
public 59, 60

(R)

Random 303
released 273
repaint 174
repaint() 179
resolve 256
return문 46
reusability 54
RMI 6
round-robin 128

run() 127
Runnable 123
RuntimException 142

(S)

sample rate 165
Scrollbar 229
SDK 9
security 164
Servelet 1
ServerSocket 256
Shift 연산자 31
sleep() 127
Socket 252
SocketPermission 255
source type 24
Stack 307
start() 126, 161
state 53
static 61
stereo 165
stop() 127, 161
stream 183
String 287
StringButter 289
StringTokenizer 302
subclass 56, 71, 73
super 67
superclass 71, 73
switch ~ case문 38
Synchronization 130
synchronized 106

(T)

TextEvent 280
TextListener 280
this 67
Thread 118
ThreadDeath 142
throws 문 147
time-slicing 128
top-level 235
traget type 24
transient 106
try 134

(U)

UDP 257
update 175
update() 179
URL 249
URLConnection 252
URLDecoder 251
URLEncoder 250

(V)

Vector 298
VirtualMachineError 142
volatile 106

(W)

wait 131
wait() 127
while문 39
Window 233
WindowAdapter 281
WindowEvent 280
WindowListener 281
Wrapper 285

(Y)

yield() 127

(기타)

16진수 20
8진수 20

JAVA의 기초

2016년 2월 25일 인쇄
2016년 3월 1일 발행
저 자 안 동 찬
펴낸이 오 성 걸
펴낸곳 **오성미디어**
주 소 132-916 서울시 도봉구 창 3동 491-1
전 화 02)997-0136
FAX 02)997-0137
등 록 2000. 5. 12 제 7-212 호
ISBN 978-89-92583-67-1 값 16,000 원